胡马阴山

——汉匈五百年战争史

（公元前209年—公元329年）

顾晓绿 ｜ 著

团结出版社
UNITY PRESS

图书在版编目（CIP）数据

胡马阴山：汉匈五百年战争史：公元前 209 年–公元 329 年 /
顾晓绿著 . – 北京：团结出版社，2016.9（2024.5 重印）

ISBN 978-7-5126-4424-3

Ⅰ. ①胡⋯ Ⅱ. ①顾⋯ Ⅲ. ①民族战争－战争史－中
国－公元前 209－329 Ⅳ. ① E293.4

中国版本图书馆 CIP 数据核字 (2016) 第 204235 号

出　版：团结出版社
　　　　（北京市东城区东皇城根南街 84 号　邮编：100006）
电　话：（010）65228880　65244790（出版社）
　　　　（010）65238766　85113874　65133603（发行部）
　　　　（010）65133603（邮购）
网　址：http: //www.tjpress.com
E-mail：zb65244790@vip.163.com
　　　　tjcbsfxb@163.com（发行部邮购）
经　销：全国新华书店
印　装：三河腾飞印务有限公司

开　本：170mm×240mm　16 开
印　张：17.5
字　数：276 千字
版　次：2016 年 10 月　第 1 版
印　次：2024 年 5 月　第 7 次印刷

书　号：978-7-5126-4424-3
定　价：32.00 元

作为曾经雄踞欧亚大陆的草原霸主，匈奴可以说是中国历史上知名度最高的游牧民族之一。但是关于这个如西伯利亚寒流一般定期袭扰东北亚，甚至深入西欧腹地的马背文明，我们却知之甚少。即便其与汉帝国有过漫长的交锋史，留在世人记忆中也不过是"但使龙城飞将在，不教胡马度阴山"的辉煌，却往往忽视了为孕育这一幕的高潮，汉、匈两大帝国之间曾展开了近一个世纪的拉锯。而随着卫青、霍去病等一代将星的逝去，沿着漫长的国境线，游牧民族和中原帝国之间是否又重复了往昔的故事？

　　本书将首次采用西方年鉴学派的理论，对汉帝国及其继承者们与匈奴之间五百年的交锋史进行全面的梳理，全面展示这一历史时期政治、经济、军事的对抗和博弈，为读者深入解读期间种种高层决策背后的考量。

　　以"鸣镝弑父"宣告自己"横空出世"的冒顿单于是否真的如《史记》中所表述的那般在草原上演了一场"王子复仇记"？曾被李牧、蒙恬等战国名将击败的匈奴部又如何在其领导之下完成了绝地反击？在白登合围汉高祖刘邦所部主力的情况，匈奴帝国是否真的因为女人的嫉妒心而放松了紧绷的弓弦？

　　继承其父之志的老上单于为何选择重用一个跟随和亲公主陪嫁而来的阉人？堪称"汉奸始祖"的中行说对匈奴帝国的内政、外交又带来了哪些深远的影响？险些在马邑遭遇汉军合围的军臣单于是否曾有过一举倾覆汉帝国的计划？而随着其弟伊稚斜的自立为王，强盛一时的匈奴帝国为何逐渐步入了下滑的通道？

　　经历了一系列血腥的内部整合之后，匈奴帝国在且鞮侯单于手中实现了短暂的复兴，但重用汉帝国叛将卫律所展开的一系列改革却为何在匈奴帝国内部埋下最终导致分裂的种子？李陵、苏武、李广利，那些留在青史之上的名字背后又有着怎样的故事？凭借着宫廷阴谋上位的握衍朐鞮单于又是如何一手将草原推入了九单于对立的混战之中？

因迎娶王昭君而颇具知名度的呼韩邪单于为何在屡战屡胜的情况下选择了南附汉朝？而实力远胜于其的郅支单于又为何选择了放弃王庭远走西域？名义上重新统一草原的呼韩邪单于及其子孙们又是否真的满足于仰人鼻息的生活？王莽对匈奴的一系列政策上的变革是否真的属于无事生非？南北匈奴的正式分裂背后又是否有光武帝刘秀的暗中推手？

在班超"以夷制夷"的指导方针之下，东汉政府如何确立起了对北匈奴的压倒性优势？亲率大军出塞的外戚窦宪、窦武父子最终为何倒在了宦官集团的刀下？在汉末三国的乱世之中，南匈奴单于夫罗、呼厨泉兄弟又与袁绍、曹操等中原群雄上演了怎样的斗智斗勇？随着魏晋更迭，在八王之乱的余烬之中，厚积薄发的匈奴大军最终如何突入洛阳？而以汉帝国继承人自居的匈奴刘氏集团又因何在部下石勒的叛乱中陷入崩溃？

目 录

第一章　飞鸣镝

白登之围

——汉匈初次交手背后的隐忧

　　始皇帝统一六国之后，对山东六国故地施行苛刻统治，后又为修骊山陵、长城，而动用刑徒及奴隶数十万，加上戍守五岭、防备匈奴，朝廷又大肆征用民夫，于是田租、口赋、徭役和兵役接连强加于百姓，一时间"丁男被甲，丁女转输，苦不聊生，自经于道树，死者相望"。

　　始皇三十七年（公元前210年），始皇帝东巡，途经云梦、九疑山，浮江下，观藉柯，渡海渚，过丹杨，至钱唐，到达浙江。上会稽，祭大禹，望于南海；立石颂德。还，过吴，从江乘渡。北至琅邪、罘。在平原津重病，于是皇帝乃令中车府令行符玺事赵高为书赐扶苏曰："与丧，会咸阳而葬。"书已封，赵高却没有交予使者。秋七月丙寅，始皇崩于沙丘平台。始皇帝既死，丞相李斯恐诸公子及天下有变，乃秘不发丧，只有皇帝幼子胡亥、赵高及幸宦者五六知道。此后，赵高游说胡亥，请诈以始皇命诛扶苏而立胡亥为太子，在胡亥同意后，赵高与丞相李斯合谋，诈为受始皇诏，立胡亥为太子。更为书赐死扶苏及蒙恬。扶苏自杀，蒙恬不肯死，为使者收押。胡亥返回咸阳后，为始皇发丧。胡亥袭位，是为秦二世。

　　胡亥即位后，任用赵高为郎中令，诛杀蒙毅等大臣及秦宗室公子公主，但又恐自己为天下所轻，故而也东出巡游，立碑刻石。此外为增强咸阳军备，又征材士（强弩射手）五万屯咸于都。然而咸阳粮草不足，于是皇帝下令调各地粮食刍藁，转输服役者自带干粮，咸阳周围三百里以内田地所产粮谷不得擅自食用，此外为修建皇帝陵及阿房宫，更是役民过甚，当时力役三十倍于古以及田赋二十倍于古，这重重压迫可谓让百姓苦不堪言。史载"胡亥极愚，骊山未毕，复作阿房，以遂前策。

云'凡所为贵有天下者，肆意极欲，大臣至欲罢先君所为'。"加之其曾谓赵高曰："夫人生居世间也，譬犹骋六骥过决隙也。吾既已临天下矣，欲悉耳目之所好，穷心志之所乐，以终吾年寿，可乎？"于是大小事务尽皆归于赵高。由于赵高把持朝廷，蒙蔽皇帝，控制群臣言论，指鹿为马，故而帝国朝政混乱不堪，此后这位宦官又陷害李斯，腰斩于咸阳，夷三族。如此之下，天下不直秦者不计其数。天下百姓不愿受严苛的秦法钳制与无数的劳役折磨，已然不满，大秦帝国其实就如同一个巨大的火药桶，随时都会爆炸。

秦二世元年（公元前209年）七月，有陈胜、吴广与戍卒九百前往渔阳，然而途中却在大泽乡因大雨延误行程，按秦法，误期当斩，陈、吴无计可施，于是率戍卒起兵反秦，立国，号为"张楚"，陈胜吴广举义之后，天下尽皆从之，一时间各地纷纷响应。秦朝关东之地顿时陷入动乱，武臣、张耳、陈余北略赵地，周市略魏地，此外吴广攻荥阳、周文攻函谷关、宋留攻武关。而后，武臣占领邯郸后自立赵王，以张耳陈余为辅佐，其以韩广略燕地，而后韩广于燕地自称燕王，又有周市与打出"复兴齐国"旗号的齐王田儋交战而败后，拥立魏咎为魏王。而周文也越函谷关逼近咸阳，此时关中空虚，拥兵五十万之众的南海郡赵佗不北上救援，反而自立南越武王，建南越国。于是秦二世以章邯为将，征刑徒与奴隶为兵，迎战周文。

虽然此后，周文大军因孤军深入，与秦将章邯大战而败亡，而又有田臧杀吴广，继而败于章邯，此后章邯又东出函谷关，击溃陈胜军于陈以西，而后不久陈胜也为叛徒所害，宋留军也兵败而降，仅有张楚余部拥立景驹为楚，但大泽乡的首义却是拉开了大秦帝国覆灭的序幕……

然而，在陈胜、吴广起事后的两个月，秦二世元年九月，旧楚国名将项燕之子项梁与其侄项羽杀会稽郡守于郡治吴县，举兵起事，由于他们号召楚国遗民起兵反秦，故而很快便得精兵八千余。其后，项梁军渡长江北上，接纳陈婴、英布等人，迅速发展。

时有沛县亭长刘邦于芒砀山中举义，称沛公。史载刘邦出生之前，其母曾经在大泽的岸边休息，梦中与神交合。当时雷鸣电闪，天昏地暗，太公往视，则见蛟龙于上。已而有娠，遂产高祖。不久，其母便有了身孕，而后生下了刘邦。按照《史记》的说法，刘邦外貌隆准，美须髯，面呈龙相，左腿上还有七十二颗黑痣。然而此人虽然年少豪爽，但却不喜欢读书，尽管为人豁达，但不喜农事。于是众人都认为此子没有大志，但其依然我行我素。刘邦少时崇慕魏公子信陵君魏无忌，故而欲往大梁投效其门下，但西行至大梁时，却适逢信陵君死，当时信陵君门客张耳为外黄令，招徕门客，于是刘邦至外黄投入到张耳门下，此后与张耳游居数月之久，两人结成知己。及魏国灭亡，张耳被秦人通缉，门客皆散去，刘邦也回到沛县。

转眼十余年，到了壮年时，刘邦才在沛县谋到了任泗水亭长，也就是掌管治安之小吏，当时泗水亭直属四川郡，其亭在沛县境内。由于刘邦为人豁达，善于交际，故而和县府的官吏们混得很熟，甚至在当地也小有名气。萧何、樊哙、任敖、卢绾、周勃、灌婴、夏侯婴、周苛、周昌等皆在当时为其知交好友。一次，刘邦送徭役去秦都咸阳，适逢秦始皇出游，其颇为羡慕，于是感叹"嗟乎，大丈夫当如此也"。

此后，刘邦又为泗水郡押送徒役去骊山，结果途中不少徒役逃脱了，而在当时，徭役逃走，则为死罪，于是刘邦行至芒砀山时，索性放走了所有人，众人颇为感慨，徒役中有十多人不愿刘邦一人亡命，于是纷纷表示愿意跟随他一同逃亡。此后，又有刘邦醉酒斩白蛇的典故，于是在所谓老妇人啼哭自称"我儿是白帝之子，化成白蛇挡在道路中间，如今却被赤帝之子杀死了"的"神话传说"中，众人都认为刘邦乃是天命所归，皆追随之。而始皇生前也常说"东南有天子气，于是东游以厌之"。因而刘邦也自疑，但不过在当时，他还只能隐于芒砀山山泽之间，直到陈胜、吴广起义。

大泽乡举义后，沛县县令恐惧，欲响应陈胜，萧何、曹参当时为沛县吏，劝县令召回刘邦。县令觉得有理，于是派樊哙往召刘邦。可当刘邦至沛时，县令反悔，于是刘邦率约百人于沛县城外射箭夹信，说服城内人诛杀县令。此后刘邦被立为沛县令，自称沛公，发县中约三千子弟响应起义，攻占沛县等地。是年，刘邦四十八岁。

此后，刘邦攻胡陵、方与，还守丰。秦泗水监平将兵围丰，为刘邦军所破。接着刘邦命雍齿守丰，亲率军攻薛，泗水守壮战败逃到戚，不久为沛公左司马所杀。刘邦还军亢父。至方与，周市来攻方与，雍齿据丰降魏。刘邦攻丰，不能下。时东阳宁君、秦嘉在留立景驹为王，刘邦欲往投并借兵还攻丰，道遇张良。章邯别将司马尼北定楚地，屠相，至砀。东阳宁君与沛公率军西迎击，与战萧西，不利，还聚兵于留，再攻砀，三日乃取，得兵五六千人。接着攻下邑，拔之，还军丰。时项梁在薛地，于是刘邦率骑百余往从，项梁益刘邦卒五千人、五大夫将十人，刘邦反攻丰，拔之。不久之后项梁把在外诸将召还在薛，在得知陈胜确实已死的讯息后，项梁听从范增建议，立楚怀王之孙熊心为楚王，仍号怀王，并定都盱眙，以激发楚人斗志。

此后，项梁命项羽、刘邦别攻城阳。项羽、刘邦攻下城阳，然后又在濮阳之东与秦军战，破之。秦军再次聚结，守濮阳、环水，楚军离开去攻定陶，未下，即西略地至雍丘，与秦军战，大破之，沛公将曹参杀丞相李斯之子秦将李由。项羽、沛公还师攻外黄，未下。而就在项羽、刘邦攻陈留时，秦将章邯大破项梁于定陶，项梁本人亦战死，刘、项二人大惊，两人商量后决定放弃陈留，还军东归。此后，两人又分兵，项羽军驻彭城西、吕臣军驻彭城东，而沛公军驻砀。应该说，项梁之死，对于当时的局面是带来了很大的影响的，史载"诸侯震怖"，而秦军更是挟战胜余威常追亡逐北，章邯经过一连番胜利，认为楚国已不足虑，于是北上进攻赵国，并攻下邯郸后迁其民于河内。而赵军则退守巨鹿，此后章邯率军进围赵王歇与赵相张耳于巨鹿。

这时楚怀王把都城由盱眙迁至彭城，并项羽军与吕臣军自将。封项羽为长安侯，任鲁公，封沛公刘邦为武安侯，任砀郡长，将本部兵驻砀，从而使得楚国局势逐渐稳定下来。

由于秦军围赵甚急，赵王与张耳困于巨鹿后，不得不遣使至楚向楚国求救，于是楚怀王以宋义为上将军，项羽为次将，范增为末将，北上救赵。而沛公则率军西攻秦。当时秦军强，常乘胜逐北，诸将都认为西入关攻秦没有好处，都不愿去，只有项羽因为叔父之死，愿意随沛公入关攻秦。但怀王及其他诸将都认为项羽为人"僄悍滑贼"及"所过皆残灭"，不利于西征，于是沛公只能独自领军西征。

秦二世三年十月（公元前208年十月，秦制以十月为岁首），刘邦率军西征，收项梁、陈胜散卒，经砀，至成阳，与杠里秦军夹壁，破魏二军。接着在成武南攻王离军及东郡尉，大破之。随后楚军引兵西，在昌邑遇彭越，与彭越军合攻昌邑，未下。十二月，还至栗，遇刚武侯，夺其军约四千余人。与魏将皇欣、魏申徒武蒲之军并攻昌邑，未下，绕过至高阳。

秦二世三年二月（公元前207年二月），在高阳，郦食其投奔刘邦，其弟郦商亦将兵跟随。用郦食其策，攻陈留，破秦军，得粟。三月，攻开封，未下。引兵西至白马与秦将杨熊战，破之，又追至曲遇东，大破之，杨熊逃至荥阳为秦二世派使者斩杀。四月，南攻颍阳，屠之。因张良遂略韩地轘辕。当是时，赵别将司马卬方欲渡河入关，沛公乃北攻平阴，绝河津。南，战雒阳东，军不利，还至阳城，收军中马骑。是年六月，与南阳守齮战犨东，破之，略地至南阳。南阳守齮走，保城守宛。七月，刘邦不再攻宛，直接率军西去，张良及时劝阻，刘邦回师攻宛。南阳守接受舍人陈恢的建议，降，刘邦封南阳守为殷侯，陈恢千户，引兵西，无不下者，至丹水。高武侯鳃、襄侯王陵降西陵，亦归刘邦，并还攻胡阳。遇番君别将梅铅，与其一起攻下析、郦等地。是月，章邯降项羽。八月，刘邦用张良计，以郦生、陆贾往说武关秦守将，袭攻武关，破之。九月，进至蓝田，与秦军大战，再破秦军。用张良之策，其余之地皆不战而降。十月，刘邦军进驻霸上，秦王子婴于轵道向刘邦投降，秦朝灭亡。

在当时刘邦入咸阳，欲止舍秦宫中，为樊哙、张良所谏阻，于是刘邦乃下令封秦宫库，还军霸上，而萧何等则收秦之图籍等而还。刘邦召秦地诸县父老豪杰，对他们说："父老苦秦苛法久矣"，然后与他们约法三章，悉去秦之苛法，并令吏人仍守旧职。同时也拒绝了秦人犒劳。刘邦此举，大得秦人之心，唯恐刘邦将来不为秦王。

由于当时有人对刘邦说："秦富十倍天下，地形彊。今闻章邯降项羽，项羽乃号为雍王，王关中。今则来，沛公恐不得有此。可急使兵守函谷关，勿纳诸侯。"刘邦采纳命人守函谷关，但在十一月中旬，项羽率诸侯联军进至函谷关，闻刘邦已定关中并派人守住了关口，大怒，下令黥布等攻破函谷关，十二月，至戏，欲攻刘邦。而刘邦军的左司马曹无伤派人向项羽告密，项羽更怒。而项伯因与张良有旧，往刘邦军欲携张良离去，张良因项伯求项羽罢兵。因此也就有了鸿门宴及所谓的"项庄舞剑意在沛公"，但由于项羽未听从亚父范增之计，故而使得刘邦逃过一劫。

项羽进入咸阳，杀子婴，劫掠财宝，火烧阿房宫，自称西楚霸王，俨然天下共主，分封群臣。项羽为了困住刘邦，将刘邦分封到巴蜀汉中一带为汉王，并封秦降将章邯、司马欣、董翳为雍王、塞王、翟王，领关中地，以扼制刘邦。此后项羽立楚王为天子，但不久命人将其杀死，以报楚王不遣他入关的仇怨。项羽刺杀楚王，加上分封无法服众，各国起兵叛变，刘邦趁项羽出外平乱暗度陈仓出兵关中，由此开始了"楚汉之争"。

长期的拉锯中，楚汉双方势力此消彼长，此后刘邦用韩信为将，逐步取得优势，虽然双方一度以鸿沟为界，鸿沟以西为汉，以东为楚，互不侵犯，但最终，刘邦还是困项羽于垓下，此后，汉军又以四面楚歌之计瓦解楚军军心，使得项羽大军军心瓦解，走投无路之下，霸王别姬，率轻骑突围至乌江，然而自诩为英雄的项羽却自觉无颜见江东父老，自刎而死。后刘邦以鲁公之礼葬项羽于谷城，并亲为发丧。项羽之宗族皆赦而不诛，究其前功而各封为列侯。

在项羽彻底败亡后，刘邦罢韩信兵权，令灌婴率军渡江，破吴郡长于吴下得吴守，斩首八万级，略定吴、豫章、会稽。复还定淮北，凡五十二县，楚地略定。此后虽然有临江王共尉（共敖之子）忠于项羽，不肯降汉，但汉遣卢绾、刘贾别将攻之，久攻不下，靳歙还兵攻临江，下之，俘临江王共尉，被杀于洛阳。而后楚将陈公利几以陈郡降汉，不久，利几于颍川反，刘邦乃率军亲征，利几兵败被杀。

汉五年（公元前202年）正月，刘邦追尊长兄刘伯为武哀侯，以楚义帝无后，徙齐王韩信为楚王，王楚地。魏相国彭越定梁地，拜为梁王。此后，诸侯及将相们共同尊请汉王刘邦为帝。刘邦说："吾闻帝贤者有也，空言虚语，非所守也，吾不敢当帝位。"于是群臣们再请，并说："大王起微细，诛暴逆，平定四海，有功者辄裂地而封为王侯。大王不尊号，皆疑不信。臣等以死守之。"刘邦辞让再三，称："诸君必以为便，便国家。"于是二月，刘邦于泛水之阳即皇帝位，定都洛阳，定国号为"汉"，史称"西汉"。

就在刘邦定都洛阳之后，并立王后吕雉为皇后，立太子刘盈为皇太子，追尊母为昭灵夫人后，有正被发往陇西戍边的齐国戍卒娄敬为其同乡虞将军引荐，得见刘邦，娄敬力陈都城不宜建洛阳而应"都关中"。

刘邦疑而未决，左右众臣多为关东人，故而多数劝刘邦定都洛阳，众人皆称周朝定都洛阳，拥有天下数百年；秦朝定都关中，到秦二世就灭亡了。洛阳位居"天下之中"，便于四面八方的物资供给，而且四周群山环绕，背靠邙山，东有成皋，西有崤函，背对黄河，面向伊水和洛水，土地肥沃，地势险要，形势完固，足以设险守国。唯有张良言以建都关中为便，他说"洛阳虽有此固，其中小，不过数百里，田地薄，四面受敌，此非用武之国也。夫关中左崤函，右陇蜀，沃野千里，南有巴蜀之饶，北有胡苑之利，阻三面而守，独以一面东制诸侯。诸侯安定，河渭漕挽天下，西给京师；诸侯有变，顺流而下，足以委输。此所谓金城千里，天府之国也，娄敬之说是也。"于是邦当即决定起驾，往西关定都关中。此后刘邦拜娄敬为郎中，赐刘姓，号奉春君。

自高帝五年（公元前202年）起，大汉开始兴建都城长安，并以秦朝的兴乐宫为基础，修建长乐宫，作为皇宫。同时以叔孙通召儒生共订朝仪，汉高帝七年（公元前200年），长乐宫建成，刘邦从洛阳迁都长安，并在长乐宫依朝仪行礼。史载：汉七年，长乐宫成，诸侯群臣皆朝十月。仪，天亮时，由谒者掌礼，众臣依次进入殿门，廷中以车骑、步卒卫宫，设兵张旗志。殿上传言："趋，"殿下郎中侠陛，陛数百人入殿。功臣列侯诸将军吏以次陈西方，向东而立；文官自丞相以下陈东方，向西而立。大行依爵位高低宣示来宾上殿。于是皇帝乘辇出房，百官手执帜而传警，引诸侯王以下至领六百石薪金的吏员依次奉贺。自诸侯王以下莫不振恐肃敬。至礼毕，复置法酒。诸侍坐殿上皆伏抑首，以尊卑依次敬酒。九觞酒后，谒者宣布："罢酒。"御史执法举不如仪者辄引去。竟朝置酒，无敢瓘哗失礼者。大典之后，刘邦非常得意地说："吾乃今日知为皇帝之贵也。"

高帝八年（公元前199年），丞相萧何主持修建未央宫，并于长乐宫和未央宫之间修建武库，又于长安东南修建太仓。据史料记载，刘邦看到宫殿非常壮观，很生气地对萧何说："天下匈匈苦战数岁，成败未可知，是何治宫室过度也？"萧何说："天下方未定，故可因遂就宫室。且夫天子四海为家，非壮丽无以重威，且无令后世有以加也。"刘邦这才信服。

其实在当时，匈奴的确是大汉帝国最大的威胁，据《史记·匈奴列

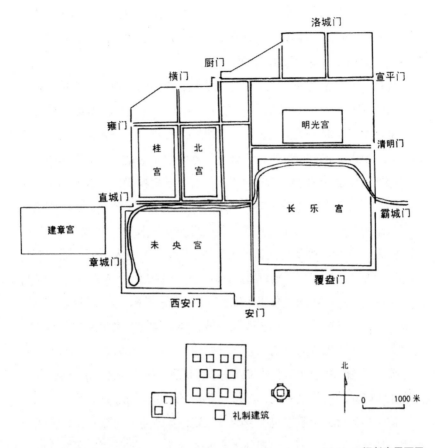

洛城门
厨门
横门
宣平门
雍门
明光宫
桂宫
北宫
清明门
直城门
长乐宫
霸城门
建章宫
未央宫
章城门
覆盎门
西安门
安门

北
0   1000 米

□ 礼制建筑

汉长安平面图

传》记载："匈奴，其先祖夏后氏之苗裔也，曰淳维。"夏代称为荤粥，
商代称为鬼方，周代称为猃狁，秦代称为匈奴，其生活以游牧为主，逐
水草而居。自先秦以来，北方的游牧民族便是中原的最大威胁，周朝先
祖与西戎同居，周幽王时有犬戎、山戎、戎狄等，春秋时有戎翟、义渠、
大荔、乌氏、朐衍、林胡、楼烦、东胡等都可能是匈奴先祖。但当时各
游牧民族，以小部落方式各自生活，未形成气候，春秋战国时期，各国
扩张势力，游牧民族被驱赶至沙漠地带。在战国时代末期，游牧民族在
塞外相互结盟，形成跨部落联盟，逐渐形成月氏、东胡与匈奴三大势力，
其中以匈奴最强盛。于是燕、赵等国纷纷开始兴建长城，以御北疆。此
后，秦灭六国之战时，列国忙于内战，匈奴开始逐渐将自己的势力延伸
到秦、晋北地，于河套、漠南活动。始皇帝统一中国后，因有方士称"亡

秦者胡"，于是始皇就以蒙恬率三十万大军北伐匈奴，头曼单于率众北遁，迁都头曼城，随后秦军收复河套，设九原郡，屯兵上郡，史载"却匈奴七百余里，胡人不敢南下而牧马"。

此后，始皇帝征天下民夫，连秦长城、赵长城与燕长城而成万里长城，并以蒙恬守北防，史载蒙恬在北方五年，匈奴慑其威猛，不敢再犯。此后秦二世时，蒙恬死，加上秦朝陷入混乱，处处皆是义军，故而中央势力衰弱，这种情况下，匈奴开始回到原有居地。其实在头曼单于时，匈奴就已经开始成为北方大国了，至其子冒顿时，匈奴开始东击东胡，西攻月氏，南并楼烦、白羊河南王，从而统一了各部，逐渐强盛起来。东胡分布在燕、赵北地一带。春秋时期兼并山戎，至战国时，势力颇为强大，号称"控弦之士二十万"，曾多次南下侵入中原，后被燕将秦开等大败，自此东胡开始衰落，秦汉之际，东胡已然是势力微弱不堪，以至于被匈奴轻松击溃。东胡瓦解之后，其各部散落，最终发展出鲜卑、乌桓等。而月氏在当时分布在陇西等地，经常与匈奴发生冲突。秦末民变时期，月氏实力强大，曾与东胡一同胁迫匈奴，匈奴曾送冒顿为人质于月氏。而后汉高帝初年而被匈奴击败，此后月氏一分为二，向西迁徙，最后在西域立国的为大月氏，迁移到青海之北的，则为小月氏。

楚汉相争时，由于当时中原四分五裂，各方势力无暇北顾，冒顿单于凭借其赫赫武功，率领兵强马壮的各部南下，夺取了蒙恬所控的匈奴地及朝那（今宁夏回族自治区固原市东南）、肤施（今陕西省榆林市南鱼河堡附近）等郡县，此举显然直接威胁到大汉帝国在赵、晋故地北部的统治。

关于匈奴，《史记》《汉书》《后汉书》均有记载，史载"然至冒顿而匈奴最彊大，尽服从北夷，而南与中国为敌国，其世传国官号乃可得而记云。置左右贤王，左右谷蠡王，左右大将，左右大都尉，左右大当户，左右骨都侯"。匈奴谓贤曰"屠耆"，故常以太子为左屠耆王。自如左右贤王以下至当户，大者万骑，小者数千，凡二十四长，立号曰"万骑"。诸大臣皆世官。呼衍氏，兰氏，其后有须卜氏，此三姓其贵种也。诸左方王将居东方，直上谷以往者，东接秽貉、朝鲜；右方王将居西方，直上郡以西，接月氏、氐、羌；而单于之庭直代、云中：各有分地，逐水草移徙。而左右贤王、左右谷蠡王最为大国，左右骨都侯辅政。诸二十四长也各自置千长、百长、什长、裨小王、相、封都尉、当户、且渠之属。

匈奴人以游牧为生，故而人人皆是战士，《史记·匈奴列传》记载匈奴兵"尽为甲骑""控弦之士三十余万"。此外，"其长兵则弓矢，短兵则刀鋋"。

就在汉高帝为匈奴而担忧的时候，此时却发生了"韩王信事件"。

韩王信是战国时韩国的襄王庶孙，虮虱之子。秦末，项梁拥立楚怀王时，燕国、齐国、赵国、魏国都早已自立国王，只有韩没有立王，所以才立了韩国横阳君韩成为韩王，想以此来占据平定原韩国的土地。项梁在定陶战败而死，韩成投奔楚怀王。刘邦率军进攻阳城时，命张良以韩国司徒的身份降服了韩国原有土地。此时，韩王信加入刘邦军中，拜为将，跟随刘邦进入关中。

秦朝亡后，刘邦被项羽封为汉王，韩王信随汉王进入汉中。于是韩王信对刘邦说："项王王诸将近地，而王独远居此，此左迁也。士卒皆山东人，跂而望归，及其锋东乡，可以争天下。"此后刘邦暗度陈仓，经略三秦并攻占关中，承诺日后将封韩王信为韩王，于是此时拜其为韩太尉，并以其率军攻取韩地。

而在当时，项羽所封的诸侯王皆已去各自的封地就国，只有韩王成以不从无功，不遣就国，更以为列侯。不久后，项羽又将韩王成诛杀。听闻刘邦派韩王信来攻取韩地，项羽很不以为然，仅以自己游历吴地时所熟络的吴县县令郑昌为韩王，以拒汉军。汉二年（公元前205年），韩王信攻取了韩地十余城，此后当汉王至河南后，韩王信又猛攻西楚霸王项羽所立的韩王郑昌，迫使郑昌归降。汉二年十一月，汉王立韩王信为韩王。此后，韩王信便是一直跟随刘邦。汉三年（公元前204年）时，刘邦撤出荥阳，留韩信和周苛等人守卫荥阳。楚军攻破荥阳后，韩王信向楚投降，不久得以逃出，又投归刘邦，刘邦再次立他为韩王，此后韩王信跟随汉军击败项羽，平定天下。汉五年（公元前202年）春，刘邦与韩王信剖符为信，正式封他为韩王，封国于颍川，定都阳翟。

汉高帝六年（公元前201年）春，刘邦认为韩王信雄壮勇武，封地颍川北靠近巩县、洛阳，南逼近宛县、叶县，东边则是重镇淮阳，乃兵家必争的战略重地，此外，高帝还担心韩王信日后或会构成威胁，于是便以防御北方胡人为名，把韩王信封地迁至太原郡，都晋阳。韩王信不满，遂以"国被边，匈奴数入，晋阳去塞远"为由，上书请求把都城迁至马邑，皇帝许之，同年秋，匈奴冒顿单于攻马邑，韩王信不能敌，于是乃多次派使者到匈奴处求和。此后，虽然刘邦派军前往援救，但却开始怀疑韩王信多次私派使者乃是暗通匈奴，有背叛汉之心。由于皇帝致书责备，故而韩王信担心会被诛，便与匈奴约定共同攻汉，以马邑之地请降。随后韩王信与匈奴挥师南下，进入雁门关，攻下太原郡。

为了巩固边塞，高祖七年（公元前200年）冬，高帝刘邦亲率三十二万大军，以陈平为护军中尉，夏侯婴为太仆，灌婴为车骑将军，以樊哙、周勃、靳歙、柴武、郦商为将军，出征匈奴冒顿单于，同时镇压韩王信叛乱。

匈奴当时正是冒顿为单于，其乃是匈奴头曼单于之子。当其为太子时，头曼单于欲立所宠阏氏之子为太子，将冒顿派往月氏为质，随即发兵攻打月氏。月氏恼怒，欲杀冒顿，冒顿闻讯，盗得良马，方才侥幸逃回匈奴。头曼单于见其勇壮，乃令其统领万骑。但冒顿已对头曼单于不满，他将所部训练成绝对服从、忠于自己的部队，为政变谋位做准备。他制造了一种名鸣镝的响箭，规定：鸣镝所射而不悉射者斩。出猎时，他射出鸣镝，随从有不随鸣镝射往同一目标的皆斩。而后，他用鸣镝射自己的宝马，左右有不敢射者，也被立斩。进而，他又用鸣镝射自己的爱妻，左右仍有不敢射者，又被斩杀。后来，他以鸣镝射头曼单于的宝马，左右无一人不射。冒顿知部下绝对忠于自己了。在一次随父头曼单于出猎时，冒顿用鸣镝射头曼，左右皆随之放箭，射杀头曼。随后，冒顿又诛杀后母及异母弟，尽杀异己之大臣，自立为匈奴单于。

其实冒顿最初是准备由晋北入塞，以十万兵围攻韩王信治所马邑城，以三十万分两翼骚扰掳掠，但由于韩王信的投降，冒顿的雄心大起，掳掠的范围更加扩大，前锋直逼晋南，大有饮马黄河、直捣洛阳之势。但此时听闻汉高帝统帅大军而来，于是便收缩至平城附近设伏，派兵诱汉军北上，企图围歼汉军一部。

高帝不知道匈奴的打算，大军依然自出长安以来，是沿太行山以东迅速北上，继而绕道直扑马邑，此后扫荡句注山以北，然后越句注山南下。汉军的行动十分顺利。周勃、樊哙先降下霍人。由此向西，兵临马邑城下，凭借张良的奇计将其拿下。接着，灌婴连降楼烦以北六县，至武泉，与率先抵达的周勃会师，在武泉北击败了匈奴一部。《史记》卷五十七《绛侯周勃列传》记载"（周勃）以前至武泉，击胡骑，破之武泉北"。此后，樊哙、夏侯婴率军赶到继续前行，收复云中。史料记载"（樊哙）自霍人以往至云中，与绛侯等共定之……（夏侯婴）至武泉、云中……（灌婴）破胡骑于武泉北……"

山北被平定后，皇帝与周勃各领一军，越句注山南下。当时太原郡已经陷落，而韩王信的大军正在进攻上党郡。于是汉军进入太原郡后，迅速南下，于上党郡的铜鞮大破韩王信大军，斩杀其将王喜，此后韩王信逃奔匈奴，其部将白土人曼丘臣、王黄等人拥立赵王的后代赵利为王，聚集韩王信的残兵败将，和韩王信及匈奴冒顿单于继续合谋攻汉。

冒顿单于派左、右贤王各带兵一万多骑与王黄等屯兵广武以南至晋阳，企图阻挡汉军北进。结果史载"（周勃）击韩信、胡骑晋阳下，破之，下晋阳"。又有"（夏侯婴）因从击韩信军、胡骑晋阳旁，大破之……（灌婴）复从击败韩信胡骑晋阳下，所将卒斩胡白题将一人"的记载，由此可见，晋阳一战，汉军是大获全胜。

此后，汉军追至离石，与匈奴大战，史载"至晋阳，与汉兵战，汉大破之，追于离石，复破之。"大败之后的匈奴再次在楼烦西北集结兵力，汉令车骑击破匈奴。对于此战，《史记》中有所记载"（夏侯婴）复以太仆从击胡骑句注北，大破之……（灌婴）受诏并将燕、赵、齐、梁、楚车骑，击破胡骑于硰石"。并有"后击韩信军于硰石，破之，追北八十里"的记载。但这个时候开始，汉军就开始出现冻伤的情况了。

但此时的汉军士气正锐，自从大军北上以来，可谓是节节胜利。将军周勃、樊哙先攻下霍人县，继而北败胡骑于武泉之北，南下攻破铜鞮，又北上降太原六城，再败韩王信带领的胡骑于晋阳下，并夺回晋阳，后在楼烦故地西北的硰石三破韩王信军，追北八十里，还攻楼烦三城，此外，又有夏侯婴以太仆击胡骑平城南。而灌婴以车骑将军身份统军，"从击反韩王信于代，至马邑，受诏别降楼烦以北六县，斩代左相，破胡骑于武泉北，复从击韩信胡骑晋阳下，所将卒斩胡白题将一人，受诏并将燕、赵、齐、梁、楚车骑，击破胡骑于硰石，至平城。"而将军樊哙更是自霍人直插云中郡，以断匈奴退路。

由于汉军节节胜利，全军上下产生了轻敌之意，皇帝到达晋阳后，听说匈奴驻兵于代谷，于是派使臣十余批出使匈奴，希望两国就此罢兵，同时对大军进行休整。而冒顿此时陷入两难，众部下认为强敌在前，而且秋草多被汉军烧掉，草料不足，故而尽皆力劝冒顿退兵。冒顿也颇有退意，但自思即位以来，战无不胜，此战不利，恐堕威名，于是其故意将精锐隐藏，将老弱病残列于阵前。派去的使臣十余批回来，都说匈奴可以攻击。高祖又派刘敬（娄敬）再去出使匈奴，但刘敬回奏却称："两国相击，此宜夸矜见所长，今臣往，徒见羸瘠、老弱，此必欲见短，伏奇兵以争利。愚以为匈奴不可击也"。刘邦非但不听劝告，反而大骂刘敬说："齐虏！以口舌得官，今乃妄言沮吾军。"并将刘敬监禁在广武城，准备凯旋后进行处罚。

此后，刘邦率骑兵先到达平城，此时汉军步兵还未完全赶到。于是冒顿单于指挥匈奴大军，截住汉军步兵，将刘邦的兵马围困在白登山。不过虽然冒顿将高帝围困于白登山，但匈奴骑兵仰攻不易，多次冲锋均被汉军射回。史载，冒顿亲率骑兵从四面进行围攻：匈奴骑兵西面的是清一色白马，东面是清一色青马，北面是清一色黑马，南面是清一色红马，企图将汉军冲散。结果，双方损失很大，一直相持不下。此时正值隆冬季节，气候严寒，汉军士兵不习惯北方生活，冻伤很多人，其中冻掉手指头的就有十之二三。《汉书·匈奴传》记载："平城之下亦诚苦！七日不食，不能彀弩。"匈奴围困了七天七夜，也没有占领白登。

与此同时，樊哙、周勃闻听刘邦被围，于

汉高祖

是督率各部汉军往白登山增援而来，一时间双方在句注山以北的平城周边展开混战，周勃对匈奴骑兵发起猛攻，同时，不断地在驰道上与之交战。靳歙、卢罢师等人则猛攻韩王信的叛军。正是各路汉军的援救，才使被围在白登山的高帝所面临的压力得到了极大的缓解。

而被围在白登山上的高帝在多次督兵突围不成后，采用护军中尉陈平的奇计，暗中派人贿赂了冒顿的阏氏，于是阏氏劝说冒顿单于："两主不相困。今得汉地，而单于终非能居之也。且汉王亦有神，单于察之。"加之冒顿单于与王黄和赵利约定了会师的日期，但他们未能及时前来，于是冒顿单于怀疑他们同汉军有勾结，就采纳了阏氏的建议，打开包围圈的一角，让汉军撤出。当天正值天气出现大雾，汉军"持满傅矢外乡""徐行出围"，才得以脱险。所谓的"持满傅矢外乡""徐行出围"，就是所有的弩都拉满，弩上装两支箭，随时待射，大军缓慢而行，逐次突围。此外，还根据史料中记载的"居七日，胡骑稍引去。时天大雾，汉使人往来，胡不觉，入平城"这一点来看，突围之前，汉军是先派遣一部分人往来于白登山与平城之间，确定行踪没有被匈奴人察觉之后，才组织突围的。

当大军撤入平城之后，周勃、樊哙所率援军也赶到，此后冒顿也率军北归。据载，此后刘邦尽斩先前进言匈奴可击的十几名使臣，并赦免刘敬，封为关内侯，食邑两千户，号称建信侯。

答单于书

——吕雉的隐忍和冒顿狂妄的另类解读

高帝七年（公元前200年）冬的白登之围后，高帝采用娄敬（后赐姓改名刘敬）献策，开启了"和亲政策"。自此，汉与匈奴约定结为兄弟，各自以长城为界，两国的关系得到暂时的缓和。其实在当时，高帝选择和亲乃国弱无奈之策。西汉建国之初，中原一片萧条，由于之前秦政苛刻，加上秦末以来连年战争的破坏，致使百业凋敝，百姓大量逃亡。汉初的人口，较之秦时大大减少，郡县人口剩下十分之二三。全国上下甚至连几匹像样的马都找不出，所谓"自天子不能具钧驷，而将相或乘牛车，齐民无藏盖"。在这种情况下，大汉需要与民休息，于是皇帝以黄老之说为治国之术，通过"无为而治"来"休养生息"。同时兴修水利，减免赋税，并招抚流亡，令战争期间流亡山泽不着户籍的人口，各归原籍，"复故爵田宅"。此外还释放奴婢，皇帝甚至诏令规定：因饥饿而自卖为人奴婢者，"皆免为庶人"。这种情况下，维持边地和平也就尤为重要了。

汉匈在长城形成对峙之后，战斗并没有结束，时常有零星战斗发生。刘邦一面准备接受刘敬的和亲之策但并未马上执行，而是令樊哙守备塞下，修缮长城，复蒙恬故业。冒顿见此时师老兵疲，已无战机，汉朝边防守备甚严，也将大军散去，任命韩王信为将，统胡骑居留塞下，侵扰汉边，同时做策反工作，挑动内部汉将造反。

白登山之役发生在高帝七年十一月，同年十二月，匈奴进攻代地，代王刘喜弃官而逃，刘邦立子刘如意为代王（次年以刘如意为燕王、以刘恒为代王），以将军陈豨为赵丞相，统领赵、代边境之兵防胡。高祖十年（公元前197年），韩王信派其部将王黄游说陈豨叛汉。汉高祖十年（公元前197年）七月，刘太公死，刘邦派人召陈豨进京，但陈豨称病不往，九月，便与王黄等人一同反叛，自立为代王，劫掠了赵、代两地。于是高祖下诏一律赦免了被陈豨所牵累而进行劫掠的赵、代官吏。此后又亲往代地，史料记载，高祖御驾抵达邯郸后，大喜曰："豨不南据漳水，北守邯郸，知其无能为也。"

此后赵相奏斩常山郡守、郡尉，并称"常山二十五城，豨反，亡其二十城"。但皇帝却问："郡守、郡尉反叛了吗？"赵相回答说："没反叛。"汉高帝说："这是力量不足的缘故。"于是赦免了郡守、郡尉，同时还使之官复原职。此后，高帝又问周昌说："赵国还有能带兵打仗的壮士吗？"周昌回答说："有四个人。"然后让这四个人拜见刘邦，刘邦一见便破口大骂道："你们这些小子们也能带兵打仗吗？"四个人惭愧地伏在地上。但刘邦还是各封给他们一千户的食邑，任命为将。左右近臣劝谏道："有不少人跟随您进入蜀郡、汉中，其后又征伐西楚，有功却未得到普遍封赏，现在这几个人有什么功劳而予以封赏？"刘邦说："这就不是你们能了解的了！陈豨反叛，邯郸以北都被他所占领，我用紧急文告来征集各地军队，但至今仍未有人到达，现在可用的就只有邯郸一处的军队而已。我何必要吝惜封给四个人的四千户，不用它来抚慰赵地的年轻人呢！"左右近臣都说："对。"于是汉高帝又问："陈豨的将领都有谁？"左右回答说："有王黄、曼丘臣，以前都是商人。"汉高帝说："我知道了。"于是各悬赏千金来求购王黄、曼丘臣等人的头。

次年春（公元前196年），韩王信再次率领匈奴骑兵入居参合。汉使将军柴武攻击之，大败胡骑，斩杀韩王信。同年秋，高帝再次亲率大军攻打韩王信余孽和叛将陈豨，大破之，于曲逆城下攻击并斩杀叛将侯敞、王黄、张春、曼丘臣等。此后又在聊城大败陈豨部将张春，斩首一万余，与此同时，太尉周勃进军平定了太原和代郡，并屠马邑全城，一举平定雁门郡十七县，云中郡十二县。十二月，汉高帝亲自率军攻打东垣，但未能攻克，据城而守的叛军士卒得意洋洋，放肆辱骂皇帝。不久东垣降，皇帝下诏凡是当初辱骂自己的的士卒一律斩首，不骂者则处以黥刑，即在额头上刺字，同时把东垣改名真定。汉高帝十二年冬，樊哙又在灵丘斩杀了陈豨，俘获了陈豨的丞相程纵、将军陈武、都尉高肆等，彻底平定叛乱。

陈豨之乱平定后，燕王卢绾与陈豨之叛颇有瓜葛，恐被治罪，亦反叛，高祖以周勃与樊哙领兵，攻下蓟县，俘获了卢绾的大将抵、丞相偃、郡守陉、太尉弱及御史大夫施等人，屠浑都城。又在上兰、沮阳大败卢绾的叛军，追击到长城，平定上谷郡十二县，右北平郡十六县，辽西、辽东二十九县，渔阳郡二十二县。卢绾仅带亲随、家属及数千骑逃到长城外。得知卢绾来降后，冒顿大喜，封卢绾为东胡卢王。卢绾居长城下一年余，病死。陈豨、卢绾之叛其实是汉初，皇帝为加强中央集权力量而削除异姓藩王巩固国家稳定的战争，当初在楚汉战争中，刘邦为了换取各路重要将领的支持战胜项羽，曾封韩信等人为王。这样在西汉皇朝建立之初，被封的异姓王共有八人，即齐王韩信（后徙为楚王）、梁王彭越、淮南王英布、韩王信、赵王张耳、燕王臧荼（后更立卢绾）、衡山王吴芮（后改为长沙王）、闽粤王亡诸。这些藩王的王国的封地，多者一百多城，少者三四十县，总面积比朝廷直辖郡县还要多，而且各王都拥有兵众，行政、财政自专，名为汉臣，实为汉不能控制之独立王国，对朝廷造成很大威胁。

在刘邦称帝之后的七年中，绝大部分精力是用来对付这些异姓王。结果，燕王臧荼最先起兵，兵败后被俘，韩王信、陈豨、卢绾等败后叛逃匈奴，后战败被杀，此后时吕后声称有密告

汉代武士

指出韩信和陈豨为共谋，接着和丞相萧何计杀韩信于长乐宫，高祖平定陈豨，回洛城，知韩信已被杀死，"亦喜且怜之"。此后皇帝又诛杀了不肯亲自带兵讨伐陈豨的彭越。英布起兵淮南，亦被迅速平定，英布被长沙王吴臣诱杀。众藩王中，唯有长沙国作为汉与南越之间的缓冲，且势力弱小得以保存。但汉文帝后七年，因长沙王无子而国除。

不过虽然冒顿派韩王信及其党羽居留塞外，使之屡犯汉境，烧杀掳掠，但匈奴并没有直接出兵干涉大汉帝国内部的平叛削藩事务。这是因为在高帝九年冬，高帝皇帝"取家人子名为长公主，以妻单于；使刘敬往结和亲约"，从而开始实行与匈奴的和亲政策。当初刘敬称"天下刚刚安定，士兵们因兵事还很疲劳，不宜用武力去征服冒顿。但冒顿杀父夺位，把父亲的群妃占为妻子，以暴力建立权威，我们也不能用仁义去说服他。唯独可以用计策，使他的子孙长久做汉的臣属，然而我担心陛下做不到"。高帝问之以策，刘敬称"陛下如果能把嫡女大公主嫁给他为妻，又赠送丰厚俸禄，他一定仰慕大汉，以公主为匈奴的阏氏，生下儿子，肯定是太子。陛下每年四季用大汉多余而匈奴缺乏的东西，频繁地慰问赠送他们，乘机派能说善辩的人士前去奉劝和讲解礼节。这样，冒顿在世时，他本是汉朝的女婿辈；他死后，您的外孙便即位为匈奴王单于。难道曾听说过外孙敢和外祖父分庭抗礼的吗？我们可以不经一战而让匈奴渐渐臣服。如果陛下舍不得让大公主去，而令宗室及后宫女子假称公主，他们知道了，不肯尊敬亲近，还是没有用。"

最初的时候，高帝的确是想让鲁元公主前去和亲的，但吕后日日夜夜哭泣着说："我只有太子和一个女儿，为什么把她嫁给匈奴！"于是最终皇帝才在庶民家找来一名女子，称之为大公主，把她嫁给匈奴单于做妻子，同时派刘敬前往缔结和亲盟约。此后刘敬从匈奴归来，他说"匈奴的河南白羊、楼烦王诸部，去长安近者七百里，轻骑一日一夜可以至秦中。而关中刚遭过战事洗劫，缺少百姓，但土地肥沃，应该加以充实。诸侯最初起事时，没有齐国田氏，楚国昭、屈、景氏就不能勃兴。今陛下虽都关中，实少民，关东有旧六国之强族，一日有变，陛下亦未得高枕而卧也，故而臣建议陛下徙旧六国后人及地方豪强、名门大族至关中居住，国家无事可以防备匈奴，诸侯有变，也足以征集大军向东讨伐。这是加强根本而削弱末枝的办法。"于是高帝下诏在十一月，便下令迁徙旧齐国、楚国的大族昭氏、屈氏、景氏、怀氏、田氏五族及豪强到关中地区，给予便利的田宅安顿，共迁来十余万人。

高帝十二年，由于之前在讨伐英布叛乱时，为流矢所中，故而本就抱病出征的刘邦很快身体状况恶化，吕后请了良医为之医治，皇帝自知已经病入膏肓，于是询问病情，医师进言："病可治。"但皇帝听闻之后，大怒，"吾以布衣提三尺剑取天下，此非天命乎？命乃在天，虽扁鹊何益！"不愿意继续治疗，赐给医师五十斤黄金，令医师离去。此后高帝日趋病重，为安排后事，于是吕后询问刘邦："陛下百岁后，萧相国即死，令谁代之？"刘邦说："曹参可。"吕后又问曹参之后谁可为相，刘邦说："王陵可。然陵少戆，陈平可以助之。陈平智有余，然难以独任。周勃重厚少文，然安刘氏者必勃也，可令为太尉。"吕后再问，刘邦说："此后亦非乃所知也。"此意乃是"再往后的事情也不是你所能知道的了，亦即你也活不了那么久"。

高帝十二年的四月二十五日，刘邦崩于长乐宫，享年六十二岁。

皇帝尸骨未寒时，吕后便和辟阳侯审食其商议："诸将与帝为编户民，今北面为臣，此常怏怏，今乃事少主，非尽族是，天下不安。"于是秘不发丧，并计划发兵诛杀功臣诸将，此事为将军郦商得知后，其对审食其说："吾闻帝已崩，四日不发丧，欲诛诸将。诚如此，天下危矣。陈平、灌婴将十万守荥阳，樊哙、周勃将二十万定燕、代，此闻帝崩，诸将皆诛，必连兵还乡以攻关中。大臣内叛，诸侯外反，亡可翘足而待也。"于是吕后才为高帝发丧，并大赦天下。此后，太子刘盈继位，是为汉惠帝。

北方的匈奴在得知刘邦死后，居然给吕后写来一封书信，史载"冒顿浸骄，乃为书，使使遗高后曰：孤偾之君，生于沮泽之中，长于平野牛马之域，数至边境，愿游中国。陛下独立，孤偾独居。两主不乐，无以自虞，愿以所有，易其所无"。这份求爱信的意思是："我是孤独寂寞的君主，生在沼泽，长在草原，我多次到边境来，希望能到中原游览一番。陛下独立为君，也是孤独寂寞，一个人居住，我们两个寡居的君主都很不快乐，无以自娱，还不如我们以己所有，换己所无。"吕后大怒，召诸将前来议事，并欲发兵征讨匈奴。樊哙更是豪言，称"臣愿得十万众，横行匈奴中"。而朝中诸将因为畏惧吕后，不敢违其意，故而皆称"然"。

不过也有人反对贸然开战，会于大汉不利，他们认为"以高帝贤武，然尚困于平城"，而时为中郎将的季布更是言辞激烈，其称"樊哙可斩也！夫高帝将兵四十余万众，困於平城，今哙奈何以十万众横行匈奴中，面欺！且秦以事於胡，陈胜等起。于今疮痍未瘳，哙又面谀，欲摇动天下。"

当季布劝谏称大汉国力尚未恢复，不能与匈奴再开战端，樊哙轻言开战是动摇国本，该斩，史载"是时殿上皆恐，太后罢朝，遂不复议击匈奴事"。冷静下来的吕后采纳季布建议，重新与匈奴和亲，并作书一封给冒顿，称"单于不忘弊邑，赐之以书，弊邑恐惧。退而自图，年老气衰，发齿堕落，行步失度，单于过听，不足以自污。弊邑无罪，宜在见赦。窃有御车二乘，马二驷，以奉常驾"。这信的意思是"单于没有忘记敝国，还赏赐我们书信，我们诚惶诚恐，我年老气衰，头发牙齿都已脱落，走路也不稳，不值得单于为我屈尊玷污自己，敝国没有做错什么，还请单于宽恕"。

冒顿得书，认为吕后非寻常人，遂复使使者来谢，并称"未尝闻中国礼仪，陛下幸而赦之"，继而献来马匹，重结和亲之好。于是吕后以宗室女妻之，汉与匈奴之间的紧张关系再

吕后

次平缓了下去。这便是历史上著名的"致书之辱"。不过也有人说，所谓"嫚书之耻"这是中原文化不了解游牧民族"夫兄弟婚"的习俗所产生的误会，由于刘邦曾与冒顿互称兄弟，而匈奴人的习俗中，便是有"夫兄弟婚"这点，所谓"夫兄弟婚"即一个女子当其丈夫死后必须转嫁给亡夫的兄弟，而亡夫的兄弟也有娶她的权利和义务。不过很显然，"夫兄弟婚"这一点，并不适用于大汉帝国的皇太后与被称作"胡人"的匈奴单于之间。

吕后虽然拒绝了冒顿的求婚，但却为自己的儿子安排了一场糟糕的婚姻。惠帝三年（公元前192年）立年仅十一岁的张嫣为皇后。张嫣乃是鲁元公主与宣平侯张敖之女，从关系上来说，吕后是其外祖母，惠帝是其舅父，故而惠帝认为此婚有悖人伦，加上张氏年幼，故而至亡故，未近张皇后。晋人著《汉宫春色》称张皇后去世，宫人为之盛敛时，发现张皇后仍为处女之身。由于张皇后一直不得惠帝临幸，故一直未有身孕，吕后便又自作主张，让张皇后对外说自己已经怀孕，继而强取惠帝宫中周美人所生之子刘恭，谎称是张皇后所生，继而立刘恭为皇太子，随后吕后又命宫女将刘恭的生母周美人鸩杀。

孝惠七年八月十二日（公元前188年），孝惠帝在未央宫驾崩后，吕后以太子刘恭继皇帝位，史称前少帝。因刘恭年幼，便由吕后临朝称制，并仍称皇太后，张嫣则不称太后，世称孝惠皇后。但至吕后四年（公元前184年）时，已经渐渐长大的刘恭知其生母已死，而自己并非张太后亲生，于是口出怨言说："皇后怎么能杀死我的生母而把我当作她的儿子？我现在还小，等我长大之后，一定要复仇！"吕后知道后很担心，担心刘恭真会作乱，于是将之囚禁在后宫的永巷中，宣称皇帝患病，并不许任何人与之相见。不久后，吕后废黜刘恭，并暗中将他杀死。同年五月十一日，吕后立汉惠帝的另一子常山王（恒山王）刘义为帝，改名为刘弘，史称后少帝。此后，吕后继续临朝称制。

吕后临朝期间，开汉代外戚专权的先河，就在她称制时，积极扶植吕氏，大封诸吕为王，打击刘姓皇族及势力，而这一次外戚专权，对于大汉帝国的发展留下的烙印太深了。按汉代军制，京师兵由郎官、卫士和守卫京师的屯兵组成，郎官由郎中令统领，卫士由卫尉统领，负责宫廷内外的警卫，由于中尉统领所统辖的负责守卫京城的屯兵驻于未央宫北，称北军，故而与之相对，由卫尉统领的卫士称南军。南军兵士大多调自内郡，北军士卒主要调自京辅，均是一年一轮换。

吕后生前任命赵王吕禄为上将军，并统领北军；又命梁王吕产统领南军，并告诫他们"封立吕氏为王，大臣心中多不服。我就要去世，皇帝年幼，恐怕大臣们趁机向吕氏发难。你们务必要统率禁军，严守宫廷，千万不要为送丧而轻离重地，以免被人所制！"但当吕后死后，诸吕却因为担心刘氏迫害，而于吕禄家中密谋作乱，朱虚侯刘章娶吕禄之女为妻，所以得知吕氏的阴谋，就暗中派弟弟东牟侯刘兴居，将此事告知其兄齐王刘襄，刘襄在其舅父驷钧支持下起兵，并派使者到齐国以东的琅邪国，陈吕氏发兵变，请琅邪王赴齐都临淄面商大事。琅邪王刘泽至临淄后却被齐王软禁。此后齐王再派使者强征琅邪国全部士卒，与齐军合兵向西进发，以攻打诸吕。

吕产等人闻讯齐王举兵，遂命颍阴侯灌婴统兵征伐。但灌婴不欲助吕氏消灭刘姓宗室，于是其率军行至荥阳，与其部下计议说："吕氏在关中手握重兵，图谋篡夺刘氏天下，自立为帝。如果我们现在打败齐军，回报朝廷，这就增强了吕氏的力量。"此后，灌婴按兵于荥阳，并派人告知齐王和诸侯，约定互相联合，静待吕氏发起反叛时，即联兵讨伐，诛灭吕氏。齐王得知此意，就退兵到齐国境地，待机而动。

当初吕禄、吕产试图作乱，便是因为内惧朝中绛侯周勃、朱虚侯刘章等人，外怕齐国和楚国等宗室诸王，又恐手握军权的灌婴背叛吕氏，故而打算等灌婴所率汉兵与齐军交战之后再动手，所以犹豫未决。此番知道齐王与灌婴联合，连忙进宫挟持少帝。于是朱虚侯刘章便与太尉周勃、右丞相陈平联络。然而当时吕禄、吕产独揽兵权，太尉周勃并没有军权，于是周勃便是以负责典掌皇帝符节的襄平侯纪通持节入北军，伪称奉皇帝之命允许太尉进入北军营垒，同时因曲周侯郦商年老有病，其子郦寄与吕禄交好，故而周勃便挟持郦商，逼郦寄去劝言吕禄交出兵权，称"皇帝指派太尉代行北军指挥职务，要您前去封国。立即交出将印，告辞赴国！否则，将有祸事发生！"而吕禄认为郦寄不会欺骗自己，便是解下将军印绶交给典客刘揭，而把北军交给太尉指挥。

周勃进入北军时，吕禄已经离去，于是其即号令"拥戴吕氏的祖露右肩，拥戴刘氏的祖露左肩"。大家纷纷祖露左肩，呼声震天。于是周勃便控制了北军，此后南军尚未被控制，故而陈平、周勃等便是以朱虚侯刘章监守军门，又令平阳侯曹窋对统率宫门禁卫军的卫尉称："不许相国吕产进入殿门！"而另一方面，吕产却不知吕禄已离开北军，故而进入未央宫，准备作乱，结果却被朱虚侯刘章率兵千余冲入未央宫中诛杀。

此后，周勃、陈平、刘章等又杀斩长乐卫尉吕更始，继而又将吕禄乱棒打死，而燕王吕通亦被杀，鲁王张偃则被废，而吕氏一族不管男女老幼尽皆下狱，后族诛，自此，诸吕遂平。

其实虽然吕后主政时，扶持诸吕，继而带来了外戚专权纸或，但在其及惠帝掌权时，保持了国家的稳定，并在边事上保持对匈奴的和亲政策，从而为后来的盛世打下了基础，正如史料中对其评价的那样，"孝惠皇帝高后之时，黎民得离战乱之苦。君臣俱欲休息乎无为。故惠帝垂拱，高后女主称制。政不出房户，天下晏然。刑罚罕用，罪人是稀，民务稼穑，衣食滋殖。"

中行之说
——老上单于时代的汉匈外交和军事冲突

　　吕后死后，吕后一族外戚欲作乱，为陈平、周勃和宗室刘章等诛杀，此后臣议欲立齐王，然而琅邪王刘泽却说"齐王母家驷钧，恶戾，虎而冠者也。方以吕氏故几乱天下，今又立齐王，是欲复为吕氏也"。而使齐王刘襄无缘皇位。当初刘襄在其舅父驷钧支持下起兵反吕时，派使者到齐国以东的琅邪国，请琅邪王赴齐都临淄面商大事，而琅邪王至临淄却被齐王软禁，而后齐王遣使强征琅邪国兵，与齐军合兵，以伐众吕。刘泽见自己无法归国，便称"齐悼惠王高皇帝长子，推本言之，而大王高皇帝适长孙也，当立。今诸大臣狐疑未有所定，而泽於刘氏最为长年，大臣固待泽决计。今大王留臣无为也，不如使我入关计事"。提出让自己前往长安，游说众臣立齐王为帝，刘襄不知是计，反倒是深以为然，"乃益具车送琅邪王"，谁知刘泽到长安后，却以"齐王舅父驷钧非善类"为借口，反对立齐王，若齐王为帝，那么"吕氏当国"又将复演。众臣忧心外戚干政再次出现，于是以"代王母家薄氏，君子长者；且代王又亲高帝子，於今见在，且最为长。以子则顺，以善人则大臣安"，而乃谋迎立代王，此后遣朱虚侯以诛吕氏事告齐王，令罢兵。

　　刘襄罢兵返回齐国后，众臣决议黜杀汉惠帝之子汉后少帝刘弘，迎代王刘恒入京继皇帝位，是为汉文帝，由此开始了历史上著名的"文景之治"。

　　刘恒是汉高帝刘邦的第四子，母薄姬。其乃吴郡人，其父薄氏在秦与从前魏国宗室之女魏媪私通，生下薄姬。秦末，天下大乱，魏豹自立为魏王，薄姬入宫，为魏王豹妾。史载有一次，魏媪到许负那里看相，卜算女儿薄姬的命运，许负称薄姬将生下天子，而实则刘邦和西楚霸王项羽相拒于荥阳天下大势尚未分明，魏王豹听到此言后，心里很是高兴，于是背弃高祖，并与楚霸王和议，高祖大怒，以曹参攻魏国，魏豹败俘后被汉将周苛所杀，而在将魏国改置为郡时，薄姬也被汉军所俘，此后被送入宫中织室织布，某日高祖至织室，见薄姬颇是有些姿色，故而诏令纳入后宫。

不过自入宫以后，薄姬却是"岁馀不得幸"，倒是当初薄姬年少时，与管夫人、赵子儿相亲，曾有约定说："先贵无相忘。"后来管夫人、赵子儿先受到刘邦的宠幸。高帝四年，汉高祖携管夫人和赵子儿两位美人于河南成皋灵台，二人谈笑当年与薄姬的相约，高帝闻之，问其故，两人具以实相告，听闻之后，高帝心惨然，怜悯薄姬，于是"日召而幸之"，薄姬说："昨暮夜妾梦苍龙据吾腹。"高帝笑着说："这是显贵的吉兆，我为你促成这件好事。"于是不久之后，薄姬就有了身孕，于汉高帝五年（公元前202年），生下刘恒。但自有刘恒之后，薄姬就很少有机会再见到汉高帝了。

高帝十一年（公元前196年），刘邦在亲征平定代地陈豨叛乱后，年仅八岁的刘恒被立为代王，都于晋阳。汉高帝十二年（公元前195年），汉高帝去世，那些受到汉高帝御幸的爱姬如戚夫人等，吕后都恼恨她们，都被幽禁起来，不能出宫。而薄姬因为极少被汉高祖见爱的缘故，得以出宫，跟随儿子刘恒前往封地代地，作代王的太后。薄姬的弟弟薄昭也跟随到代地。史载，刘恒在他就藩代地的十五年间，与民休息，发展生产，恭俭作则，代地由是大安。当初吕后在杀姬戚夫人和其子赵王如意后，曾提议代王刘恒出任赵王，然而却为刘恒婉拒，故而刘恒才能够在吕后专权时得以保命。

文帝素来谨慎，以至于众臣以其"宽厚仁慈名声较好"为由，派使其赴长安继承皇位时，非但不喜，反而心有疑心，最后是占卜来决定吉凶后，才决定赴京。入京时，其以舅父薄昭先到长安探听虚实，而离长安京五十里时，又以属下宋昌先行入城叹询情况，最后才在陈平等众臣的相伴下，入未央宫。当夜，刘恒又拜宋昌为卫将军，镇抚南北军，而以张武为中郎将，提调卫士。此后，在有司衙门分别诛杀汉后少帝刘弘及其三个弟弟于各自府第后，皇帝方才回到前殿，连夜颁布诏令，大赦天下。然而文帝登基之初，其自知在汉廷并无雄厚的势力，宗室亦不服他，故而面对日益骄横的诸侯王势，文帝采取了恩威并施的两手策略来巩固皇权。

其首先封赐诛诸吕有功之臣，文帝前元年（公元前179年）十月，封周勃为右丞相，陈平为左丞相，灌婴为太尉，此外，在旧有的诸侯王之外，文帝又新封了一批诸侯王。是年十二月，立原赵幽王刘友之子刘遂为赵王，徙封原琅邪王刘泽为燕王，此后又立刘遂之弟刘强为河间王，以朱虚侯刘章为城阳王、东牟侯刘兴居为济北王，并立皇子刘武为代王，又徙封为淮阳王，后徙封为梁王，又封刘参为太原王、刘揖为梁王。当年正月，即刘恒即位三个月后，在群臣的建议下，文帝立长子刘启为太子。这样，预立太子就成为汉家的定制。三月，又立窦氏为皇后。文帝二年（公元前178年）十月，因列侯多居于长安，离封邑很远，而吏卒供给输送甚为劳苦，此外列侯亦无机会去德化其封邑的百姓。于是文帝下诏让列侯返回自己的封邑就藩，其中有的身居高位要职与诏令恩准留京的由其太子到封邑去。

汉文帝

刘恒三年（公元前177年），济北王刘兴居叛乱，首开封王反抗汉廷之先例。刘恒当即派兵镇压，叛军顷刻瓦解，刘兴居被俘后自杀。其后，又有淮南王刘长举起叛旗，但其尚未行动时，就被扑灭，文帝派使传讯刘长入京，罢去他的王位，将他发配蜀郡。途中，刘长绝食而死。不久之后，因谊上《陈政事疏》（即治安策），文帝开始着手削藩，文帝十六年（公元前164年），齐王刘则死，因无子嗣位，于是文帝下诏，分封地最大的齐国为六国。又封淮南王刘长的三子刘安、刘勃、刘赐等为王，将淮南国一分为三，从而削弱了各诸侯王的力量。

此外，文帝继位之时，他所面对的问题极为复杂，不仅内政复杂棘手，边事也十分严峻，在国力不强的情况下，面对"胡强南劲"的形势，汉文帝不得不继续推行和亲之事。其实自白登之围后，汉廷对匈奴实行的和亲政策，虽然收到了一定效果，但是并不能根本解除匈奴贵族的威胁，双方一直处于战火不定的状态。汉文帝前元三年（公元前177年）五月，匈奴右贤王背弃和亲之约，率数万大军侵占河南地，并进袭上郡，杀掠汉民，威胁长安，皇帝至甘泉宫，遣丞相灌婴率军进击匈奴，匈奴乃去。于是发中尉材官属卫将军，军长安。此番双方虽未交兵，但这次用兵是大汉自白登之围后对匈奴第一次大规模行动，由此可见大汉帝国并不甘于和亲政策。

前元四年，冒顿送给汉廷送来一封信，称："天所立匈奴大单于敬问皇帝无恙。前时皇帝言和亲事，称书意，合欢。汉边吏侵侮右贤王，右贤王不请，听后义卢侯难氏等计，与汉吏相距，绝二主之约，离兄弟之亲。皇帝让书再至，发使以书报，不来，汉使不至，汉以其故不和，邻国不附。今以小吏之败约故，罚右贤王，使之西求月氏击之。以天之福，吏卒良，马彊力，以夷灭月氏，尽斩杀降下之。定楼兰、乌孙、呼揭及其旁二十六国，皆以为匈奴。诸引弓之民，并为一家。北州已定，原寝兵休士卒养马，除前事，复故约，以安边民，以应始古，使少者得成其长，老者安其处，世世平乐。未得皇帝之志也，故使郎中系雩浅奉书请，献橐他一匹，骑马二匹，驾二驷。皇帝即不欲匈奴近塞，则且诏吏民远舍。使者至，即遣之。"

接到此信后，皇帝与众大臣廷议是出兵讨伐匈奴，还是继续和亲，结果公卿皆说："单于刚打败月氏，正处在胜利的有利时机，不能攻打他，况且得到匈奴的土地，都是低洼盐碱地，不能居住。还是和亲特别有利。"于是大汉继续与匈奴和亲，前元六年，汉朝复信于匈奴，称"皇帝敬问匈奴大单于无恙。使郎中系雩浅遗朕书曰：'右贤王不请，听后义卢侯难氏等计，绝二主之约，离兄弟之亲，汉以故不和，邻国不附。今以小吏败约，故罚右贤王使西击月氏，尽定之。原寝兵休士卒养马，除前事，复故约，以安边民，使少者得成其长，老者安其处，世世平乐。'朕甚嘉之，此古圣主之意也。汉与匈奴约为兄弟，所以遗单于甚厚。倍约离兄弟之亲者，常在匈奴。然右贤王事已在赦前，单于勿深诛。单于若称书意，明告诸吏，使无负约，有信，敬如单于书。使者言单于自将伐国有功，甚苦兵事。服绣袷绮衣、绣袷长襦、锦袷袍各一，比余一，黄金饰具带一，黄金胥纰一，绣十匹，锦三十匹，赤绨、绿缯各四十匹，使中大夫意、谒者令肩遗单于。"

然而此信发出不久之后，冒顿单于死，其子稽粥即位，号老上单于。老上单于时，其认为汉军无法远追匈奴，故而对汉朝采取骚扰之策，也就是频频发起的骚扰、入侵、掠夺，使汉军疲于防守，每次当汉廷整顿大军，以进击匈奴时，匈奴就带着既得的掠夺品逃回塞外，使汉军求战不得。

至文帝前元十四年（公元前166年）冬，老上单于更是亲率十四万大军入北地郡，进占朝那、萧关、彭阳，火焚大汉回中宫，前锋直抵岐州雍、甘泉，距长安仅两百里。文帝大怒，当即部署讨伐，命中尉周谷为卫将军、郎中令张武为车骑将军，发车千乘，骑卒十万，屯驻长安附近，防卫京师，又拜昌侯卢卿为上郡将军，宁侯魏遫为北地将军，隆虑侯周灶为陇西将军，东阳侯张相如为大将军，成侯董赤为前将军，大发上郡、北地、陇西等处兵马车骑迎击匈奴，老上单于胆怯，畏惧汉兵，避不敢战，留塞内月余后遁逃，而当匈奴大军退出塞外后，汉军逐出塞后便是撤军了，以至于不能有所杀。从此，匈奴日已骄，年年入边，杀掠人民畜产甚多，云中、辽东最甚，至代郡万余人。大汉帝国深以为患，为了谋求安定的和平环境，皇帝不得不采取克制忍让的态度，遣使者复与匈奴修好和亲，以避免大动干戈。

然而，匈奴虽然受益于和亲政策，但是却不信守和亲的盟约。汉廷急需行之有效的御边之策。于是时为太子家令的晁错上《言兵事疏》，称"匈奴之长技三，中国之长技五，指出：今降胡义渠蛮夷之属来归谊者，其众数千，饮食长技与匈奴同，可赐之坚甲絮衣、劲弓利矢，益以边郡之良骑，令明将能知其习俗和辑其心者，以陛下之明约将之，即有险阻，以此当之，平地通道，则以轻车材官制之。两军相为表里，各用其长技，衡加之以众，此万全之术也"。此外他还建议实行"募民实边"的策略，也就是在边地建立城邑，招募内地百姓迁徙边地，每个城邑迁徙千户以上的百姓，由官府发给农具、衣服、粮食，直至他们能自给为止，此外迁往边地之民，按什伍编制组织起来，平时进行训练，有事则可应敌，凡能抵抗匈奴人的侵扰，夺回被匈奴人掠夺的财富，则由官府照价赏赐一半。

文帝有晁错为谋，老上单于也有人给他出谋划策，此人便是中行说。当初老上单于继位后，汉文帝下令送宗室女去匈奴和亲，并以宦官燕地人中行说作为陪同侍臣一起去，中行说不肯去，但被汉廷强行派遣。怨恨之下，他竟称"如果一定要让我去的话，我将成为汉朝的祸患"。后果真如此，此人到了匈奴之后，当即归降，单于甚是宠信于他，以至于后来竟是成为了单于的重要谋臣。

最初，匈奴喜欢汉朝的缯絮和食物，但中行说却竭力劝说匈奴不要太看重汉人衣服、食物的精美，而应该增加匈奴人对自身食物、器械、风俗的自信心，他称"匈奴的人口总数，抵不上汉朝的一个郡，然而所以强大的原因，就在于衣食与汉人不同，不必依赖汉朝。如今单于若改变原有风俗而喜欢汉朝的衣物食品，汉朝给的东西不超过其总数的十分之二，那么匈奴就会完全归属于汉朝了。希望把从汉朝得到的缯絮做成衣裤，穿上它在杂草棘丛中骑马奔驰，让衣裤破裂损坏，以此显示汉朝的缯絮不如匈奴的旃衣皮袄坚固完美。把从汉朝得来的食物都丢掉，以此显示它们不如匈奴的乳汁和乳制品方便味美"。

此后，中行说还教给匈奴人计数方法，以及分条记事的方法，以便核算记录他们的人口和牲畜的数目。

当时出使匈奴的汉朝使臣曾讥讽匈奴的风俗轻视老者，称"匈奴俗贱老"。中行说却反问汉朝使者："按照你们汉人的习俗，凡是家中有准备参军、守边垦荒的年轻人，他们年老的父母难道不省下暖和的衣物和肥美的食物送给他们享用吗？"汉使以为然，但中行说又说："匈奴人都知道战争的重要性，那些年老体弱的人不能打仗，所以要把肥美的食品让给壮健的人吃喝，这是为了更好地保护自己，然后才能让父子长久地相互保护，怎么能说是匈奴人轻视老年人呢？"此后，汉使又称匈奴人缺乏基本的伦理，称"匈奴父子乃同穹庐而卧。父死，妻其后母；兄弟死，尽取其妻妻之。无冠带之饰，阙庭之礼"。中行说却反驳道："匈奴的风俗是吃牲畜的肉，喝它们的乳汁，用它们的皮做衣服穿。牲畜吃草喝水，都随着形势的变化而改变。匈奴人生活简单，在急迫的时候，人人练习骑马射箭的本领；在宽松的时候，人们欢乐无事，受到的约束

　　　　　　　　　　　　　　　　　　　　　　　胡马阴山

很少。君臣关系简单，国家的政事就像一个人的身体一样随意自如。至于父子和兄弟死了，活着的娶他们的妻子做自己的妻子，这是惧怕种族的消失。匈奴虽然伦常混乱，但继承人一定是本族的子孙。如今汉人佯装正派，不娶他们父兄的妻子做老婆，致使亲属关系越来越疏远，甚至相互残杀、改朝易姓。汉人的礼义使君王臣民之间产生怨恨，修造宫室房屋耗尽了民力。百姓努力耕田种桑为求得衣食满足，修筑城郭来保卫自己，所以在急迫时不练习攻战本领，在宽松时又因为辛苦劳作而筋疲力尽。生活在土石房屋里的汉人喋喋不休、窃窃私语，穿得整整齐齐戴着帽子又有什么了不起？"

自是之后，对汉使欲辩论者，中行说就回之以："汉使不必多言，你们只需要想着汉朝进贡给匈奴的缯絮米蘖，一定要数量充足、品质良好使我们满意才行。如果品质粗劣、数量不足，那么等到秋天，匈奴人的铁骑就会奔驰践踏你们成熟待收的庄稼。"而后，其日夜教唆老上单于寻找有利时机进攻汉朝。

也正是在中行说的鼓动下，老上单于不仅在给文帝回书中口气傲慢，对汉朝使臣也威逼利诱，动辄就索要钱物金银，不给就威胁秋熟后大发兵马入汉境中践踏。

针对这一情况，文帝并不仅仅只是以和亲之策相对，而且还通过兵制革新和鼓励发展马政来强军建武，以应对有事。汉承秦制，但却行三公九卿制，丞相率领的外朝官、大将军率领的内朝官以及处理皇帝与皇族私人事务的宫廷官三者结合，其中外朝官由丞相、太尉、御史大夫三人分掌大权，称三公。丞相辅佐皇帝处理天下大事，御史大夫佐丞相统理天下，太尉为最高武职，掌武事，备皇帝顾问，但不行军令之权，九卿中，光禄勋（郎中令）统领诸郎，卫尉统辖卫士，中尉统率中尉卒，共同负责皇宫和京师治安。大将军、骠骑将军、车骑将军、卫将军及各种名号的将军，皆掌征伐。

按《汉书·百官公卿表》的记载，"太尉，秦官，金印紫绶，掌武事。"不过虽然是当时的最高武职，但不常置，而兵权也不在太尉手中。按《历代兵制》记载：京师之兵，止南北军及中尉缇骑、郎中令诸郎、城门校尉屯兵。北军属太尉，南军属卫尉。也就是说，当时禁军主要为南军、北军。南军由卫尉统率，因居京师长安城内的南面，分别驻扎在未

汉兵马俑

央、长乐两宫之内的城垣下，负责守卫两宫，及建章、甘泉等宫，由于皇帝居未央宫，守护未央宫是卫尉的职责，故有时也称未央卫尉，而皇后所居为长乐宫，亦有设长乐卫尉。卫尉率卫士为兵卫，宫内设庐舍以驻扎卫士，卫士昼夜巡警，检察门籍。卫尉主宫门和宫内，与主宫外的中尉，加上郎中令所率郎官为郎卫，拱卫宫殿，三者相为表里。此外，长安还有城门校尉统领京师各门屯卫，分八屯。属官有司马、城门候（每门一人，共十二人），文帝时，将南军、北军合二为一，为"南北军"，与城门校尉统领京师各门屯卫相辅相成，拱卫京师。

汉军除了南、北两军之外，还有地方军，汉朝郡、国并行。郡置太守，为地方最高军政长官，以都尉辅佐掌管兵员征集、训练、考核校阅、维持治安、率军出征，以及武器装备的制造、管理等。郡下设县，县令（长）兼理军、民两政。置县尉助理军事和掌管治安。与郡平行的诸侯王国，以相为行政长官，兼掌军事，所谓臣王国中尉、郎中令、卫尉等统领军队，负责王宫宿卫和维持王国治安。县下还有乡、亭等基层组织，各置官吏，兼掌组织本地正卒训练和治安、邮绎、户籍、兵役等军政事务。也就是地方兵置于郡、县，一般由郡、县尉（亦称都尉）协助郡守或县令统率，平时维持地方治安，战时听中央调遣。边郡的边防军由长史率领，各王国由中尉率领，边县另有障塞尉。不过征调地方兵，需以皇帝"虎符"为凭。

通常战时出征的大军都是由朝廷临时任

命将军，率领临时编组的大军，将军下有长史、司马辅助，按照史料记载，"大将军营五部"，部由校尉、军司马统领，"部下有曲，曲有军候一人"，五百人一曲，"曲下有屯，屯长一人"，五十人一屯。但据青海大通县上孙家寨和居延地区出土的汉简，部分左、右部或前、后部，曲分左、右曲或前、后曲，部、曲之下还有官（分左、右官）、队（分前、后队）、什伍等。

在汉代，兵役制度，曾有几次变更，文帝时，因最初承秦制，故而规定不省贵贱，民十七岁即需要到官府博籍（登记），成为具有兵役义务的待役人员，称为"正"。此后每年服劳役一月，称"更卒"。而后据三年耕一年储的原则，"正"要从二十三岁起正式服役，轮流应征，服现役两年。一年在本郡为材官或骑士、楼船，一年赴京师当卫士，或到边郡充戍卒（一说在本郡为材官、骑士、楼船，是正卒；卫士、戍卒为同样性质的服役，均不是正卒。前者系兵役，后者系徭役）。"正"不服役时，也需要随时听从征召，遇有战事，须随时应征，至五十六岁时，放才为止。此外，应役年限内的免役，分为复身（本人免役）、夏家（全家免役）两种。凡有一定军功、资历、爵位者，饲养、捐献军马或粮食、钱币达到一定数量者，朝廷礼遇的功臣子孙、博学之士、高龄者，男子身高不足规定尺寸者，均可免役。

《汉书》记载，汉军训制度较为严格，强调"非教士不得从征"不仅注重平时因地制宜、因兵种而异的训练，还坚持定期校阅、考核，次行都试制度。也就是除演练射御、骑驰、战阵之外，每年秋季都进行教阅，即所谓的"都试"，只要到了秋天，在京师，都会举行隆重的祭祀仪式，武官和兵士一同演练阵法，此外每年各郡在八月或九月也举行都试以讲武，由郡守主持，尉及各县的令、长、丞、尉都要参加，县尉组织材官、骑士、楼船，进行射箭、乘马、行船等项演练和考核，评定优劣，并按成积优劣进行奖惩。史载，都试时陈设斧钺旗鼓，仪式隆重，按照《光禄挈令》规定，凡应当受试者，如不到试所，就将被除名。而在边郡则常有太守"将万骑，行障塞，烽火追虏"，也就是太守率领万骑巡察防务情况，并实行边塞秋射制度。

此外，汉军的军需供给，如武器、铠甲、粮食、马匹，均由国家统一提供。朝廷设以考工令负责兵器的制作，设武库令负责兵器的储备、管理。而有的郡国也设有工官、铁官，负责制作器械，并将之输入京师。此外，汉时，铠甲已经制式化，均用金属制成，式样因兵种及职位不同而有所区别。汉军中，步兵称"材官"、骑兵与车兵也很多，称"车骑"，此外还有水军。按史料记载，为了应对匈奴，汉文帝时，除了屯田解决军粮的补给，还开始发展骑兵，马政开始成为国之大政。朝廷在奖励民间养马的同时，在北边、西边均置苑养马。马政的发展显然为骑兵的发展和此后对匈奴作战奠定了基础。

甘泉闻警

——军臣单于的野心和"文景之治"的积蓄

　　文帝前元十四年（公元前166年）冬，老上单于率十四万大军入侵，文帝派遣大军出征，老上单于畏惧汉兵，遁逃出塞。但此后数年之间，匈奴又连年入侵，偷袭抢掠云中、辽东二郡，每年被杀掠人口万人以上，而汉朝无奈，只得以和亲和岁贡安抚匈奴。老上单于也接受了汉朝讲和的意见。两国以长城边塞为界，互不侵扰。汉文帝后四年（公元前160年），老上稽粥单于死，其子军臣立为单于。

　　军臣单于继位后，仍以中行说为亲信，军臣单于相较于他的父亲，更是野心勃勃，文帝后元六年（公元前158年），军臣单于绝和亲之约，对汉发动战争。他率六万骑兵，分两路，每路三万骑，分别侵入上郡及云中郡，杀掠其众。稳定急忙以中大夫令勉为车骑将军，率军屯兵飞狐，又以原楚相苏意为将军，将兵入代地，进驻句注，同时又派将军张武屯兵北地，同时，置三将军，命河内守周亚夫驻屯细柳，祝兹侯徐悍驻棘门，宗正刘礼驻霸上，保卫长安。此时，匈奴骑兵已进至代地句注边，边境烽火警报连连告急，史载"烽火通于甘泉、长安"，然而汉军经数月调动，方才抵边境，而此时匈奴见汉军加强了守备，遂退出塞外。汉军也罢兵撤警。次年，后元七年（公元前157年）六月初一日，汉文帝崩于未央宫，是年四十七岁，六月初九，皇太子刘启即位，是为汉景帝。

　　景帝出生时，文帝时在代国为代王。而虽然他在文帝的诸子中不过排行居中，而且文帝为代王时，已与代王后有育有嫡子四名，但皆于文帝即位前后陆续病死，而且在文帝还未被拥立为帝时，代王后也已死，故而刘启也就成了文帝的长子。景帝乃是孝文窦皇后所生，窦氏乃是清河郡观津县人，按照司马贞《史记索隐》引皇甫谧言，云窦后名"猗房"，其父早年经历秦末动乱，隐居于观津不问世事，过着清贫垂钓的生活，后来却不幸坠河而死，窦氏有兄弟二人，兄名窦建，字长君、弟名窦广国，字少君。

汉惠帝时窦氏以良家子身份入汉宫伺候吕后，后来，吕后欲出宫人以赐诸侯王，各五人，而窦氏也在其中。由于窦氏以为家在清河，距赵国较近，故而请求负责遣送的宦官务必将自己的名籍归于赵国名簿中。然而宦官忘却此事，误置其籍至代国。待到名簿上奏，诏书应允之后，窦氏才得知此事，涕泣而怨其宦者，并不想去代国，因有诏书在，窦氏才不得不往。

至代国后，窦姬为代王所独宠，于是很快窦姬很快便为刘恒生下了一女，取名刘嫖。孝惠帝七年（公元前187年），窦姬又生下一个男孩，取名刘启。后又育有一子，名刘武。高后八年（公元前180年），吕雉去世。群臣拥护代王刘恒回京即位，是为汉文帝，因文帝未立而王后先死，故而文帝即位之后一直没有皇后，文帝元年（公元前179年）正月，皇帝立刘启为太子后，有司上书文帝请立皇后。薄太后借此对文帝说："诸侯皆同姓，立太子母为皇后。"于是，文帝立窦姬为皇后。其后刘嫖被封为长公主，封邑馆陶，文帝二年（公元前178年）三月，奏可有司之议，窦皇后的次子刘武被立为代王，立二年徙淮阳王，后于文帝十二年（公元前168年）徙为梁王。

景帝继位之后，以中大夫、曾为太子家令的晁错为内史，在当时，晁错颇为景帝所倚重，甚至景帝对他言听计从，宠信程度超过了多数九卿，当时汉廷与封王之间的矛盾已经是日益激化，特别是吴国，已呈尾大不掉之势。

吴国始受封于高帝十二年（公元前195年）。吴王刘濞是高祖皇帝次兄刘仲之子，高帝曾立刘仲为代王。但匈奴围攻代地时，刘仲竟弃国辗转逃到洛阳，高帝不忍惩罚于他，便贬他为合阳侯。而刘濞在当时则被封为沛侯。淮南王英布叛乱时，高祖亲征平叛，年仅二十的刘濞以骑将身份随从高帝，蕲县之西一举击破英布军，此后英布逃亡被杀，但时荆王刘贾为英布所杀且无后嗣。高祖认为东南之地与汉廷悬隔，吴地会稽人轻佻强悍，非猛壮的藩王难以镇服，而自己的儿子们都还年幼，无法担此重任，于是立刘濞为吴王，统辖三郡五十三城。

据称，高帝封其为吴王后，曾观其相貌，称"若状有反相"，也就是认为刘濞面有反相，不过高帝虽然心里后悔，但当时业已拜官授印，于是拊其背曰："汉后五十年东南有乱，岂若邪？难道是你吗？然天下同姓皆为一家，希望你谨慎一点，不要造反。"刘濞叩头顿首连称"不敢。"

不过倒也没有什么刘濞不敢做的，当初高帝大封刘姓诸王，是为了以诸侯卫护汉廷，确保刘氏江山的稳固，高帝甚至曾与诸大臣刑白马盟誓，"非刘氏而王者，天下共击之。"正是如此汉初的郡国诸侯拥有很大的权力，他们可以在封国内征收各种赋税，譬如租赋，即田租和人口税，以及山川园池和市井之税，以供官吏俸禄、支出军费及王室开支，也就是所谓诸侯王的"私奉养"。此外还有所谓"民献费"。不过征收各种费用只是这些诸侯们的部分财政来源，多数封国都会根据本国的形势，因地制宜地开办冶铁、煮盐、渔业等手工作坊，发展地方工商业，正如《史记·货殖列传》载："汉兴，海内为一，开关梁，弛山泽之禁，是以富商大贾周流天下。交易之物莫不通。"而发展了工商业之后，为扩大私藏府的收入，诸侯王们对工商贾人征有工商税，譬如《史记·五宗世家》载："赵王（彭祖）擅权，使使即县为贾人榷会，入多于国经租税。"《索隐》曰："经，常也。谓王家入多于国家常纳之租税也。"另据《史记·齐悼惠王世家》载："齐临淄十万户，市租千金，人众殷富，巨于长安。"胶西王刘端私府收入以钜万计，致使"府库坏漏，尽府财物"。梁王刘武则是"财以巨万计，不可胜数。及死，府藏余黄金尚四十余万斤，他财物称是"。

这些贸易、经商、征税等敛财手法，吴王刘濞无所不通。史载，吴地滨海地区产盐，吴王又煮海水为盐，贩卖到全国各地，获利颇丰。此外，由于"汉初，听民自铸钱"，故而此吴、齐、赵等国纷纷开办铸币作坊。因吴地豫章郡产铜，故而吴王刘濞利用手握资源，招致天下众多的亡命之徒，盗铸铜钱。根据《盐铁论·错币篇》载："吴王擅障海泽，邓通专西山，山东奸猾咸聚吴国、秦、雍、汉、蜀因邓氏，吴邓钱布天下。"也就是吴国所铸钱甚至流通于全国，而由于经济富足，故而吴国实力也就日渐强大。

其实在文帝时，诸侯王的问题就已经为汉廷所重视，当初吕后死，诸吕聚兵，意图不轨，齐王刘肥的儿子朱虚侯刘章、东牟侯刘兴居暗约野心勃勃的兄长齐哀王刘襄领兵入关，共灭诸吕，由刘襄继承帝位。刘襄应约起兵，杀死了反对他起兵的齐相召平，诈夺琅邪王刘泽兵，兼并琅邪国壮大实力，又进攻故济南郡（时为济川国）。长安方面派遣大将军灌婴屯兵于荥阳防备，待机共伐诸吕。此时，刘章在长安与太尉周勃、丞相陈平等协力消灭了诸吕势力。群臣为防止类似外戚事件发生，立代王刘恒为帝，即汉文帝。刘襄失去起兵的口实，只好退兵。而文帝以高帝庶子继统，地位本来不是很稳固，而汉初所封诸侯王，已经历了两三代的更迭，与文帝的血统关系逐渐疏远，因而开始伺机而动。朱虚侯刘章和东牟侯刘兴居虽然反吕有功，但他们曾有拥立齐王为帝的企图，所以文帝从齐国裂土而封，将二侯分别封为城阳王和济北王。城阳王刘章不久死去。济北王刘兴居却于文帝三年（公元前177年）趁匈奴南下之时，起兵叛乱，欲袭荥阳，后事败自杀，于是济北国被除。文帝六年（公元前174年），淮南王刘长谋反，事发被贬至蜀地，死于道中。其实这两次藩王叛乱，都说明了问题，而这两次反叛也是此后更大的叛乱的开始。

不过在当时，文帝的处理方式只是使列侯前往封地，功臣如绛侯周勃也不例外，以控制京师局势，避免藩王叛乱时，京师动乱。还有就是文帝封诸皇子为王，皇子刘武是景帝的同母弟，先封为代王，后又

汉景帝

胡马阴山

在梁王刘揖坠马而死后徙封梁王。梁国是拥有四十余城的大国，而且地理上居于函谷关之东，文帝以自己的儿子为梁王，为的就是利用梁国来牵制关东诸国、屏蔽关中。此外，还有就是采用贾谊提出的"众建诸侯而少其力"的策略，把一些大国析为几个小国，例如析齐国为齐、城阳、济北、济南、淄川、胶西、胶东七国，以已故的齐王刘肥的诸子为王。这样，齐国旧地虽仍在齐王肥诸子之手，但是每个封国的地域和力量都已缩小，而且难于一致行动。

自从景帝继位以来，皇权和藩王势力的矛盾开始日益激化，对此，晁错开始积极推动景帝实施削藩。景帝二年（公元前155年）晁错上疏《削藩策》，称"今削之亦反，不削亦反。削之，其反亟，祸小；不削之，其反迟，祸大。"提议削减诸侯王封地、收回旁郡、加强中央集权。而削藩的首要目标就是吴国。

汉文帝时，吴国世子刘贤入宫朝见皇帝，并由此得以陪伴皇太子刘启饮酒玩乐。因吴世子师傅皆楚人，故而轻悍，又素骄，故而在下六博棋时，吴世子争胜，态度不恭，皇太子愤而拿起棋盘重砸吴世子，当场将之砸死。文帝敕命尸体送回吴国埋葬，到了吴国，吴王刘濞大怒，说道："天下一宗，死长安即葬长安，何必来葬！"遂又把尸体送回长安埋葬。

自从儿子被太子刘启误杀后，吴王开始不遵守诸侯对天子的藩臣礼，而称病不朝。朝廷知道他是因儿子被杀才如此，就拘押了吴国使者。吴王惶恐不安，开始起了反叛之心。后来，吴王派使者代他秋季朝觐，皇帝又问起吴王，使者回答说："吴王实际上并没有生病，只是因为朝廷禁锢了好几个吴国使者，吴王害怕，所以才假装生病。请陛下捐弃前嫌，给他一个改过自新的机会。"于是汉文帝就赦免了吴国使者，又赐给吴王几案和手杖，体谅他年老，可以不再朝觐。吴王得以免罪，谋反的意图也就打消了。

其实晁错曾多次上书劝谏汉文帝，并指责吴王的过错，议削夺吴国的土地，但因为太子杀死吴世子的关系，文帝总是不忍心惩罚吴王，因此吴王更加骄横。此番景帝削藩，晁错便是竭力劝说景帝尽早削夺吴王的土地，他认为吴王早晚都会谋反。景帝三年（公元前154年）冬，楚王来朝，晁错称说楚王刘戊为薄太后服丧时，私下淫乱，请求诛杀他，景帝下诏赦免死罪，但却削夺了楚国的东海郡。此外，赵王刘遂有罪，被削去其河间郡；胶西王刘昂也因为售卖爵位时舞弊，而被削夺其六个县。

此后，景帝又与群臣商议削夺吴王刘濞的封地事宜。而此时，刘濞也正担心削地不止，因此想借机发难举事。念及诸侯之中没有可与自己筹划谋反的人，听说刘卬勇猛强壮，且好战，诸侯们都畏惧他，于是吴王派中大夫应高去游说刘卬。

应高说："吴王不才，因有旧日的仇怨，不敢离开本国到外地去，因此派我来告知他的心事。"刘卬说"有何指教？"应高说"现在天子任用奸臣，听信谗言，变更律令，侵削诸侯土地，对诸侯的处罚很重，而且日甚一日。吴与胶西都是有名的诸侯国，同时被验查，恐怕不得安宁了。吴王身患内疾，不能上朝拜见天子已二十多年，常担心被人猜疑，没法自辩事实真相。现在即使敛起臂，绑上脚，向朝廷屈膝请罪，恐怕也不能被谅解。我私下听说大王因卖爵而获罪，现今诸侯们被削去土地，其罪还不至于有卖爵那么大，我想大王此事恐怕不仅仅是削地就可以了结。"

刘卬说："是有此事。你说该怎么办？"应高说："憎恶相同的人互相帮助，兴趣相同的人相互留止，情感相同的人互相完善，欲望相同的人互相趋附，利益相同的人互相死难。现在吴王认为与大王有同样的忧患，希望借此时机，顺乎天理，牺牲自身，为天下除去祸患。不知您的意见如何呢？"胶西王大惊失色地说："我怎敢如此呢？陛下虽然逼迫很急，使我只有死路一条，但我怎敢反叛朝廷？"

应高说："御史大夫晁错迷惑天子，侵夺诸侯，蔽塞忠贤，朝廷之臣对他都有痛恨之心，诸侯也有反叛之意，人事已到了困极的地步。流星的出现，蝗虫的涌起，这些灾异表明这是万世难逢的好时机。因为忧愁劳苦的时候，正是圣人诞生之机。所以吴王想对内以讨伐晁错为名，在外追随大王车乘之后，走遍天下。所到之处都要投降，所占土地谁敢不顺从？大王若真能一句话答应下来，那么吴王就率楚王攻下函谷关，守住荥阳敖仓的米粟来抗拒汉兵，修治军营，以等待大王的到来。大王果真能来，那么天下就可以统一，两位君主平分天下不也可以吗？"于是刘卬同意举兵，于是应高回去报告了刘濞。刘濞仍担心刘卬不守诺言，遂亲往胶西，与胶西王订下盟约。

此后刘卬遣使去联络齐王、淄川王、胶东王、济南王、济北王等齐国旧地其他诸王相约反汉，而吴王刘濞同时还派人前往楚、赵，联合楚王戊、赵王遂等相约起兵。

不久，景帝降诏削夺吴王刘濞的豫章郡、会稽郡。诏令一下，刘濞率先起兵，他诛杀了所有食禄在两千石以下的汉朝官吏，继而举事，胶西、胶东、济南、楚、赵等国都是如此，发兵向西反汉，楚王刘戊、赵王刘遂、济南王刘辟光、淄川王刘贤、胶西王刘昂、胶东王刘雄渠等六王亦反叛。史称"吴楚七国之乱"。齐王本是有意参与，但事到临头，他却反悔了，故而违背了当初的盟约，只是加固城池，此外济北王的城墙坏了，尚未修筑竣工，他的郎中便劫持了他，使他不能发兵反汉。

七国发难之时，刘濞征召了国内全部士卒，并要求全国："我年纪六十二岁，将亲自带兵出征，小儿子年纪十四岁，也将身先士卒，所以，凡是年纪在十四岁与六十二岁之间的人，都要应征。"因此得兵二十余万。此外又派人到闽、东越去发动，使闽、东越也发兵随从。而赵王遂也在暗中同匈奴勾结，密谋联合匈奴一起进击长安。与此同时，胶西、胶东两王则同淄川、济南等王共同攻击临淄，一时山东大乱。

由于七国诸侯王以"诛晁错，清君侧"为借口叛乱，欲夺天下。故而曾为吴国相的袁盎献策景帝，诛晁错以平叛乱，他称吴楚叛乱目的在于杀晁错，恢复原来封地；只要斩晁错，派使者宣布赦免七国，恢复被削夺的封地，就可以消除叛乱，兵不血刃。景帝默然良久，决定杀晁错以换取诸侯退兵，同时封袁盎为太常，使其秘密出使吴国。

此后，又有丞相陶青、中尉陈嘉、廷尉张欧联名上书，劾奏晁错，请诛晁错满门，景帝"制曰：'可'"，乃令中尉使中尉到晁错家，以上朝议事为名，诱晁错上朝议事，车马行中错道，至东市，中尉停车，向晁错宣读诏书，腰斩晁错，临刑之时，晁错尚着朝服。晁错死后，景帝派遣袁盎通告七国，诸王仍不罢兵，继续西进。见七国之乱不但没有平息，反而愈演愈烈，时有校尉邓公从前线归来，汇报军情，景帝询问交涉进展。邓公认为诸侯叛乱，清君侧只是借口，诛杀晁错对内堵塞了忠臣之口，对外却为诸侯王报了仇，而叛乱并不会平息。景帝深以为然，拜为城阳中尉。其后景帝降诏讨伐，遣太尉周亚夫率三十六位将军领兵东征平叛。同时以曲周侯郦寄领兵攻打赵国、栾布攻击齐地，并以大将军窦婴驻屯荥阳，监视齐、赵的动向。

当时刘濞已自称东帝，但其大军行至梁国，遭到景帝之弟梁王刘武所阻，吴楚联军并力攻城，攻下梁国南面的棘壁。梁王刘武向朝廷告急，周亚夫认为吴楚联军势大，正面决战难以取胜，献策用梁军拖住吴、楚联军主力，寻找时机切断对方补给，然后伺机击溃叛军。此后，虽然梁王多次向周亚夫求援。周亚夫却派大军向东，屯兵于梁国以北的昌邑，坚守不出。梁王再次派人求援，周亚夫还是不发救兵。不得已之下，梁王写信给景帝，景帝又下诏要周亚夫进兵增援，周亚夫还是不为所动，无奈之下梁王于是任命韩安国与张羽为将军，固守城池，从而与吴楚联军形成僵持。而后，吴兵无法西进，转攻周亚夫，结果汉军坚守壁垒，不肯与战，而以别部南下，夺取泗水入淮之口，断绝了叛军的粮道。此后缺粮挨饿的吴军奋力一搏，夜袭汉军，结果大败，周亚夫随即率军追击，大破吴、楚联军。仅吴王及其麾下数千人趁夜逃走，渡过淮河逃至丹徒，退守东越，并派人召集残兵。汉廷派人以利引诱东越，东越王骗吴王出去慰劳军队，用矛戟刺死吴王，献其头于汉朝。吴军溃散后，楚王刘戊自杀而死。而在平定吴、楚之乱时，在齐地，胶西王、胶东王、淄川王一直在忙于围攻齐都临淄，但在齐军顽抗之下，联军攻城三月而不下。此后汉将栾布率军而来，胶西王、胶东王、淄川王便退兵回到封国。胶西王回国后，其子曾建议应出兵袭击汉军，不成则逃到海上，结果胶西王不听，到汉营请罪，为韩颓当所斥，自杀而死。胶东王、菑川王、济南王则尽皆伏法被诛。

在赵地，当初赵王刘遂反叛时，赵相建德、内史王悍劝谏他不要起事，结果刘遂不听，反是下令烧死建德和王悍，此后刘遂又派人出使匈奴，与匈奴相通，以进攻汉朝。汉朝以曲周侯郦寄平叛。郦寄领兵而来后，刘遂坚守邯郸，与汉军相持七个月，郦寄久攻不下。此后，匈奴得知吴楚兵败，也不肯出兵相助。不久栾布平定齐地诸国后，还军与郦寄会师，水淹邯郸城，邯郸城破，赵王刘遂自杀。

至于没有叛乱的两王，济北王刘志被胁迫参与叛乱，后坚守不发兵，故而景帝赦其罪而未诛。齐王刘将闾虽然守临淄有功，但是他曾拟夺取帝位，而且还参与过七国之乱的策划，在被围困时又与胶西王等相通，因此不能见容于汉，而被迫自杀。自此，七国之乱平，这场叛乱从景帝三年（公元前154年）正月开始，到三月即被平息，除济北王刘志外其余六王皆死，六国（除楚国外）皆被废除。此后景帝颁布新令，使诸侯王不能自治其国，诸侯无权过问王国之政事，王国行政权、官吏任免权悉归中央，另又留部分封王于京师长安，不让他们前往各自的封国，从而遏制藩王。

七国之乱以后，景帝开始专心打理朝政，史载景帝仁厚爱民。除了平定七国之乱以外，从来没有大规模用过兵，而在边事上，景帝时，大汉和匈奴的战争始终控制在一定的规模内，依然对匈奴采取和亲政策。只有景帝中六年（公元前144年）六月匈奴入雁门，至武泉，入上郡，取苑马。吏卒战死者二千人。又有汉景帝后二年（公元前142年）春，发车骑将军、材官将军屯边。

虽然匈奴军臣单于曾经在七国之乱时，试图联合七国，准备攻入长安，但因为七国之乱马上被平息，军臣单于放弃了进攻的计划。随后汉景帝送给匈奴财宝、宫女继续实行和亲政策，故而此后匈奴不再大规模骚扰边境，直至武帝初期，两国方才开始再次兵戎相见。之所以文、景时，大汉对包括匈奴在内的周边国家从不轻易出兵，主要就是担心兵事兔耗损国力。文景二帝推崇黄老治术，故而在治国时，采取"轻徭薄赋"、"与民休息"的政策，以试图使得中原能够迅速恢复，改善先秦以来的兵灾、重赋所带来的萧条。

自大汉帝国建立之初，鉴于民众对秦

匈奴骑兵

时酷法的不满，于是高帝顺从民意，而以无为而治，与民休养生息，"反秦之弊，与民休息"的理念自高帝，历经孝惠、吕后、至文、景，已然成为了大汉帝国的治国之术。所谓"漠然无为而无不为也，澹然无治也而无不治也"，各项政治措施实际上都围绕这一思想而展开，如《淮南子·览冥》中所说"除苛削之法，去烦苛之事"，以及《淮南子·齐俗》中所说"上无苛令，官无烦治"。

此外文、景二帝多次下诏劝课农桑，按户口比例设置三老、孝悌、力田若干员，经常给予他们赏赐，以鼓励百姓发展生产，还通过各种税收优惠政策鼓励开荒。而为了促进工商业发展，文帝还下诏"弛山泽之禁"，即开放原来归朝廷所有的山林川泽，从而促进了的盐铁生产事业的发展。文帝十二年又废除了过关用传制度，促使工商杂税收入逐步超过了全国的田租收入，也使朝廷能够有财力减免田租。

通过"宽刑薄赋、自由工商"等一系列的措施，使百姓得以安居乐业的同时，此外，文、景时候，还抑贬诸侯王的地位，剥夺和削弱诸侯国的权力，收回王国的官吏任免权，仅保留其"食租税"之权，并且收夺盐铁铜等资源及有关租税，从而使得百姓赋税减少，国家秩序也日臻巩固。西汉初年，大侯封国不过万家，小的五六百户；到了文景之世，流民还归田园，户口迅速繁息。列侯封国大者至三四万户，小的也户口倍增，文帝初年，粟每石十余钱至数十钱。据《汉书·食货志》记载，汉初至武帝即位的七十年间，由于国内政治安定，只要不遇水旱之灾，百姓总是人给家足，郡国的仓廪堆满了粮食。史载"京师之钱累巨万，贯朽而不可校。太仓之粟陈陈相因，充溢露积于外，至腐败不可食"。也就是太仓里的粮食由于陈陈相因，致腐烂而不可食，政府的库房有余财，京师的钱财有千百万，连串钱的绳子都朽断了。

很显然，"文景之治"所夯实的强大经济基础，才使得此后汉孝武皇帝能够有足够的国力来征伐匈奴。

马邑之谋
——汉武帝解决"匈奴问题"的宏伟蓝图

后元三年（公元前141年）正月，汉孝景皇帝病重，皇帝自知大行之日不远，于是拖着病躯为太子刘彻行着冠礼（成年礼），数日之后，皇帝崩于未央宫，是年四十八岁，景帝在位十六年来，大汉帝国历经高帝、惠帝、吕后及"文景之治"，迎来了一个太平繁荣的盛世，正如《汉书·景帝纪》所写的那样："汉兴，扫除繁苛，与民休息。至于孝文，加之以恭俭，孝景遵业，五六十载之间，至于移风易俗，黎民醇厚，周云成康，汉言文景，美矣！"

而对匈奴，景帝继续采取和匈奴和亲的政策，对匈奴进行安抚，同时在边地设立关市，和匈奴贸易，这也在一定程度上消解了匈奴的南下骚扰。但虽然自白登之围来，汉廷便是一直对匈奴实行和亲政策，而文帝时，匈奴却开始背约屡犯边境，但由于国力限制，当时文帝只是诏令边郡严加备守，并不兴兵出击，以免烦扰百姓，而景帝继位以来，在继承了对匈奴的和亲政策的同时，却开始发展马政，同时鼓励百姓去边地屯田，以积极的姿态来应对匈奴的骚扰。周亚夫、李广等一众名将，皆是景帝时所提拔任用起来的。

景帝驾崩之后，太子刘彻即皇帝位，尊皇太后窦氏曰太皇太后，皇后王氏曰皇太后，而这位刚刚着冠的年轻皇帝，便是在历史上有着浓墨重彩一笔、后世因其是非功过、而对他褒贬皆有、评价不一的汉孝武皇帝。随着武帝的继位，大汉帝国也由此开始了最为璀璨辉煌的时代。

刘彻被立为太子，馆陶长公主出力颇大，为了能够让自己的女儿成为日后的皇后，她颇费心机，经常在景帝面前说栗姬的坏语，称"栗姬与诸贵夫人幸姬会，常使侍者祝唾其背，挟邪媚道"。于是皇帝听后，对栗姬生出厌恶之心，但是因为以往和栗姬感情深厚，仍旧存有善念，此后，景帝偶然健康不佳，心中不乐，于是对栗姬说："百岁后，善视之。"也就是说"我百岁之后，你要善待其他妃子和她们的儿子啊"。栗姬当时怀有愤恨之心，不但没有答应皇帝，反而出言不逊，自此之后，皇帝对栗姬彻底失望，但是隐忍没有发作。而另一方面，馆陶公主又不断称赞胶东王刘彻，于是皇帝也认为刘彻德才兼备，加之当初王氏有梦日入怀的祥兆，故而对这个儿子更是格外宠爱。

前元六年（公元前151年）秋九月，无子无宠的薄皇后被废，王夫人知道景帝望栗姬，因怒未解，于是私下使人让大行令奏请立栗姬为皇后，于是大行令奏事毕，称"'子以母贵，母以子贵'，今太子母无号，宜立为皇后。"景帝大怒，"这是你应该说的话吗！"于是下令论罪诛大行令，次年春正月，废栗太子刘荣为临江王，此后王氏被立为皇后，而刘彻则以嫡子的身份成为太子。

景帝中元二年（公元前148年），临江王刘荣因侵占宗庙地修建宫室，而被传到中尉府受审。执法不阿，从不趋炎附势，也不看权臣脸色行事的中尉郅都责讯甚严，刘荣恐惧，请求给他刀笔，欲写信直接向景帝谢罪，郅都不许。后窦太后堂侄魏其侯窦婴派人悄悄送给刘荣刀笔，刘荣向景帝写信谢罪后，在中尉府自杀。窦太后闻讯大怒，深恨郅都而不肯宽容，在其干预下，郅都罢官还乡，此后景帝却又遣使持节任命郅都为雁门郡太守，不必到长安领旨，直接赴雁门上任。史载，景帝时，匈奴连连南下扰边，以至于边地数郡久不安宁。匈奴人一向敬佩郅都的节操威名，得知郅都就任雁门太守，惊恐万分。郅都才抵达雁门郡，匈奴骑兵便全军后撤，远离雁门。后匈奴曾用木头刻成郅都之形的木偶，立为箭靶，令匈奴骑兵奔跑射击，匈奴骑兵因畏惧郅都，竟无一人能够射中。直到郅都死去时，匈奴人一直没敢靠近雁门。

郅都之死还是因为当初的刘荣案，窦太后得知汉景帝再次重用郅都，立即下令逮捕郅都。虽然汉景帝替郅都辩解，说："郅都是忠臣"，并且准备释放郅都，但因为窦太后不忘刘荣之死，称："临江王难道就不是忠臣吗？"于是在她的干涉下，郅都终于被杀。郅都死后不久，匈奴骑兵便重新侵入雁门。

武帝继位后，首先做的第一件事便是在建元元年（公元前140年）

诏举贤良方正直言极谏之士，皇帝亲策问以古今治道，时有广川董仲舒上天人三策，对曰《春秋》大一统者，天地之常经，古今之通谊也。今师异道，人异论，百家殊方，指意不同，是以上无以持一统，法制数变，下不知所守。臣愚以为诸不在六艺之科、孔子之术者，皆绝其道，勿使并进，邪辟之说灭息，然后统纪可一而法度可明，民知所从矣！于是汉武帝采用了董仲舒的建议，"罢黜百家，独尊儒术"，从而结束先秦以来"师异道，人异论，百家殊方"的局面，于是"令后学者有所统一"。不过虽然武帝崇儒，"罢黜百家，独尊儒术"之后，使得儒学此后影响极为深远，但皇帝一直以来，都是利用儒学敦化民风，同时采用法术及刑名巩固皇权，所谓"儒表法里"。

武帝最初通过贤良方正的科目招纳贤士的道路走得并不顺利，儒生赵绾、王臧等人以文学为公卿。他们想要建议天子按古制在城南建明堂，以"宣明政教"，并作为朝会诸侯之处。然而一众人等草拟"天子出巡、泰山封禅和改换历法服色制度"诸事还未完成时，便被信奉"黄老之术""无为之治"的窦太皇太后所知，于是窦太皇太后派人私下里察访赵绾等人曾干过的非法牟利之事，尽下其等于狱，此后赵绾、王臧自杀，而诸事也皆废。建元六年（公元前135年）五月，窦太后薨，自此之后，

汉武帝

汉武帝才得以真正掌握大权。

此时，历经高帝、惠帝、吕后、文景之治，六十余年的休养生息使得大汉帝国的国力已是蒸蒸日上，故而武帝在承袭这些政策同时，开始积极准备废除"和亲"政策，转而对匈奴实施征伐。为此汉武帝进行了积极的部署和安排：委派李广等诸将镇守边郡，同时征调士卒巩固边防，同时继续发展马政。建元三年（公元前138年），汉武帝还派张骞出使西域，以期联合大月氏，夹击匈奴。

汉初，月氏势力强大，本居敦煌、祁连，因"控弦十余万"、故"强轻匈奴"，与东胡从两方面胁迫游牧于漠南的匈奴，甚至当初匈奴头曼单于还不得不把其子冒顿送至月氏为质，结果冒顿盗取月氏善马逃回匈奴，此后月氏破乌孙国，乌孙部众逃至匈奴，从此附属匈奴，而匈奴单于还收养了乌孙王刚刚出生不久的儿子猎骄靡。冒顿即位为单于后，举兵进攻月氏，月氏败，被迫西迁，而月氏人大部西迁后，他们在河西地区的故地被匈奴浑邪王和休屠王部落占领。

此后，西迁的月氏大部逃至伊犁河，在此，他们击败了原居于当地的塞族人，迫使塞王南走远徙，于是月氏居其地，而留下的塞种部众则成为月氏人的臣仆。不过，月氏虽然在伊犁河、乌浒河流域重新立国，但其地距匈奴西部仍很近，而且大月氏在河西时曾与乌孙为邻，于是乌孙在其王猎骄靡的统领下，并得到了匈奴老上单于协助，而"西攻破大月氏"，迫使大月氏和塞族一样离弃伊犁河流域，向西南迁徙，而乌孙便从此占领了月氏故地。此后月氏再度西迁，越天山和帕米尔，过大宛，至妫水，在这里，大月氏征服了大夏，并在当地立国。史载，在当时"都妫水北为王庭"的为大月氏，而"其余子众不能去者，保南山羌，号小月氏"。

由于当初匈奴人杀月氏王，并将其首级带返匈奴，以其头为饮器，故而月氏人深恨匈奴。故而汉武帝决议招募勇士以出使月氏，而在当时，由于出使月氏必须经过匈奴，故而多数人都不想前往，唯有张骞站了出来。

张骞生年及早期经历不详，史书中称其在武帝即位时，为"郎"。所谓郎，秦、汉，属郎中令，员额不定，最多时达五千人，有中郎、议郎、侍郎、郎中四等。其中郎最高，即省中之郎，为帝王近侍官，战国始设，汉代沿置习称中郎，其职为管理车、骑、门户，担任皇帝的侍卫和随从，初分为车郎、户郎、骑郎三类，长官则设有车、户、骑三将。而议郎则与中郎相同，高于侍郎、郎中，议郎职为顾问应对，毋须轮流当值，充当守卫门户等职。而所谓侍郎，则为宫廷的近侍。至于郎中，则其职责为护卫、陪从。由于"郎官"以守卫门户，出充车骑为主要职责，亦随时备帝王顾问差遣，故而两汉郎官常有出任地方长吏的机会，时人视为出仕的重要途径。初以任子（因父兄功绩得保任授官者）、赀选（以有相当财产得任官资格者）为充任，后武帝从董仲舒议，始使郡国每年保荐孝廉为郎中。

据史书记载，张骞"为人强力，宽大信人"，故而这位汉中郡城固人毅然站了出来，建元二年（公元前139年）张骞由匈奴人甘父做向导，率领百余人，浩浩荡荡从陇西往妫水流域而去。作为汉使的张骞手执使节，这是他的身份象征。《周礼·地官·掌节》称："凡邦国之节：山国用虎节，土国用人节，泽国用龙节。"也就是说，所谓"使节"即是官职的凭证，自周时起，卿大夫聘于诸侯时，国君要授其任职凭证，这种凭证就叫"使节"，又叫"符信"。使臣受命出使他国时，国君也要给予出使凭证这种凭证也叫"使节""符节"。作任职凭证的"使节"大多用铜铸成，并根据前往之地的不同，分别铸成不同的动物图像。去山国，授其"虎节"，在平原地授其"人节"，而在湖泽，则授其"龙节"。"使节"通常都用竹子为柄，上面缀些牦牛尾等为饰，故又称"庭节"，而此番张骞出使西域时，持的就是"使节"。

不过就在张骞自长安出发之后，西行进入河西时，由于这一地区自月氏人西迁后，已完全为匈奴人所控制，故而他们很快便为匈奴所俘，匈奴的右部诸王将立即把张骞等人押送到匈奴王庭，由军臣单于发落。军臣单于得知张骞欲出使月氏后，对张骞说："月氏在吾北，汉何以得往？使吾欲使越，汉肯听我乎？"这就是说，站在匈奴人的立场，无论如何也不容许汉使通过匈奴人地区，去出使月氏。就像汉朝不会让匈奴使者穿过汉区，到南方的越国去一样。不过单于并没有杀汉使，而是将张骞一行扣留和软禁起来。

由于一直没有张骞使团的消息，此后汉武帝便也开始不再将希望放在联合月氏的方面，建元六年（公元前135年）匈奴派使者向汉武帝请

张骞

求和亲，汉武帝命朝臣讨论对策。大行令王恢是燕地人，多次出任边郡官吏，熟悉了解匈奴的情况，他一向反对向匈奴和亲，故而其以匈奴屡次背弃盟约为由建议汉武帝拒绝和亲，其称"汉与匈奴和亲，率不过数岁即复倍约。不如勿许，兴兵击之"。而御史大夫韩安国则以匈奴兵强马壮为由劝汉武帝接受和亲，他称："派大军去千里之外作战，不会取得胜利。今匈奴依仗戎马充足，怀禽兽之心，迁移如同群鸟飞翔，很难控制。得其地不足以为开疆拓土，有其民众也不足以为强大，从上古起他们就不属为人。汉军到几千里以外去争利，则会人马疲惫，而匈奴胡虏则就会凭借全面的优势来对付疲惫不堪的大军。况且强弩之极，矢不能穿鲁缟；冲风之末，力不能漂鸿毛，非初不劲，而是因为末力衰竭的缘故。所以发兵攻打匈奴实在是很不利，不如与之继续和亲。"由于群臣议者多附于韩安国，故而汉武帝最终采纳韩安国的建议，同意继续与匈奴和亲。

然而元光二年（公元前133年）夏，有雁门郡马邑豪绅聂壹通过大行令王恢向武帝进言：匈奴刚刚与西汉和亲，非常信任边境的居民，故而利用匈奴刚与汉朝修好，信任边民这一点来以财物引诱军臣单于出兵，继而将匈奴击破。汉武帝采纳王恢的建议，以卫尉李广为骁骑将军，太仆公孙贺为轻车将军，御史大夫韩安国为护军将军率车骑步精兵三十万，埋伏在马邑附近，约定在单于进入马邑时纵兵出击，又以大行令王恢为将屯将军，太中大夫李息为材官将军，率兵三万自代郡出兵从侧翼袭击匈奴的辎重并断其退路，从而一举全歼匈奴大部，武帝同时派遣聂壹为内应，前往匈奴诱敌。其实从用将这个方面来看，就能够看得出，武帝对于这次马邑之围的重视程度。

骁骑将军李广，其本是陇西成纪人，其先祖是秦时名将李信，将门世家出身。李氏世代为仆射，传习射箭。汉文帝十四年（公元前166年）匈奴大举入侵萧关，李广以良家子弟而从军，因为精通骑射，故而斩杀匈奴首级很多，此战之后，因功为中郎。李广曾经随从皇帝出行，其有冲陷折关及与猛兽搏斗的事，因而汉文帝颇为感慨："惜乎，子不遇时！如令子当高帝时，万户侯岂足道哉！"景帝时，李广任陇西都尉，又改任骑郎将。

吴楚七国之乱时，李广任骁骑都尉，随太尉周亚夫平乱建有军功，史载，在昌邑城下，因其夺取吴楚叛军军旗，而名声显扬。但却因梁王授下授给他将军印，故而还师后，没有给予封赏。后调为上谷太守，时常与匈奴交战。典属国公孙昆邪曾哭着对汉景帝说："李广的才气，天下无双，他自负，屡次与敌虏肉搏，恐怕会失去他。"于是皇帝调他为上郡太守。后来转任边郡太守，曾为陵西、雁门、代郡、云中太守，都因奋力作战而出名。景帝年间，匈奴大举入侵上郡时，汉景帝使亲近的宦官跟随李广整兵，以击匈奴。某日，宦官率从骑数十人纵马城外，见匈奴三人，与之交战，结果三人转马飞射，不仅射伤了宦官，而且还"杀其骑且尽"，此事为李广所知后，其称"是必射雕者也。"于是遂率从百骑前去急追，三名匈奴人当时亡马步行，行数十里，与李广遭遇，于是李广命令骑兵散开，从左右两面包抄，而自射三人，结果杀其二人，生得一人，询问，果然是匈奴射雕者。而当李广将俘虏缚之上马时，匈奴数千骑而来，他们看见李广，以为是汉军诱敌的骑兵，皆惊，于是上山布阵，而李广所率百骑皆大恐，欲驰还走。李广却制止了部下的行为，其称"我们离大军几十里，而且只有百骑，此时这样逃跑，那么在匈奴追射之下，很快就会死伤殆尽。而如果我们留下，则匈奴一定以为我们是为大军之诱，必不敢击我。"于是令诸骑曰："前进！"而当诸人在其率领下，进至约离匈奴骑兵不过二里时，李广又下令："皆下马解鞍！"其部下不解，称："胡虏人多而且离得如此近，如果有急，该怎么办？"李广说："那些胡虏以为我们会走，现在我们尽皆解鞍以示不走，则可以使他们更加坚信我们是大军诱骑这一错误判断。"于是，匈奴骑兵遂不敢击，甚至有一骑白马的匈奴将军还出阵督监他的兵卒，不可轻举妄动，李广上马率十余骑奔驰前去射杀了这个匈奴白马将军，然后又返回来，解下马鞍，命令士兵把马放开，随便躺卧。这时天色已暮，匈奴兵始终觉得很奇怪，更加不敢出击。夜半时，匈奴人还以为汉军有伏兵在侧，试图准备夜袭击，故而全部撤走了。天亮，李广回到大军驻地时，甚至众兵将皆不知李广在哪里，所以没有派兵去接应。此事在当时一度为传奇，而李广的名声也更加显赫了。此后，景帝驾崩，汉武帝即位。左右近臣皆认为李广是名将，于而武帝也很是赏识李广的名气，遣其由上郡太守转为未央宫卫尉，而程不识则为长乐宫卫尉。这次武帝以其为骁骑将军，统率骑兵，就是希望这位勇将能够在此战中有所表现。

轻车将军公孙贺，公孙贺是北地义渠人，其先祖为胡人，祖父公孙浑邪于汉景帝时期为典属国、陇西太守之职，汉景帝前元三年，吴楚七国之乱爆发，公孙浑邪参与平叛，景帝封赏击吴楚有功者五人，公孙浑邪被封为平曲侯。汉景帝七年（公元前150年）四月，立胶东王刘彻为太子，公孙贺以"少年即有军功且为平曲侯子"之故而被选为太子舍人。刘彻继位后，太子舍人公孙贺亦被武帝擢升为九卿之位的太仆一职，秩禄中二千石，掌管天子出行的车舆马匹。汉武帝建元三年（公元前138年），卫夫人（卫子夫）盛宠。武帝提拔其弟卫青为建章监，加侍中，赏赐给卫家的赏金在数日之间累积至千金之多。虽此，武帝犹觉不够，后又诏公孙贺娶卫夫人的姐姐卫孺（卫君孺）为妻。公孙贺也由此更加为武帝所宠。皇帝以此宠臣为轻车将军，率军参与马邑之谋，可见重视之度。

材官将军李息少年时从军，初侍奉景帝，亦为一代名将，而王恢久在边地，加之此次马邑设伏也是他所提议的，故而为将屯将军，统率全军的护军将军韩安国，本是梁国中大夫，是梁孝王身边的得力谋士，吴楚七国之乱时，梁王使韩安国及张羽为将，扞吴兵于东界，两位梁将配合默契，史载"张羽力战，安国持重，以故吴不能过梁。"吴楚已破，安国、张羽名由此显。

再说，聂壹，其本是雁门马邑一带的豪商，雁门郡在春秋时，为北狄所居，战国时，赵武灵王破北狄，置云中、雁门、代三郡。秦始皇三十二年（公元前215年）蒙恬在此筑城名马邑，置马邑县，归雁门郡管辖。汉时置马邑、中陵、剧阳、阴馆、汪陶、埒县、楼烦、善无诸县，归雁门郡管辖。聂氏在当地颇有家产，此番他出于对匈奴的熟悉和对西汉王朝边患不息的焦虑而献策，称"和亲之后汉朝已经取信于匈奴，只要诱之以利，必定能将之击溃"。之后，以自身作饵，亲以出塞经商为名，见匈奴军臣单于，诈降称自己能斩杀马邑县令，迫使马邑举城投降，而后马邑城内牲畜财物可尽归匈奴，但匈奴一定要派大军前来接应，以防汉兵。单于贪图财物，信以为真，于是便立刻策划起兵。此后，军臣单于果然统率十多万骑兵，入侵武州塞，并派使者随聂壹先入马邑，等斩杀马邑的官员后再进兵。聂壹返汉后与马邑县令密谋，杀死囚犯割下首级悬挂在城门之上，讹称为马邑长吏之头，以示时机已至，引诱匈奴军深入重地，于是军臣单于得报后，即率领大军向马邑进军。

然而当单于率大军来到距马邑百余里的地方，发现沿途有牲畜，却无人放牧，于是心生疑虑，于是单于转而领兵攻打附近的烽燧，获了汉武州尉史（匈奴传说是雁门尉史），尉史在威胁下，将伏兵实情全部说出，称"汉兵数十万伏马邑下"。军臣单于听后大惊之后继而大喜，其对左右说"几为汉所卖！"于是下令撤军，及出塞后，单于又说："我得到尉史不上汉天子的当，真是上天所赐。"于是封尉史为"天王"，下令立即撤军。这时，王恢已抄出代郡，准备袭击匈奴背后，但得知单于退走后，担心匈奴合兵一处，自己所率兵马不足以应对，甚至汉兵势必败，故而没有进击，而韩安国等带领大军，分驻马邑境内数日，不见匈兵来，而此时塞下传言单于已率匈奴大军离去，此后追至塞外，但早已不见匈奴影踪，于是乃罢兵。

大军返回之后，汉武帝因马邑之围未能伏击匈奴而失利，而将谋划诱敌却临阵脱逃的王恢下狱。虽然王恢称："始约虏入马邑城，兵与单于接，而臣击其辎重，可得利。今单于闻，不至而还，臣以三万人众不敌，是取辱耳。臣固知还而斩，然得完陛下士三万人。"但皇帝还是不依不饶，而廷尉也认为王恢畏敌观望，当斩。后王恢以千金买通丞相田蚡，请其帮忙斡旋，但田蚡虽然是国舅，但却不敢言上，只能转而对王太后说："王恢首造马邑事，今不成而诛恢，是为匈奴报仇也。"而太后也以此言而向武帝求情，结果无法平息汉武帝的愤怒，皇帝认为"首为马邑事者，恢也，故发天下兵数十万，从其言，为此。且纵单于不可得，恢所部击其辎重，犹颇可得，以慰士大夫心。今不诛恢，无以谢天下"。王恢听闻此言之后，乃自杀。

就这样，大汉帝国精心谋划的"马邑之围"以一无所获、提议者王恢自杀而死为结局，草草收场，"马邑之围"之后，匈奴拒绝与汉帝国和亲，而且开始频频出兵四处袭击边郡，以报复马邑之围，所谓"攻盗入边，不可胜数"，于是自此之后大汉帝国也结束了自高帝以来奉行的"和亲"政策，从而也拉开了汉匈之间大规模战争的序幕。

第二章　胭脂山

飞将末路
——卫青、霍去病时代的汉帝国军事优势

　　自孝景皇帝以来，大汉帝国为加强边防建设，实行了包括"徙民实边""输粟实边"在内的一系列御边政策。也就是在边境建城邑，并以免罪、拜爵、免除征役、修房舍、配农具、供衣食等措施，鼓励民众向边境城邑迁徙。此外还以赐爵、赦罪等办法，鼓励民众向边境输送粮食。并对边郡居民进行必要的骑射阵法训练。同时在长安、边郡等地广设马苑，所谓"始造苑马以广用"，大量养马，并奖励私人养马，文帝时，汉廷就曾颁布"复马令"，规定民间出马一匹便是能代替三个人的兵役。至武帝时，已是"众庶街巷有马，阡陌之间成群"，仅官府便是养马达四十五万匹，从而使得汉军能够开始着手建设强大的骑兵。

　　其实自"白登之围"后，大汉就已经意识到骑兵的重要性了，只是那时候刚刚经历秦末民变，及此后的楚汉战争，新生的帝国因为长期的战乱而国弱民贫，以至于"人相食，死者过半"，所以才有了后来委曲求全、采取和亲手段来以换取一时和平的策略。不过数十年的韬光养晦，并不等于大汉并不重视武备，长期以来，帝国便是意识到"车骑者，天下武备也"，所以积蓄力量、发展马政、壮大骑兵，积蓄力量，也就成了当务之急。自从高帝四年八年开始征收"算赋"，以"为治库兵车马之用"，马政就一直为汉廷所重视，最初时，"算赋"为"民年十五以上至五十六出赋钱，人百二十为一算"而至武帝时又口加三钱，"以补车骑马"，也就是所谓的马口钱，此外还以太仆专管养马事务，下设太仆承，以及下属马厩的令、巫或长、垂等官。除了汉廷在西、北边郡设"牧苑三十六所，以郎为苑监，分养马三十万匹"外，各郡、国也都有养马，郡县设马丞、王国设仆及其属吏厩长、厩丞，专司马政。此外，武帝时，

还在"复马令"的基础上进一步鼓励养马，所谓"天子为击胡故，盛养马，马之往来长安者数万匹，卒掌者关中不足，乃调旁近郡"，甚至皇帝还"解乘舆驷"以鼓励养马。而与此同时，朝廷还以一系列的法令来为马政提供支持，譬如《盐铁论·刑德篇》记载"今盗马者死，盗牛者加"，也就是以死罪来禁止民警偷盗屠宰马牛，同时还以"禁马高五尺九寸以上，齿未平，不得出关"来禁止优良种马外流。正是通过这一系列的措施，至汉武帝时，汉军已经初步建成了一支强大的骑兵力量，现在，汉军需要的是一场战争，以来检验这数十年的建设成果。

经过长期的韬光养晦，元光二年（公元前133年），汉武大帝决意放弃和亲政策，而以军事手段来彻底解决北方的匈奴威胁。是年六月，汉军三十万，设伏于马邑附近山谷，同时三万精兵出代郡，欲诱匈奴单于南下而击之。最终由于伏兵被单于发现，而未遂，此即为"马邑之围"。虽然此战不了了之，但却揭开了大汉帝国对匈奴大规模进讨的序幕。

元光六年（公元前129年）冬，匈奴兴兵南下，袭扰上谷、渔阳，武帝任命韩安国为材官将军，驻屯渔阳，同时以太中大夫卫青为车骑将军，率领骑兵万余出上谷。由于数十年来精心于马政，所以此时的汉军

汉代骑兵俑

已经轻易能够调动万余铁骑了，但其实卫青所部的万骑只是诸路汉军中的一路罢了，此番匈奴南下，汉武帝是以四路大军出击相拒，其中车骑将军卫青出上谷，而又分别有骑将军公孙敖从代郡、轻车将军公孙贺从云中、骁骑将军李广从雁门出兵，四将各率一万骑兵。

自此，卫青，这位名将开始在疆场上崭露头角。史载，卫青，字仲卿，河东郡平阳县人，乃是阳侯府中奴仆卫媪之子，卫媪与其夫生有一男三女：长子（卫长君）即卫长子，长女卫君孺、次女卫少儿、三女卫子夫，后卫媪与给事平阳侯家的小吏郑季私通，生卫青，最初的时候，卫青本名为郑青。幼年时，卫青被送至生父郑季家寄养，但为郑氏所虐，父亲郑季让他放羊，而郑季前妻所生的儿子又很歧视他，根本不把他当兄弟看，而是当成奴仆畜生一样虐待。这一点在《史记·卫将军骠骑将军列传》中有所记载，"青为侯家人，少时归其父，其父使牧羊。先母之子皆奴畜之，不以为兄弟数。"于是卫青稍稍长大一些之后，不愿再受郑家的奴役，后来便独自离开父家，回到母亲身边，做了平阳公主的骑奴。

平阳公主，名讳及生卒不详，她是景帝刘启与皇后王娡的长女，也就是汉武帝刘彻同胞长姐。其本封阳信公主，汉时一般以公主食邑或夫家封邑所在地称呼公主，而平阳公主的食邑是阳信，故称阳信公主，但此后阳信公主下嫁于开国功臣曹参的曾孙平阳侯曹寿，故而又称平阳公主。武帝即位后，尊为长公主。有一点是可以肯定的，那就是当时的卫青及其母亲、姐，都是平阳侯的仆人，而他们的命运也因为平阳公主而得以改变。

《史记·卫将军骠骑将军列传》中记载：青尝从入至甘泉居室，有一钳徒相青曰："贵人也，官至封侯。"青笑曰："人奴之生，得毋笞骂即足矣，安得封侯事乎！"也就是说，有一次，卫青跟随别人来到甘泉宫，一位囚徒看到他的相貌后说："这是贵人的面相啊，官至封侯。"卫青笑道："我身为人奴之子，只求免遭笞骂，已是万幸，哪里谈得上立功封侯呢？"然而，不久之后，卫青的命运就发生了改变。而改变他命运的便是平阳公主和他的姐姐卫子夫。

卫子夫也是卫媪所生的，卫媪曾为平阳侯家僮，一说是侯妾，卫子夫的父亲之名因史不见载，故而现在已经不可考。卫子夫上有一兄二姐，兄长卫长君，长姐似乎卫君孺、次姐卫少儿，此外还有同母异父兄弟三人，即卫青、卫步、卫广。卫子夫出生之年不详，只知道是汉景帝年间，当时的平阳侯是曹时，抑或曹时之父曹奇，她年少时被送往平阳侯府中，教习歌舞，遂为平阳侯府讴者（歌女）。

建元二年（公元前139年）春，上巳日，武帝刘彻从霸上祓禊归来，顺便至平阳侯府小憩。所谓"祓禊"，乃是源于上古"除恶之祭"，或濯于水滨，或秉火求福，春季多在上巳日在水边举行祭礼，洗濯去垢，消除不祥，并有沐浴、采兰、嬉游、饮酒等活动。由于自当初武帝立太子妃陈氏为皇后以来，已然数载，却并无子嗣，于是平阳公主便效仿姑姑馆陶公主（窦太主）择良家女子欲以进献天子。此番公主便将先前挑选出来并留在家中的美人都出来拜见武帝，然而武帝却并不满意。于是平阳公主命十余人退下，饮酒之后，侯府的讴者进来献唱，子夫亦在其中。武帝望去众人，一眼便看中了卫子夫。继而，武帝起身更衣，子夫则随去侍候，并在尚衣轩中得到初幸。此后武帝回到筵席后非常高兴，赐给了平阳公主黄金千金。平阳公主趁机奏请把卫子夫奉送入宫，武帝欣然答应。史载，临别上车之时，平阳公主亲抚着子夫的背说："走吧，在宫里好好吃饭，好好自勉努力，将来若是富贵了，不要忘记我的引荐之功。"然而自建元二年入宫以后，一年多，卫子夫再也没有受到皇帝的召幸。建元三年，武帝将宫中年迈体弱等无用处的宫人释放出宫，卫子夫因而得见天子，她哭泣着请求武帝释放她出宫回家。武帝怜爱，再一次临幸了她。这一次的恩露之后，卫子夫怀孕了，而后尊宠日隆。而卫青也相随入宫"给事建章营"。

然而好景不长，皇后陈氏是馆陶大长公主刘嫖之女，因当初武帝尚为胶东王时，馆陶大长公主为其得立为太子而煞费苦心，陈皇后亦以此原因而骄横高贵。此番当她听说卫子夫得到武帝宠幸后而得以怀孕，自己却数年没能为天子生下一男半女，便开始妒忌卫子夫。馆陶大长公主亦因女儿不孕而嫉妒卫子夫，于是便派人绑架卫青，并企图杀卫青以恐吓卫子夫。所幸为公孙敖所救。公孙敖是北地郡义渠县人，最初以骑郎的身份侍奉汉武帝，其与卫青关系很好，当他得知卫青有难后，当即带领一众壮士及时相救，才使卫青免于一死。此事为武帝得知后，十分震怒，当即便召卫青为建章监，并加侍中。卫子夫的兄长卫长君也得到显贵，亦加为侍中。数日之内，赐给卫家的赏金累计竟达到千金之多。而卫子夫也受到汉武帝的大宠，被封为夫人，她的家族更是得到极度显贵，长姐卫君孺嫁给太仆公孙贺为妻，二姐卫少儿因与陈掌有私，汉武帝便召来陈掌使其显贵，就连公孙敖也因与卫家亲近并施救卫青有功，而得到武帝重用，并因此得到显贵。

应该说，卫氏能够得宠，和卫子夫为武帝生下卫长公主有着密切的关系，因为卫长公主的出生打破了当时谣传的皇帝不能生育的流言。刘彻自七岁起为太子，九年后即位为皇帝，又两年，然而一直无子，史载，建元二年，淮南王刘安来朝，武帝舅父田蚡在霸上迎候，与其言"方今上无太子，大王亲高皇帝孙，行仁义，天下莫不闻。即宫车一日晏驾，非大王当谁立者"！淮南王听闻大喜，厚赠田蚡金银钱财物品，暗中结交宾客，安抚百姓，谋划叛逆之事。其时武帝未满十八岁，何来晏驾之说，武帝无子则国无本，滋生他人谋逆的野心。由此可见无子对当时的武帝及大汉之影响有多大，但卫子夫的怀孕证明汉武帝并非不能生育，而这也或许是卫子夫怀孕后"尊宠日隆"的原因。不过有一点是可以肯定的，那就是卫长公主出生后，汉武帝对她尤为宠爱，汉时，皇帝的女儿称公主，姐妹才可称长公主，姑姑称大长公主。而卫长公主在武帝朝以帝女身份越级称长公主，其待遇远超她的其他妹妹，南朝史学家裴骃，以注解史书著称于世，其著作《史记集解》是现存最早的《史记》注本，然而他就曾注"此帝女也，而云长公主，未详。"除了在武帝一朝以帝女而越级封为长公主之外，而卫长公主还以汤沐邑为最富庶的盐邑而震动天下。史载，第一次，卫长公主城内后，下嫁第五代平阳侯曹襄，其乃是平阳公主之子，而曹襄死后，卫长公主又下嫁方士栾大，元鼎五年（公元前113年），武帝宠信栾大，以为栾大可通神仙，封他为五利将军，又拜为天士将军、地士将军、大通将军、天道将军，后又封为乐通侯，时栾大佩六印，贵振天下。武帝又为他建豪宅，置车马帷帐充其家。栾大因此升官封侯，得以迎娶卫长公主。嫁与栾大之前，武帝送金万斤（《汉书》记载为金十万斤），给公主做嫁妆，并将公主的封地改名为当利，故而卫长公主又号当利公主。当利有盐官，即是"盐邑"，武帝给卫长公主一个盐邑作为汤沐邑，其恩赏几乎不下于当年文帝赏铜山给邓通，而这番恩赐不仅使得武帝其他公主的封地皆不如她，甚至卫长公主也是东、西两汉时唯一受封盐邑的公主。

而就在卫子夫备受恩宠的同时，皇后陈氏却被皇帝所厌。最初陈皇后自恃皇帝当初得以立为太子，母亲有力，于是骄横无礼，而后听说卫子夫"大幸"时，愤恨不已，数次寻死觅活，故而皇帝对她越发恼怒。此后陈皇后又因巨资求子而不得，于是使用妇人媚道害人邀宠，武帝非常愤怒，便派御史大夫张欧追究惩治此案，侍御史张汤查出女子楚服等人为陈皇后施巫蛊之邪术、祝告鬼神、祸害他人诸事，此皆是"大逆无道"之罪，因此案而牵连被杀者有三百众，而元凶楚服则被斩首示众，此后皇帝又以"皇后不守礼法，祈祷鬼神，降祸于他人"为由，称"皇后无法承受天命，应当交回皇后玺绶，离开皇后之位，退居长门宫"。于是陈皇后于秋七月乙巳日以受人迷惑行巫蛊事被废。陈后被废之后，卫子夫再次怀孕，元朔元年（公元前128年）春天，已承宠十年的卫子夫为称帝十二年之久，时龄二十九岁的汉武帝生下第一位皇子。武帝异常欣喜，便命令当时善为文者枚皋及东方朔作《皇太子生赋》及《立皇子禖祝》之赋。为感谢上苍赐予他的第一位皇子，武帝又修建了婚育之神高禖（句芒）神之祠以祭拜之，而武帝更是亲自为皇长子取名为刘据。母以子贵，子以母显，举国同庆皇长子诞生之暇，时为中大夫的主父偃上书武帝，请立卫子夫为皇后。武帝欣然准奏，择元朔元年春，三月甲子这一日册立卫子夫为皇后。

而就在姐姐卫子夫入主中宫之时，卫青也开始在战场上为大汉建立功勋。在这次率出上谷之前，卫青作为建章监和侍中，跟随皇帝左右，为天子心腹，此后汉武帝开始设立身边的亲信为内朝官，用以抗衡九卿贵族为主的"外朝"，从此卫青开始被汉武帝重用，又被封为太中大夫，而卫氏一家也从此更加显贵。建章监，这个官名现在已经不可考，因为太初元年（公元前104年）时，建章宫方才建成，初置建章营骑，选六郡良家子弟充之，属光禄勋，后来更名"羽林骑"，取"如羽之疾，如林之多"之意。而建元三年（公元前138年）时，皇帝倒是设期门军，约千人，选陇西、天水等六郡"良家子"充当，所谓"与侍中、常侍、武骑及待诏陇西、北地良家子能骑射者期诸殿门，故有期门之号自此始"。《汉书·百官公卿表》中也记载："期门掌执兵送从，武帝建元三年初置，比郎，无员，多至千人，有仆射，秩比千石。"但显然，建章监和期门军没有任何的关系，也有人说所谓"建章监"就是监理督造建章宫。当时"监"作为官职主要就是掌管园林及皇室衣食起居的官员、廷尉等，而建章宫则位于长安城直城门外的上林苑中，《三辅黄图》载："周二十余里，千门万户，在未央宫西、长安城外。"而上林苑地跨长安、咸阳、周至、户县、蓝田五县县境，纵横三百里有灞、浐、泾、渭、沣、镐、涝、潏八水出入其中，据《汉书·旧仪》载："苑中养百兽，天子春秋射猎苑中，取兽无数。其中离宫七十所，容千骑万乘。"故而这里也是汉武帝即位之初骑射练兵之处，所以，很有可能卫青的这个"建章监"其实就是以敦造建章宫的名义，在此练兵。

而"侍中"则是秦始置，为丞相之"史"（属员），以其往来东厢奏事，故谓之侍中。也两汉沿置，为正规官职外的加官之一，没有定员，多由名儒或贵戚子弟担任。《汉官六种》载：皇帝见诸侯王、列侯起，侍中称曰："皇帝为诸侯王、列侯起！"起立，乃坐。汉武帝时，以此为近臣加官，列侯以下至郎中，只要加上侍中之类名号可入禁中受事，所谓"出入禁中、顾问应对，位次常侍"。也就是因为加此官者可出入宫廷，侍从皇帝左右，与闻朝政，故而逐渐变为亲信贵重之职。

至于太中大夫，也初为秦官，掌论议，汉沿用，《汉书·百官公卿表》载：郎中令所属有太中大夫等，秩比千石，掌议论。

从卫青所获的这三个官职来看，他在当时已是武帝亲信，也正是如此，此番皇帝以其与公孙贺、公孙敖、李广三将一起，各率万骑，出击匈奴。由于匈奴人认为卫青不过是因为他的姐姐卫子夫的缘故才得以被皇帝重用，遂不以其为重，而以大军围攻李广所部。结果匈奴兵多，大破李广所部，因为匈奴单于久仰李广威名，故而命令手下"得李广必生致之"，所以全军覆没且伤病在身的李广才得以生还。此后匈奴骑兵便把当时受伤得病的李广放在两匹马中间，让他躺在用绳子结成的网袋里。走了十多里路，李广装死，而后当他斜睨见到一匈奴少年骑着一匹好马路过时，遂突然纵身跳上匈奴少年的战马，并将之推下马去，夺取他的弓箭，策马扬鞭向南奔驰，匈奴骑兵数百人追于其后，被他射杀众多。此后，李广南驰数十里，与所部残兵相遇，于是他收罗败兵，退回塞内。

四路大军，并不是只有李广大败，公孙敖一路也与匈奴遭遇，一战下来，损失骑兵七千，而公孙贺一路则无所得、无所失，最终无功而还。唯有卫青一路不被匈奴重视，而有所斩获。由于是自己首次出征，故而卫青颇是果敢冷静，其率众入险境，直捣匈奴祭天圣地龙城。

所谓龙城，那是匈奴腹地一城，"龙"亦作"茏"，又称"龙庭"。匈奴祭天，大会诸部处。《汉书·匈奴传上》："五月，大会龙城。"其地在今天的鄂尔浑河西侧的和硕柴达木湖附近。初出茅庐的卫青率军直入龙城，首虏七百。虽然战果不是很大，但相较于另外三路的两路大败、一路无功而返，此战还是很有意义的。大军归来时，汉武帝下诏，封卫青为关内侯，而"飞将军"李广则被下狱，并以其"所失亡多，为虏所生得"而论罪当斩，后赎为庶人，而公孙敖也因"亡七千骑"而本当斩首，后缴纳赎金后，贬为庶人。在当时，以财物赎罪，称作为"赎刑"，始于上古，《尚书·舜典》就有记载"金作赎刑"。不过古之赎罪者，皆用铜，而自汉始，才改用黄金。历朝历代都有赎刑，但制度不尽相同。大体来说，五刑之中，上自死刑，下到杖、笞，都可以赎。

应该说，龙城之战是一次失败的作战，四路大军除卫青凯旋外非败即退，但这次龙城之战却是自汉初以来对战匈奴的首次大规模进攻，特别是卫青攻入匈奴纵深，扫荡龙城，其具有的意义还是极大的，而自此战始，大汉开始频频对匈奴发起攻势。

元朔元年（公元前128年）秋，匈奴兵分三路，攻入长城关塞，大举进犯。左路两万余骑攻至辽西，杀辽西太守，掠边民两千余，而中路杀入渔阳，击败渔阳太守军千余众，接着又败韩安国军千余骑，几近歼灭；右路进入雁门，杀掠千余人。汉武帝大怒，决议采取"胡骑东进，汉骑西击"之策，急命卫青率三万精骑为车骑将军出雁门，同时以李息率兵一部出代郡，迎击匈奴。此战卫青长驱而进"斩首虏数千人"，从而遏制了匈奴的入侵。紧接着，在次年（元朔二年，公元前127年）春，卫青又率大军攻入匈奴盘踞的河南地（黄河河套之地），由此爆发了"河南之战"。

自当时，黄河河套之地颇为肥沃，黄河贯穿于这片冲积平原之间，故而水利资源丰富。也正是由于这里地势开阔平坦，土壤肥沃，水草丰盛，故而是中原农耕和北方游牧民族都想要取得的一方沃土。此外，这里还是蒙古高原与陇右之地的边界，所以，河南地不仅在经济上具有巨大的优势，而且在军事上具有极为重要的战略意义。从这里至关中，距离极近，无论是秦时，还是大汉初年，又或者此后的唐初，占据着河南之地的游牧民族往往能够对定都秦中的帝国构成极大的威胁，所以自从战国以来，秦国便是多次北上讨伐匈奴，和匈奴人在这里反复争夺，最终秦国取得了胜利，但是随着秦末天下大乱，匈奴人趁机卷土重来，占据了河南地。

对于大汉帝国来说，河南地距离京城长安不足千里，如果匈奴大军南下，他们的骑兵只需疾驰一两日便可到达长安城下，匈奴占据河南地，就如一把锋利的尖刀顶在帝国的背脊上，而事实上，一直以来，匈奴也试图从这里威胁长安，也正是因为这样，屏蔽长安的北地、上郡等地才不时成为汉匈频频交战的前线，而如果一日不能够收复河南之地，那么长安也就一直处在匈奴铁骑的威胁之下。

自从去年秋天，皇帝以车骑将军卫青率三万精骑出雁门，而以李息率兵一部出代郡之后，两路大军便是试图解决河南之地的匈奴所构成的威胁，卫青、李息率部出塞后，采用"迂回侧击"的战术，从云中向西大迂回，两部先沿黄河北岸（左岸）西进，绕到匈奴军的后方，在秦长城的掩蔽之下迅速进至高阙塞，并攻占此处，从而切断了驻守河南地的匈奴白羊王、楼烦王同单于王庭的联系。然后，卫青又率精骑，飞兵南下，进到陇县西，完成对河套及其以南地区的迂回包抄，形成了对白羊王、楼烦王的围击之势，继而掩袭匈奴白羊王、楼烦王，并一举击溃之，匈奴二王仅率少数亲兵逃遁。此战，汉军穿行千余里到达陇西，全甲兵而还，斩首数千，俘获巨大，所谓"伏听者三千鱼及牛羊百余万头，收复了河南地全部土地"。

因河南之地水草肥美，形势险要，故而听闻卫青将之收复之后，汉武帝下令在此处设治九原（今内蒙古包头西）与朔方郡（治今内蒙古乌拉特前旗东南），而又因中大夫主父偃上书，"盛言朔方地肥饶，外阻河，蒙恬筑城以逐匈奴，内省转输戍漕，广中国，灭胡之本也"。故而武帝便停止正在进行的通西南的道路，而兴十余万人筑卫朔方（城），同时又招募内地居民十万至朔方实边，并修缮秦代的旧长城及沿河要塞，通过河朔地区移民屯田，建立朔方郡，大汉帝国不仅解除了匈奴骑兵对长安的直接威胁，而且彻底将河南地建成为一个可以向东、西、北三面进一步出击匈奴的前方要地。此战，卫青功劳巨大，因而被封为长平侯，加封三千八百户侯。而苏建、张次公也以校尉从卫将军有功，封平陵侯、岸头侯。纵观汉匈河南之战，双方投入的兵力不多，规模亦不为大，但这场战事在汉匈战争史上却是一个重要的转折点。大汉王朝收复河南地，赶走匈奴的楼烦王和白羊王，从而使得汉朝的北部边防线更往北推移至黄河沿岸，为长安增添了一道屏障，从而在很大程度上解除了匈奴对关中地区的直接威胁，这不仅仅有利于京都地区的繁荣与发展，而且也有利于帝国在全国统治的加强，并为接下来大规模的反击匈奴，奠定了基础。

河南之战匈奴遭受惨重失败，匈奴人不甘心失败，单于伊稚斜刚刚继位，便着手开始对大汉帝国的反击，以试图用疯狂的反扑来扭转匈奴所处的不利局面。自元朔三年（公元前126年）夏季开始，匈奴先是数万骑兵攻入代郡，杀太守共友，掳掠千余人。同年秋季又攻入雁门，杀掠千余人。元朔四年（公元前125年）又各三万骑攻入代郡、定襄、上郡，杀掠数千人。尤其是匈奴右贤王，因为河南之战后，他失去了河南之地，故而深怨大汉，在这频频的入侵中，其表现极为活跃，多次以轻骑扰边，南下侵入河朔之地，杀掠吏民甚众。所谓右贤王，乃是匈奴贵族封号。其为二十四长之一，在右部诸王侯中地位最高，与诸右王居匈奴西部，自置于长、百长、什长、裨小王、相、都尉、当户、且渠等。

为了打击匈奴人，特别是右贤王的气焰，元朔五年（公元前124年）春，汉武帝以卫青为车骑将军，率骑兵三万出高阙，并以卫尉苏建为游击将军，左内史李沮当强弩将军，太仆公孙贺当骑将军，代国之相李蔡当轻车将军，统领各部数万汉军自朔方出兵，诸路大军统归卫青指挥，长途奔袭右贤王庭，同时汉廷还以大行李息、岸头侯张次公为将军，从右北平出兵，以牵制匈奴。

卫青率大军出塞急行军六七百里，趁黑夜突袭右贤王部，右贤王以为远在塞外，汉军不能到达，正饮酒醉卧。汉军突至，惊慌失措，仅带爱妾一人及数百骑突围北走。卫青立命轻骑校尉郭成率骑兵追出数百里，虽没有能够生擒右贤王，但此役，汉军活捉右贤裨王十余人，并俘获匈奴男女民众一万五千人、贵族十余人、牛羊数百万，李息、张次公方面亦略有斩获。

此役可以堪称是一次非常成功的长途奔袭战，从战略的角度来看，此战是继河南战役之后，给予右贤王又一次致命的打击，而且也达到了将匈奴分割为东西两段的目的。经过此战及之前的河南之战，两次大捷后，汉军不仅士气大振，而且也牢牢抓住了战争的主动权，也正是如此，捷报传来之后，汉武帝当即使节持大将军印，至军中拜卫青为大将军，受命统帅诸军，并加封食邑六千户（汉书记载为八千七百户），卫青的三个儿子被汉武帝封为列侯。长子卫伉为宜春侯，次子卫不疑为阴安侯，幼子卫登为发干侯，均食邑一千三百户，公孙敖、韩说、公孙贺、李蔡、李朔、赵不虞、公孙戎奴、李沮、李息、豆如意等将共十一人也因此战而被封侯。

元朔六年（公元前123年）春、夏，为了进一步打击匈奴，汉武帝又以合骑侯公孙敖为中军将军，太仆公孙贺为左将军，翕侯赵信为前将军，卫尉苏建为右将军，郎中令李广为后将军，李沮为强弩将军，分领六路大军，统归大将军卫青统率，十万大军自定襄出发，浩浩荡荡北进数百里，出击漠南。此战在历史上被称作为"漠南之战"。

此战中，汉军虽取得了"得首虏前后万九千骑"的战绩，但右将军苏建、前将军赵信所率三千余骑却因为遭遇单于大军，而几乎全军覆没。史载，赵信是匈奴人，本是匈奴小王，后降汉，改名赵信，被封为翕侯。这次作战，前将军赵信与右将军苏建分行，独遇单于兵，故尽没。赵信在兵败之后，降匈奴。而苏建只身逃回。

苏建逃回之后，大将军卫青就苏建的罪责，征询军正闳（姓氏不详，名闳）、长史安（姓氏不详，名安）和议郎周霸等人意见，周霸说："大将军出征以来，还未杀过副将，现在苏建弃军而逃，可以斩苏建以表明大将军的威严。"而对于是否要"杀苏建以立大将军之威"这一问题，闳和安都表示了明确的反对，他们认为两军交战，兵力多少是决定性的因素之一，兵法讲"小敌之坚，大敌之擒也"，而这次苏建以少敌多，苦战一日，虽然全军覆没，但也不敢对朝廷有背叛之心，而是自动归来。如果自归而斩之，那么也就是示后人无返意也。故而不应当杀苏建。卫青认为自己以天子殊宠为大将军，不患无威，虽有权力，但不敢擅专，还是把这事交给天子定夺。于是用囚车押回苏建，汉武帝果然免除他的死罪，让其赎为庶人。

其实从处理苏建这件事上，也可以看得出卫青的为人处事方式，一直以来，卫青都很敬重人才，早年其多次向汉武帝推荐过主父偃，而《汉书》记载卫青在河东买马时发掘并推荐了日后的酷吏咸宣。此后，随着卫青地位的日益尊重，汉武帝希望群臣见大将军行跪拜之礼，汲黯却依然行揖礼，卫青不但不恼火，反而更加尊重汲黯，经常向他请教国家和朝中疑难之事。

苏建是卫青老部下，以校尉从卫青封侯。又参与建朔方。此番在漠南遭遇匈奴主力，仍奋战一天不降，可见忠勇，而他的这一忠勇也影响了后人，苏建之子苏武之所以牧羊十余年而不叛汉，大约也与其父的这番经历有关的吧。若卫青为了所谓的"立大将军之威"而杀之，势必会让人齿寒。其实司马迁在《淮南衡山列传》里也提到，跟过卫青的部将，包括淮南王"八公"中的伍被和出使过长安的谒者都说："大将军材干绝人……众将皆乐为大将军所用"，有"淮南第一剑客"之称的游侠雷被也曾主动请求想跟随大将军卫青征讨匈奴。可见卫青身为大将军，可谓是"不患无威"，他不需要借用人头来树立自己的威望。

再有就是汉武帝设常置大将军，节制所有将领，可谓是成"一人之下万人之上"，但他却是极为谨慎。其率军与匈奴作战，屡立战功，而且可以称得上是"战功显赫，权倾朝野"，但其平生从不结党，更不养士，苏建曾经劝告卫青养士以得到好名声，但卫青却称养士会让天子忌讳，因为窦婴和田蚡等朝廷重臣就曾经因为厚待宾客而让汉武帝切齿，所以他始终认为作为臣子只需要奉法遵职就可以了，何必去养士呢？

正是因为这种谨慎，所以卫青并没有处死苏建，而是以囚车交给皇帝处理，巧妙地回避了处理此事的风险性，从而避免了日后被皇帝猜忌的可能。也正是这种"为将号令严明，对将士爱护有恩，对同僚大度有礼，位极人臣而不立私威"的态度，才使得卫青在汉武一朝能够始终"不倒"。

至于赵信，此人投降之后，为伊稚斜单于所得，单于以其在汉军久，熟悉汉地军情，遂封之为"自次王"，又妻以己姊，企图利用他共同对付汉军。应该说，赵信的投降起到了很坏的作用，因为他的投降及此战汉军损失两千余骑、亡两将军，故而卫青不益封，赐千金。此战之中，除了自西域归来，并以随军校尉身份参战的张骞因功而被封为博望侯之外，另一颗将星也正冉冉升起，他便是霍去病。

霍去病之父霍仲孺乃是河东郡平阳县人，乃县中小吏，在平阳侯家公干时，与平阳公主的奴婢卫少儿（卫子夫的姐姐）有染，二人私通，生下了霍去病。后来霍仲孺另娶妻子生下霍光，和卫少儿不再来往。史载，霍仲孺当初不敢承认自己与公主府的女奴私通，并不承认尚未出生的孩子，回去后另娶妻生子。而卫少儿也就从来不曾告诉过霍去病他自己的身世。霍去病从小生长在奴婢群中，生活艰辛，但他十分好学，跟随舅父卫青习得骑马、射箭、击刺等各项武艺，卫子夫入宫后，因受汉武帝宠爱，并生皇长子刘据而被立为皇后，卫氏家族从此平步青云。卫少儿后来以皇后姐姐的身份嫁给詹事陈掌为妻，而霍去病则也入宫为侍中，此番出征，是霍去病的初次征战，时年十八岁。

史载，骠姚校尉霍去病在这场漠南大战中，独领八百骑直弃大军数百里赴利，斩捕首虏过当，斩获敌人两千余人，其中包括相国、当户的官员，同时也斩杀了单于的祖父辈籍若侯产（籍若侯乃封号，名产），并且俘虏了单于的叔父罗姑比，勇冠全军，以一千六百户受封冠军侯。由此，霍去病开始崭露锋芒。

在取得了河南、漠南之战的胜利后，汉武大帝抓住时机，于元狩二年(公元前121年)，发起河西之战。是年春，皇帝以霍去病为骠骑将军，率万骑自陇西出塞，攻向河西，由于当时汉廷对河西的地理和敌情了解不多，所以只以精骑万余出陇西，显然此次行动是带有侦察试探的性质，以为日后的大规模出兵而做好准备。也正是因为这个原因，为了避免被匈奴和羌人所发现，霍去病率军出陇西后，绕道而行，渡过黄河，过乌亭逆水，继而沿乌鞘岭北坡而行，经过邀淄部落牧地，又渡狐奴河，尔后转战六日，接连扫荡了臣属于匈奴的五个西域小部落王国，拒战者诛之，归附者赦之。随后翻越焉支山，向西北直出千余里后，与浑邪、休屠二王所部遭遇。霍去病率军进讨，鏖战之下，浑邪、休屠二王败走，而汉军则擒获浑邪王子及相国、都尉等大小头领，斩首八千九百余级，还俘获休屠王的两个祭天金人。

不过虽然汉军在祁连山北麓的这次交战中取得了的胜利，但自身也付出了惨重的代价，史料记载为"师率减什七"，也就是万余汉骑，只剩下三千余，于是霍去病只好引残兵而回，放弃了继续西行的计划。但大军行至皋兰山下，却遭到匈奴折兰王和卢侯王所阻，于是霍去病率军迎战，此战杀二王而大破匈奴军，而后回师。

初战告捷，给大汉帝国以极大的鼓舞，汉武帝决心趁河西匈奴刚刚遭到打击之时，再次发起新一轮的攻势，于是汉军稍事休整，于同年夏，发起了第二次河西之战。此次，以骠骑将军霍去病、合骑侯公孙敖率数万骑兵出北地，分两路进击河西匈奴。同时以郎中令李广、卫尉张骞率部出右北平，此路为次要出击方向，主要是牵制左贤王。

按照事先预定的作战计划，霍去病率精骑渡黄河向北，采取大纵深迂回行动，也就是渡黄河后，大军沿沙漠南缘，向西北迂回至居延泽，又转向西南，沿弱水转向西南至小月氏，又转向东，至祁连山，大破酋涂王。然后经狐奴水、乌鏊山而回到陇西郡。此路是为北路，而公孙敖率部自陇西出塞，是为南路。按照构想，霍去病亲率大军自侧翼进攻，应从北侧插入匈奴之后，断其退路，而公孙敖则应该率部则负责正面进攻，同时又负有吸引匈奴注意力，掩护北路汉军之迂回包抄的任务。

可结果霍去病率领一部"常选"即经过严格挑选的精骑，按计划自灵武渡河，先是翻越贺兰山，而后又"涉钧箸、济居延"，即穿过浚稽山沙地，绕居延海而转向南，沿弱水行军，通过小月氏地，再由西北转向东南，深入匈奴腹地两千余里，进至祁连山与合黎山之间的黑河流域。然而，公孙敖所部却因迷失方向而未能如约与霍去病军会合。

在与公孙敖失去联系的情况下，孤军深入的霍去病毅然统帅大军直击匈奴侧背，此战汉军斩遬浞王等三万两千余，匈奴单桓王、酋涂王及相国、都尉等两千五百余皆降，而另有稽沮王、呼于屠王及五王母、单于阏氏和王子共五十九人、相国、将军、当户、都尉六十三人被俘。而汉军所付出的代价"大率减什三"。

此战使得匈奴的实力再一次遭受到极大的打击，根据《西河旧事》的记载，惨败之下，匈奴人甚至流唱"失我祁连山，使我六畜不蕃息，失我焉支山，使我妇女无颜色"之曲。很显然，通过两次河西之战，汉朝得以完全控制了河西地带。而当霍去病在此后平息了匈奴降军的骚乱后，匈奴人更是从此退到了漠北一带，彻底失去了对河西走廊的控制。

而当河西方向，霍去病取得大捷之时，李广、张骞所部却遇到了麻烦。按照计划李广率四千骑为前锋，而张骞将万骑殿后。结果李广孤军冒进，大军出右北平数百里，而张骞部未能按时出塞，匈奴左贤王四万骑将至围住。面对十倍于己的强敌，李广时令其子李敢率数十骑直冲匈奴大军，于是李敢从匈奴阵营左右接合部之间急驰而过，回来报告说："胡虏易与耳！"

见少将军如此纵横匈奴军中，汉军大受鼓舞，继而李广乃令部下列为圆阵，向外御之。虽然匈奴骑兵连续对汉军之阵实施冲击，但大阵岿然不动。史载，此战中箭如雨下，汉兵死者众多，弓箭也将用尽。而李广令战士只引满弓弩而不发箭，自己则用大黄连弩接连射杀匈奴稗将射数人，才使得匈奴的攻势缓弱下来。夜幕降临，"吏士无人色，而广意气自如，益治军，军中服其勇也"。次日，汉军又奋勇拼杀，就在汉军死伤过半之时，张骞率万骑赶到。左贤王见不能取胜，只得解围北撤。此战虽杀伤众多匈奴兵，但由于李广所部损失惨重，而张骞部也疲惫不堪，故而未能追击，于是汉军也撤兵而还。后朝廷论罪，李广功过两抵，张骞却以"后期"罪贬为庶人，但张骞的一生却并没有因此战之败而结束。

至于匈奴方面，尽管两次河西之战后，匈奴势力遭到沉重打击，但伊稚斜单于及匈奴诸部仍未停止南下袭扰，对于大汉和匈奴来说，这种袭扰注定了双方还将会迸发出新的战事。

鏖兵漠北
——漠北决战和匈奴帝国的重创

通过两次河西之战，大汉帝国不仅打通了通往西域的道路、解除了匈奴对陇西边郡的威胁，最重要的是帝国通过在河西设置郡县，移民实边，修筑城塞，切断了匈奴与西羌的联系，进一步孤立了匈奴。而伊稚斜单于显然对河西匈奴的两度惨败十分恼怒，当年秋天，他欲召浑邪王、休屠王至单于庭，以诛之，结果二王恐惧，浑邪王遂与休屠王密谋降汉。武帝闻报则喜，但又恐有诈，故而以霍去病率军前往受降。

然而在汉军西出之后，休屠王却又后悔了，于是忽然变势；结果被浑邪王所杀，部众也被吞并。就在匈奴两王内部纷争初定之时，霍去病所率之大军已经渡过黄河而来，并与浑邪王所部迢迢相望，然而此时"浑邪稗王将见汉军而多不欲降者，颇遁去"，一时间局面失控，在浑邪王不能控制部下之时，霍去病眼看匈奴混乱，立刻率领精锐发起冲击。

霍去病率汉骑在突入匈奴军中后，迅速将浑邪王置于监护之下，同时纵兵杀戮。在斩杀了八千多力战欲逃之人后，汉军控制并稳定了局势。然后，霍去病立即派人护送浑邪王前往长安，而自己则率大军监护号称十万实有四万多人的匈奴降众东渡黄河。听闻霍去病迎浑邪王降汉而来，汉武帝大喜，下诏各郡县出动大车三万相迎，将匈奴各部分别安置在陇西、北地、上郡、朔方、云中五郡黄河以南的战国秦长城之外，"因其故俗，为属国"。同时，"赏赐数十巨万，封浑邪王万户，为漯阴侯"。自此，河西走廊之匈奴基本肃清。汉廷遂减北地以西戍卒之半。

对于浑邪王、休屠王二部的覆灭，伊稚斜单于显然恼火不已，自他继位以来，匈奴已经今非昔比，而中原的汉朝也进入了最鼎盛的时期，面对大汉帝国转守为攻之势，伊稚斜单于显然有些不知该如何应对。

伊稚斜单于是匈奴首领军臣单于的弟弟。汉武帝元朔三年，军臣单于死，当时为左谷蠡王的伊稚斜自立为单于，并率部，攻破军臣单于的儿子于单，从而夺取了王位。所谓"左谷蠡王"是匈奴贵族的封号。按照匈奴贵族等级的划分，左右谷蠡王各为二十四长之二，次于左右贤王，有自置的千长、百长、什长、裨小王、相、都尉、当户、且渠等官，以匈奴制，左右谷蠡王分居于匈东西部，与左右贤王合称"四角"，地位要大大高于其余王侯。也正是如此，伊稚斜才有能力率军打败太子于单。由于于单耻屈其下，故而逃奔于汉，并被汉封之为涉安侯。伊稚斜单于因怨汉收纳于单，遂屡遣兵至代郡、雁门、定襄、上郡等地寇掠。特别是当年匈奴两路大军，各数万骑，分入右北平及定襄，杀掠吏民千余人而去的行动，更是直接引发了此后汉武大帝连续以卫青、霍去病率军出塞，对匈奴展开攻势。关于那位匈奴太子于单，史载"亡降于汉，汉封於单为涉安侯，数月而死"。也就是说，在降汉不久，于单就病死于长安。

不过在这时，由于频频对匈奴用兵，大汉帝国的内部也出现了问题，这个问题便是财政困难。频频的对外征伐，使得国家财政从此前"京师之钱累巨万，贯朽而不可校"这样的丰盈，一下子转变成了入不敷出的困局，史载当时的情况甚至是"而富商大贾或蹛财役贫，转穀百数，废居居邑，封君皆低首仰给"。也就是说富商大贾几乎是富可敌国，而国家则是财政窘困不堪，两者形成了鲜明的对比。这种情况下，汉廷只能采取一些手段进行改革，除了靠鬻武功爵等方式快速增加财政收入外，还实行整理币制、专卖盐铁、加重商税等措施，以增加国家财政收入，这其中，将盐铁转为官营的措施，对后世的影响最大。

所谓"盐铁官营"，也叫"盐铁专卖"，其实早在春秋时，齐国管仲就曾提出了"官山海"之策，也就是对盐和铁一起实行专卖，而后秦国在商君卫鞅主持变法时，也曾经控制山泽之利，实行盐铁专卖。由于当时的山海之产主要是盐、铁，而官府垄断经营，寓税于价，自然也就使平民避免不了征税，又感觉不到征税，从而达到了悄无声息之中完成征税的目的。

汉初时，对于盐铁开放民营，使经营盐铁的商人富比王侯，汉武帝迫于财政压力和对商人"不住公家之急"的反感，故而决心"笼盐铁"，也就是将盐铁的经营收归官府，实行专卖，并在产盐和产铁的地方，分设盐官和铁官进行管理。盐专卖采取在官府的监督下由盐民生产，官府定价收购，并由官府运输和销售。而铁专卖，则采取官府统管铁矿采掘、钢铁冶炼、铁器铸造和销售等一切环节。这也就是史载的"冶铸煮盐，财或累万金，而不佐国家之急，黎民重困。于是天子与公卿议，更钱造币以赡用，而摧浮淫并兼之徒"。

"笼盐铁"的政策是由桑弘羊所提出的，此人先后事汉武帝、汉昭帝两朝，历任侍中、大农丞、治粟都尉、大司农、御史大夫等职，因功赐爵左庶长，此人出生于洛阳的一户富商之中，由于洛阳前身是西周都城"洛邑"，居民主要是商朝的旧贵族，他们有着经营工商业的传统，至西汉年间，洛阳号称"天下冲扼，汉国之大都"，人口超过三十万，自周以来就是"富冠海内"，是当时一个以商业著称的大都会。悠久的商业传统对洛阳的民俗产生了巨大影响，洛阳人多以善于经商而著称，如战国时期的白圭、汉初的师史。

洛阳人文荟萃，许多先贤的传奇事迹深深打动了幼年时期的桑弘羊。苏秦刺股、佩六国相印的传说给桑弘羊曾留下非常深刻的印象，出相入将、封土拜爵的出仕立功思想一直牢牢占据桑弘羊的头脑，并对"富贵则亲戚畏惧之，贫贱则轻易之"的看法也深有感触。贾谊的"非和亲主义；积贮之重要；非放铸论（统一币制）"的政治主张也极大程度地影响了桑弘羊。

家乡独特的社会环境对桑弘羊的思想有着潜移默化的影响，在家庭的蒙学教育与父辈的熏陶下，桑弘羊自幼对数学及商业有着浓厚的兴趣，少年时期的桑弘羊就深谙算术和经商之道，并能帮助家里打理生意。汉景帝末年，年仅十三岁的桑弘羊以"精于心算"名闻洛阳，于是汉廷诏书，提拔桑弘羊入宫（一说捐官入宫），任为侍中，侍奉汉武帝兼陪读。

桑弘羊入宫不久，武帝开始逐渐"独尊儒术"，在这样的环境下，桑弘羊也开始研读《五经》，此外，他还广泛涉猎儒学以外的诸子百家学说，尤其精通法家和管商之学。当初凭借高帝、吕后、文景两帝以来七十多年的积蓄，大汉帝国的国家财政本来非常富裕，但由于武帝的"有为"，尤其是对匈奴的战争耗费巨大，兼之大兴功业，以及朝廷上下的奢靡，武帝继位仅仅二十年后，国家财政就开始频频出现亏空。在财政困难面前，虽然武帝采取了一些应急措施，如元朔年间，为增加收入，专门设置"武功爵"，共值三十余万，还专门树立了一个献财典型，即卜式，号召百姓向国家捐献钱财。这些方法取得了一定的成效，但总体上仍是杯水车薪，而且还造成了吏治败坏等弊端。这种情况下，在元狩三年（公元前120年），为了应对因对外战争造成的财政亏空问题，武帝采纳郑当时的建议，下令实施盐铁官营政策，将原属少府管辖的盐铁划归大农令，由国家垄断盐铁的生产，并任命大盐商东郭咸阳、大冶铁商孔仅为大农丞专门负责此事。桑弘羊由于善于计算经济问题，参与盐铁官营规划，负责"计算"和"言利"之事。

与此同时，在武帝大力支持下，桑弘羊还先后推行算缗、告缗、盐铁官营、均输、平准、酒榷等经济政策，同时组织六十万人屯田戍边，防御匈奴。这些措施都在不同程度上取得了成功，大幅度增加了朝廷的财政收入，为武帝继续推行文治武功，而奠定了雄厚的物质基础。再加上币制改革，大汉帝国开始逐步稳定了困窘不堪的国家财政。

币制改革与"盐铁官营"在当时是最有意义的，增加中央财政收入，打击大商人，是当时汉武帝币制改革的初衷。武帝即位之后，就一直十分重视解决币制问题，先后进行了六次币制改革，而通过这六次币制改革基本解决了汉初以来一直未能解决的币制问题。一方面稳定了朝廷经济，另一方面则将地方的铸币权重新统一于帝国中央。而在六次改革之后，又有"三官五铢"的发行，这才一举解决了困扰大汉帝国多年以来的私铸、盗铸钱币问题，汉武帝的币制改革至此才算是取得了较大的成功。帝国初立时，汉承秦制，法定货币也是黄金和铜钱，而汉初铜钱也仍继续名为"半两"。由于当时经济凋敝，故而汉廷对铸钱所采取的是"放任自流"的政策。虽然此举对恢复和发展国力曾起到了一定的作用，但也导致了诸如"货币轻重不一""币值混乱"等一系列的问题。而文帝五年（公元前175年）时，朝廷更是干脆撤除了禁止私人铸钱的命令，这不仅使得当时盗铸钱的风气盛行，甚至影响了经济的正常运转，而且还使得诸如吴王刘濞等王、侯势力得以借此机会来极力扩张自己的经济实力，以作为与中央相抗衡的资本。

尽管在元狩四年（公元前119年）时，汉武帝为了整顿财政，曾下令铸造了三种货币：皮币、白金（银、锡作的合金币）、三铢钱，但其实这次铸钱的效果并不好，直至元鼎四年（公元前113年）时，为了彻底整顿货币，汉武帝接受桑弘羊等人的建议，禁止郡国和民间铸钱，由政府指定上林三官（掌管上林苑的水衡都尉下属钟官、技巧、辨铜三官）分别负责鼓铸、刻范和原料，并且废除过去铸的一切钱币，而以新铸的五铢钱（三官钱）为全国唯一通行的货币。这次币制改革后，汉廷基本解决了私铸铜钱、币制混乱的问题，不但增加了国家的财政收入，而且稳定了市场和流通，同时，这次币制改革还是历史上第一次将铸币权完全收归中央的一次创举，并最终将大汉帝国的币制稳定下来。

从元狩四年的这次币制整理来看，其根本是与专卖盐铁、加重商税等措施结合起来的，是为了解决长期对匈奴用兵，财政发生困难的问题，所做的政策调整，为的就是厉兵秣马，准备发动更大规模的进攻。也正是在经过了一系列的积极准备后，这一年，汉武帝决心以十万铁骑北上，具体是以大将军卫青、骠骑将军霍去病各领五万骑，兵分两路，深入漠北，寻歼匈奴主力。这次汉军出塞，与前数次情形不同，除卫青、霍去病各领兵十万外，尚有材官（步兵）数十万，随后继进，此外，为了确保作战胜利，汉廷还征集私负从马凡十四万匹，负责转运辎重，保障粮草供应，因为为这次大战准备的物资、粮草不计其数，必须要有足够的兵力和马匹实施护送、运输。很显然，这是一场"倾国远征，志在平虏"的大规模军事行动。

汉武帝原计划大军皆由霍去病统帅，出定襄，直攻伊稚斜单于。但由于从捕获的匈奴人口中得知伊稚斜单于已东去，考虑到单于所部位于代郡以东，汉武帝乃改变计划，遣大将军卫青率军出定襄，而以令霍去病独出代郡，自当一面，于是霍去病乃与卫青分军，率校尉李敢等，麾兵自去。自此，汉军的部署便是成为了"兵分两路北进，分进合击匈奴"的态势。不过从卫青率军出定襄、霍去病出代郡的部署来看，汉武大帝其实更希望霍去病能够大破匈奴单于所部，生擒伊稚斜单于。

自定襄而出的大军虽然浩浩荡荡，并以郎中令李广为前将军、太仆公孙敖为中将军、主爵赵食其为右将军、平阳侯曹襄为后将军，诸将皆由卫青统辖，但人多将杂，调度倒也不便，而自代郡而出的霍去病，其属下虽未配备裨将，但却为汉军精锐，所统兵卒多是经过挑选的敢力战深入之士，而其中还包括大量的匈奴降将，如归义侯复陆支（因淳王）、伊即靬（楼王）。

但其实匈奴并未东去，汉军出动之后，早有匈奴侦骑，飞报伊稚斜单于，得知汉军来攻，匈奴单于大惊，匆忙准备迎敌，投降匈奴的赵信为伊稚斜单于出谋，称"汉兵既度幕，人马疲，匈奴可坐收虏耳"，于是在他的建议下，在经历多次失败后的伊稚斜单于将部众人畜辎重转移到更远的漠北而去，以精兵待于北方，专候汉军的到来。而伊稚斜单于之所以会采纳赵信的建议，辎重远徙漠北，大军撤至戈壁沙漠北部，严兵戒备，除了试图以大漠作为天然屏障，阻挡汉军的攻势之外，还试图以养精蓄锐，以逸待劳，坐待疲劳远征而来的汉军而来，继而一举将汉军击破，再大举反攻，逆转对于匈奴不利的局面。

事实上，当卫青率前将军李广、左将军公孙敖、右将军赵食其、后将军曹襄等出塞后，连日进兵，行数百里，并不见有大敌，乃接连派探马，四出侦伺。很快便是从捕获的俘虏处，得知伊稚斜单于并未东去，而是移居漠北，便欲驱军深入，直捣虏巢。思虑一番之后，卫青遂自领精兵疾进，直攻匈奴大军，同时令前将军李广与右将军赵食其两部合并，从东路迂回策应，出击匈奴军侧背。

之所以这样部署，是因为此番出兵之前，郎中令李广几次请求能够到军中效力，但汉武帝嫌他年老，不愿派他出征。后来经李广一再固请，汉武帝方使他为前将军，令与左将军公孙贺，右将军赵食其，后将军曹襄，尽归大将军卫青节制。而当大军出发前，卫青入朝辞行时，武帝甚至对其面嘱道："李广年老数奇，毋使独当单于。"也就是说"认为李广年老，命运不好，不让他与单于对阵"。也正是这个原因，卫青暗思武帝密嘱，不宜令李广当锋，乃命李广与赵食其合兵东行，限期相会。

然而东路迂回绕远，而且缺乏水草，势必不能并队行进，故而李广不欲前往，入帐自请道："广受命为前将军，理应为国前驱，今大将军令出东道，殊失广意，广情愿当先杀敌，虽死不恨！"这句话的意思是"我的职务是前将军，大将军却命令我从东路出兵，况且我从少年时就与匈奴作战，至今才得到与匈奴对阵的一次机会，我愿做前锋，先与单于决战。"

可是卫青因为皇帝的告诫，但这话又不能够对李广明说，于是，只是摇首不答。李广愤怒至极，遂不向卫青告辞，便是回到军中，率部快快起程。赵食其则是不加可否，领兵与李广合兵后，从东路展开迂回。

事实上，自漠南之战后，李广的时运的确不好。虽然匈奴人对其敬畏，称之为"飞将军"，而且自文帝以来历任七郡太守，与匈奴作战四十多年，亲历大小战役七十余次，而且在景帝平定"七国之乱"中，更是勇冠三军，甚至在昌邑城夺取叛军大旗，可却一直是"不得爵邑，官不过九卿"。虽然李广曾任卫尉与郎中令，郎中令位列九卿，但一直以来，他都未能封侯，倒是留下了"冯唐易老，李广难封"的历史典故。

据说一次，李广曾经与善于面相的东方朔私下闲谈，其说："自从汉朝北击匈奴以来，我未尝不在其中，然而其他将领都封侯位列三公，然而我却没有封侯，难道我命中注定不封侯？"东方朔却说："将军自己想一想，有没有对不起良心的遗恨事呢？"李广回答道："我任陇西太守时，羌人反叛，于是我诱骗降羌八百余人，结果把他们全部杀了，至今还觉得对不起良心，引为莫大的恨事。"东方朔感慨道："祸莫大乎杀已降，将军种了杀降的恶因，所以不能封侯。"

当然了，这只是一个典故，也正是一个"李广难封"，才使得漠北之战前，李广才多次主动请战于武帝，尽管武帝以为他命运不好没有同意，但是他还是再三请求，使得武帝才勉强同意。可由于武帝认为李广"数奇"，并且嘱咐不能用李广为先锋，加上为了给新失侯的好友中将军公孙敖一个立功机会，卫青拒绝了李广担任前锋的要求，而是令其侧路袭击。但是李广的坏运气再次发生作用，他居然迷路了。

当时卫青已经挥兵直入，行军数百里，涉过大漠，与伊稚斜单于所部相遇，卫青见匈奴军早有准备，便下令扎住营盘，用武刚车环绕为营，据古籍所云："有巾有盖，谓之武刚车"，也就是四周及车顶以厚革皮覆盖，通常武刚车长二丈，阔一丈四，车外侧绑长矛，内侧置大盾，可用于防护，故而也可作营壁，系行军利器。营既立定，卫青便遣精骑五千，向匈奴发起冲击，伊稚斜单于也令万骑出动应战。时已天暮，大风忽起，走石飞沙，两军虽然对阵，不能相见。卫青乘势急令大军分作两翼，左右并进，包围匈奴军阵，匈奴伊稚斜单于，见势不妙，自料汉兵势众，难以取胜，一时情虚思避，即潜率劲骑数百，突出帐后，径向西北遁去。

此时天色已黑，汉、匈两军仍在混战，力战之下，彼此俱有死伤，这时，汉军左校捕得单于亲卒数人，问明单于所在，才知伊稚斜单于在黄昏时分即已逃脱，当即禀知卫青。卫青立即遣轻骑连夜追击，自己率大军随后继进。得知单于已逃，于是匈奴军溃散。至天明，汉军急驰二百余里，才接前骑归报，单于已经远去，无从擒获。虽然未能追上伊稚斜单于，但汉军却是沿途破敌万余，进至窴颜山（今蒙古纳柱特山）赵信城（为赵信所建，故名），匈奴屯有大量粮贮谷，尚未运去，于是卫青乃率军径至赵信城中，果有积谷贮藏，正好接济兵马，此后，汉军休整一日，尽焚其城及剩余军资而还。此战，汉军斩首万九千余，大军南行，渡过大漠，从东路出击、因迷路而未能如期抵达漠北与大军汇合的前将军李广和右将军赵食其所率大军方才与卫青相遇。

李广、赵食其谒见大将军时，卫青"责两人逾限迟至，应该论罪，赵食其却未敢抗议。而李广本不欲东行，此时又迂回失道，有罪无功，干脆不发一语"。此后，卫青派长史急令李广幕府前去受审对质，以问其失道曲折欲上报天子。结果李广愤然，对长史道："诸校尉无罪，校尉们无罪，是我迷失道路，我现亲自到大将军幕府去受审对质！"于是趋至大将军幕府，其流涕对将士道："广自结发从戎，与匈奴大小七十余战，有进无退，今从大将军出征匈奴，大将军乃令广东行，迂回失道，岂非天命！广今已六十多岁，死不为夭，怎能再对刀笔吏，乞怜求生？广今日与诸君长别了！"言罢，拔刀自刎。史载，李广自杀后，百姓闻之，知与不知，无老壮皆为垂涕。

关于李广之死，显然是个悲剧，李广是三朝元老，文帝说他是"生不逢时，若赶上高祖打天下时，能封万户侯"。但在景帝平"七国之乱"时，李广虽立下大功，却因接受梁王授予的将军印，未能得到封赏。这其实是其一生生涯的开始。虽然李广有"以箭射石、猎猛虎"之勇，其带兵有方，爱兵如子，史载，李广平生所得赏赐几乎大多分给部下，但纵观他的一生，所谓"李广难封"其实与其性格、能力等多方面因素有关，虽然他"自结发从戎，与匈奴大小七十余战"可却军功不足，据《史记》、《汉书》记载，汉武帝时期因军功封侯的共有二十六人，在当时，只有捕斩王、相、将军、阏氏等，或者斩首千余以上，又或者是为了战事的胜利而做出了突出贡献的，才能够以军功封侯，可李广在武帝朝中参与的五次出征，三次未遇敌、两次覆没，而文、景两朝中，亦无显赫战功，故而虽经七十余战却从未达到封侯的标准。

李广固然善射，可他自负其能，故而常常给自己惹来麻烦。当初李广被俘逃脱后，赎为庶人，于是其退居林下，住在蓝田南山中，常以射猎消遣，打发时光。某夜，李广带着骑从外出，与人在乡下饮酒，回来时，已到了宵禁时分，路过霸陵驿亭的时候，为霸陵尉所阻。霸陵尉何许人也，姓甚名谁，家住哪里，史书之中皆不得而知。只知他是霸陵县（今陕西长安县东）的县尉，因汉文帝之陵为霸陵，故而在其地设立了霸陵县，霸陵附近设有亭驿，亭长由此县尉兼任，专司守陵墓之职，所以人称"霸陵尉"。这天晚上，霸陵尉喝醉了，于是见有人犯禁，便大声怒喝，"呵止广"，禁止李广通行。李广的随从忙上前，称"故李将军"。霸陵尉言道："今将军尚不得夜行，何乃故也！"意思是说，就是现任的将军也不准犯夜行路，何况你是前任的将军呢？于是毫不客气地"止广宿亭下"，扣留下李广，只让他停宿在驿亭中。

不久之后，匈奴犯边，杀死辽西太守，大败韩安国，于是汉武帝将韩安国迁调右北平，并召见李广，诏拜其为右北平太守。可"广即请霸陵尉与俱，至军而斩之"，也就是李广请求那个呵止过他的霸陵尉与他同行，一起赴任，结果到了军中，李广就把那个县尉斩首了。这便是所谓的"杀霸陵尉事"。从此事中不难看出李广对前事早就耿耿于怀，这种挟嫌报复以泄私的做法显然是他性格缺陷、心胸气量褊狭所导致的。

出征漠北，其以前将军身份随卫青击匈奴。李广因为卫青让他与右将军赵食其从东路夹击而愤愤不平，不向大将军告辞就恼怒地回到自己军中，这种情况下，与右将军出东路，自然是不能与大将军很好的配合出师了，而右将军赵食其与之相处也必然尴尬异常。这些因素，加上大漠环境的恶劣，最终导致大军迷路也就不那么奇怪了。

此外，治军方面主张人人自便，幕府文书极尽简便，史载，李广和程不识，都曾任边郡太守，进讨匈奴时，李广行军无严格队列、阵势，靠近水草丰盛的地方驻扎军队，停宿的地方人人都感到便利，晚上也不打更自卫，幕府简化各种文书簿册，李广却能够通过向远处派出哨兵等方式来实施警戒，所以不曾遭到过危险。而程不识则对队伍编制、行军队列驻营阵势要求很严格，不仅夜里打更，而且文书军吏处理考绩等公文簿册毫不含糊，甚至通宵达旦，部下得不到休息，但显然，这种谨慎

李广

使得程不识也不曾遇到危险。对此，程不识曾经说过："李广军极简易，然虏卒犯之，无以禁也；而其士卒亦佚乐，咸乐为之死。我军虽烦扰，然虏亦不得犯我。"也就是说"李广治军简便易行，然而敌人如果突然进犯，他就无法阻挡了。而他的士卒倒也安逸快乐，都甘心为他拼命。我的部下虽军务繁忙，但敌人也不敢侵犯我"。那时，李广、程不识都是汉朝边郡名将，但匈奴害怕李广的谋略，士兵也大多愿跟随李广，而以跟随程不识为苦。很显然，程不识的严谨治军使得他至死都没有大的败绩，而李广的带兵方式往往会给他带来很大的麻烦。

漠北之战前，李广曾主动请战于武帝，武帝以为他命运不好没有同意，虽然最终在李广的再三请求下武帝才勉强同意。而武帝之所以认为李广"数奇"，也是由于李广战绩之不堪所导致的。从詹国枢来看，李广虽然名气很大，但是实际上胜仗不多。只是在一些特殊情况下，靠个人的勇武获得了一些超出常人的战绩。相较于卫青、霍去病等名将，李广不仅缺乏运气、战略眼光，更缺乏的是严谨的治军和为人处世的态度。也正是他的性格缺陷使得他在漠北之战后，见自己已经六十多岁了，再加上皇帝的态度，此战很可能是自己人生的最终一战了，此战不仅没立功封侯，然而要面对刀笔吏们的羞辱。绝望加羞耻，致使他在羞愤之下，怒而引刀自刭，一代悲情名将就此陨落。

相较于卫青大军的行动，自代郡出兵的霍去病更为凌厉，这位年轻的将军率校尉李敢、归义侯复陆支等出塞后，同右北平郡太守路博德部会师，而后深入漠北，寻找匈奴王庭。史载，此战霍去病携带少量的辎重粮草，驱使所俘获的匈奴人为前锋，以为汉兵开路。大军跨过大漠，先是活捉单于大臣章渠，诛杀北车耆王，又转攻左大将双，缴获匈奴的军旗战鼓。又越过难侯山，渡过弓卢水，与匈奴左贤王遭遇，霍去病斩首七万，擒获屯头王、韩王等三人，将军、相国、当户、都尉等八十三人。继而乘胜追杀至狼居胥山，并在狼居胥山举行了祭天封礼，后又在姑衍山举行了祭地禅礼，兵锋一直逼至瀚海。

此次远征，霍去病突入匈奴腹地两千余里，以万骑的损失数量，前后一共斩获胡虏七万多人，至此，匈奴左、右贤王两只臂膀被彻底斩断，只剩下匈奴单于悬孤漠北。而封狼居胥山，禅于姑衍，更是意义重大，因此举是表示此地纳为汉家疆土，故而所谓"封狼居胥"也由此成为了汉家儿郎至高无上的旌表。

汉武帝显然对漠北之战的胜利极为满意，大军凯旋后，他加封卫青、霍去病为大司马，从此两人各号大司马大将军、大司马骠骑将军。很显然，天子对霍去病的功绩尤其赞赏，不仅令骠骑将军的官阶和秩禄与大将军等，而且再以五千八百户益封骠骑将军，其部下将官也多人封侯受赏，而卫青则因战功没能超过战损，而未得益封，其部下军吏卒皆无封侯者。

漠北之战的意义是重大的，经此一战，匈奴被汉军在漠南荡涤，匈奴单于逃到漠北，所谓"匈奴远遁，漠南无王庭"。事实上，此战的意义不仅如此，此战之后，在汉破匈奴左贤王地之前，左贤王所部经常侵扰上谷、渔阳、右北平、辽西等地，而此战后，左贤王损失很大，故而失去了对乌桓的控制，大汉帝国得以徙乌桓于上谷、渔阳、右北平、辽西、辽东五郡塞外，从而为汉侦察匈奴动静。此外，匈奴遭受到的打击还不仅如此，由于匈奴人在战争和瘟疫中损失了大量人力，与此同时，家畜的大量损失造成了食物的短缺，而影响更为深远的是，由于失去了南部的大量肥沃草原，匈奴部落被迫北迁至贫瘠而寒冷的戈壁沙漠以北地带，面对更大的生存压力。

不过由于漠北大战是西汉年间对匈奴战争中规模最大的一仗，双方都竭尽了全力。大汉为这次战事的胜利付出了很大的代价。"两军之出塞，塞阅官及私马凡十四万匹，而复入塞者不满三万匹。"而士卒则死伤数万，在战后，汉廷为了弥补战争损失而增税，加重了百姓的负担。迫于重税和徭役，很多人选择了逃亡，转而成为流民，这使官府直接掌握的编户齐民大为减少。

角逐西域
——汉匈帝国眼中的"次要战场"

在汉时期，狭义的西域是指玉门关、阳关（今甘肃省敦煌市西）以西，今新疆天山南北，巴尔喀什和葱岭（帕米尔高原）以东，昆仑山以北，巴尔喀什湖以南，青藏高原以北的地区，而门关、阳关以西，即今新疆以及更远的地方，则也统称为西域，这便是广义的西域，包括葱岭以西的中亚细亚、罗马帝国等地，包括今阿富汗、伊朗、乌兹别克至地中海沿岸一带。

西域以天山为界分为南北两个部分，由于大漠、雪山环绕，故而人口大都居住在塔里木盆地周围。汉初，此处有"三十六国"，西域诸国以天山为界，分为南、北两部，塔里木盆地南缘有菇羌、且末、精绝、扜弥、于阗、莎车等，习称"南道诸国"，而盆地北缘有姑师、尉犁、焉耆、龟兹、温宿、姑墨、疏勒等，习称"北道诸国"。此外，在盆地西南、葱岭一带有蒲犁、无雷等国，而在盆地的东端有楼兰。

这些小国面积不大，由于所处之地多数是沙漠绿洲，也有山谷或盆地，故而多以城郭为中心。由于各国语言不一，习俗各异，互不统属，人口少则几百，多则数万，一般为几千人到两三万人，龟兹人口最多，也不过才八万人，因此多以农牧业为生，少数小国逐水草而居，其实就是游牧民族，只能以畜产品等与邻国交换粮食等农产品。不过也有些国家生产力水平有相当发展，甚至已经掌握了冶铁技术，例如楼兰人就懂得制铁。

据《汉书·西域传》记载："鄯善国，本名楼兰，王治扜泥城，去阳关千六百里，去长安六千一百里。户千五百七十，口四万四千一百。"其实楼兰很早就是西域一个著名的"城廓之国"。其东通敦煌，西北到焉耆、尉犁，西南到若羌、且末。当时的楼兰有时成为匈奴的耳目，有时归附于汉，玩弄着两面派墙头草的政策，介于汉和匈奴两大势力之间。

而与楼兰一样，与大汉之间有着关联的还有婼羌国，《汉书·西域传》记载："出阳关，自近者始，曰婼羌，婼羌国王号去胡来王，去阳关千八百里"，"西与且末接"，"西北至鄯善"。而《十三州志》则云："婼羌国带南山区脉，西有葱岭，或虏或羌。"虽然婼羌国据《汉书·西域传》的记载，只有五十户一千七百多人，其民不种田，随畜逐水草，依赖鄯善、且末两国的谷物生活。出产铁，会铸造刀、剑、甲、矛、弓等兵器，是个人口不多的小国。但其历史却颇为悠久，婼羌人来源于婼人、羌人，与春秋时入居中原的陆浑戎、阴戎、小戎等同族同允姓。

允姓，在文献中被分别记载为炎帝、黄帝、少昊之后。根据《左传·昭公元年》记载："昔金天氏有裔子曰昧，为玄冥师，生允格、台骀。"又有《元和姓纂》中记载："允姓，允格之后，允格，金天氏之裔。"金天氏指的是东夷氏族部落长少昊，约与黄帝同时期，正是其率众与黄帝、炎帝裔族结合，共同组成了华夏族。而《左传·襄公十四年》记载后的杜预注为："四岳之后皆姜姓，又别为允姓。"四岳系姜姓炎帝后裔，帝喾高辛及尧帝时为大部落酋长，均为华夏族。

允姓的一支居于若水而名若。《山海经》云："南海之内，黑水之间，有木名若木，若水出焉。"《史记·五帝本纪》里有记载：黄帝第二个儿子"昌意，降居若水"。《索隐》中又说："江水、若水皆在蜀，即所封国也。"而《世本》则云："若水，允姓国。"也就是说，鲧部落的一支曾支居于若水，与允姓人杂处。根据《太平寰宇记》引《世本》云："婼，姬姓之国，黄帝之子昌意，降居若水为诸侯，此其后也。"所以事实上，婼人在迁徙过程中与羌人的一部分相结合，称婼羌。《汉书·赵充国传》则省略为"婼"。其部落后融合了许多羌氏族，习俗也羌化了，所以《说文解字》里有解释："羌，西婼羌，西戎牧羊人也。"这也就是说实际上，在战国末形成的婼羌国是华夏人与羌人融合后的民族。大概是在东周初，婼部族受到秦国的压迫，其中有一支便沿着河西走廊向西北迁移，渐渐地，也就迁入到了西域。

其实一直以来，部族的迁徙在西域很为常见，譬如处于天山以北，巴尔喀什湖以南的准噶尔盆地，由于是游牧区域，所以和塔里木盆地周围小国林立的情况有所不同，这里在短短数十年间先后生活有多支游牧民族。在准噶尔盆地西部的伊犁河流域，原来居住有塞族人。文帝时，原来游牧于敦煌、祁连间的月氏人，被匈奴逼迫，西迁至此，驱走塞族人。其后，原居住于河西一带的乌孙，为了摆脱匈奴的羁绊，也向西迁徙到此，又把月氏人赶走，占据了此处。大部分月氏人被迫再往西迁到妫水（今阿姆河）以北之地，称大月氏，少部分留下来，称小月氏。赶走月氏人的乌孙占据了伊犁河流域后，迅速发展强大起来，甚至一度有六十余万人（包括留居此地的塞种人和月氏人），这些乌孙人与匈奴同俗，过着逐水草而居的游牧生活。

由于准噶尔盆地以南的天山缺口，由姑师控制，故而天山南北两麓的西域诸国，相互交往其实并不便，但在当时，天山南北两麓的诸国却都有道路通往东方的中原帝国。其实从玉门关到西域，有两条主要通道：一条经塔里木盆地东端的楼兰，继而折向西南，沿昆仑山北麓西行至莎车，此为南道，南道西逾葱岭，可至大月氏、大夏、安息等国。而另一条道路则是所谓的北道，这条道路经车师国，沿天山南麓西行至疏勒，北道西逾葱岭，可至大宛、康居、奄蔡等国。南北两条道路连接的是大汉与西域诸国。不过在汉初，中原人对于西域并不熟悉，事实上，在大汉立国后的七十余年间，西域也和大汉一直没有什么联系，反而与匈奴关系密切。

在文帝初时，匈奴人的势力扩展到西域，根据史料的记载，冒顿单于晚年派遣右贤王征服呼揭、乌孙、楼兰等二十六国，虽然史料中具体的记载不详，但根据《史记·大宛列传》所云：康居"国小，南羁事月氏，东羁事匈奴。"匈奴人已经控制了西域诸国，因为虽然《汉书·西域传》中记载为除大宛、乌孙之外天山南北城邦诸国三十六国，但《史记》记载除乌孙、康居以外，大宛以东国家仅有：扜罙、于阗、楼兰、姑师、苏薤五国，丝路北道疏勒、龟兹、捷枝、渠犁、焉耆，丝路南道莎车、蒲犁、无雷、依耐、难兜等国均未提及，可见西域在冒顿单于时，还没有发展为三十六国。

而这"二十六藩属国"在当时都是为匈奴所控制，甚至匈奴人还设置了"僮仆都尉"一职，以对西域诸国进行管理。所谓"僮仆都尉"为匈奴官名，僮仆即奴隶之义，以"僮仆"为官名，盖视西域各国为匈奴之僮仆。《汉书》卷九十六《西域传上》记载：匈奴西边日逐王置僮仆都尉，使领西域，常居焉耆、危须、尉黎间，赋税诸国，取富给焉。也就是说，匈奴右日逐王通过置"僮仆都尉"，常居焉耆、危须、尉黎间，以领西域各国，向其征收赋税。

汉武帝在谋划对匈奴反击时，曾于建元三年（公元前 138 年），派张骞赴西域联络大月氏，试图欲利用月氏与匈奴的矛盾，与月氏共同夹击匈奴。后张骞一行被匈奴扣留和软禁起来。

关于张骞被软禁后的情况，《史记·大宛列传》的记载很简单，"留骞十餘岁，与妻，有子，然骞持汉节不失"。也就是匈奴单于从张骞这里得到大汉帝国的相关消息，并试图迫使打消其出使月氏的念头，对张骞进行了种种威逼利诱，还给张骞娶了匈奴的女子为妻，虽然在匈奴娶妻生子，但张骞"不辱君命""持汉节不失"，始终没有忘记自己为汉朝通使月氏的使命，张骞等人在匈奴一直留居了十年之久。

元光六年（公元前129年），由于张骞已经在匈奴生活了十余年，故而匈奴人对他的监视渐渐有所松弛，张骞果断地离开妻儿，带领其随从，逃出了匈奴王庭。于是也就有了《史记·大宛列传》中记载的"居匈奴中，益宽，骞因与其属亡乡月氏，西走数十日至大宛"。事实上，当时的情况并没有这么简单，在匈奴的十年留居期间，张骞多少也会了解到西域的情况，他不可能不知道当时西域的形势已发生了变化，乌孙在匈奴支持和唆使下，西攻月氏。月氏人被迫又从伊犁河流域，继续西迁，进入咸海附近的妫水流域，征服大夏，也正是如此，张骞一行才直奔大宛而去。

大宛位于今日的费尔干纳盆地，张骞自匈奴得脱后，究竟取何道抵达大宛，因史料中并无明文记载，故而历来众说纷纭，但主要的说法其实就是四种。其一是张骞乃经由"西域北道"，也就是沿天山南麓西行抵达疏勒后，越过葱岭抵达大宛的。第二种说法则是张骞乃经由"西域南道"，也就是沿昆仑山北麓西行抵大宛的。至于第三种说法则是张骞乃经由天山北路，也就是自漠北取道准噶尔盆地、伊塞克湖南岸、纳伦河谷到达大宛的。最后一种说法则是张骞西抵大宛最可能的途径便应该是取道巴尔喀什湖北岸，沿楚河南下，穿越吉尔吉斯山脉，复顺纳伦河进入费尔干纳盆地的。从张骞出陇西后被匈奴拘捕，地点虽然不明，但被捕后"传诣单于"，则很可能是被押送到单于庭来看，张骞"西走"大宛可能是从这一路径。

张骞到大宛后，向大宛国王说明了自己出使月氏的使命和沿途种种遭遇，希望大宛能派人相送，并表示自己此后如能返回中原，一定奏明大汉天子，送他很多财物，重重酬谢。大宛王本来早就风闻东方中原帝国的富庶，很想与汉朝通使往来，但苦于匈奴的中梗阻碍，而未能实现。汉使的意外到来，使他非常高兴。张骞的一席话，更使之动心。于是满口答应了张骞的要求，热情款待后，派了向导和译员，将张骞等人送到康居，而康居王又遣人将张骞等人送至大月氏。这一段经历在《史记·大宛列传》中被记载为"（大宛）遣骞，为发导绎，抵康居，康居传致大月氏。"

然而当张骞等人终于抵达大月氏时，才发现情况有所变化了。《史记·大宛列传》中记载"大月氏王已为胡所杀，立其太子为王。既臣大夏而居，地肥饶，少寇，志安乐，又自以远汉，殊无报胡之心。骞从月氏至大夏，竟不能得月氏要领"。也就是在匈奴支持下，乌孙远征大月氏、战而胜之。大月氏被迫放弃伊犁河、楚河流域，再次西迁，经费尔干纳，来到阿姆河流域，征服了主要位于河南的大夏国。张骞到达时，大月氏设王庭于河北，控制着跨有阿姆河两岸的原大夏国领土，在当地立国。立国后，因著贸易中转而变得繁荣。故而当张骞向大月氏人提出与大汉联合攻打匈奴的建议时，大月氏人已无意向匈奴复仇了。不过《史记·大宛列传》中记载的这段文字却是颇为耐人寻味。张骞是在逃离匈奴前，还是之后获悉大月氏再次西迁的消息的，就不得而知了，但根据他的行程来看，他不去伊犁河流域，而径自巴尔喀什湖北岸南下费尔干纳，康居属土，也就是位于锡尔河与阿姆河之间的索格底亚那之间，确切地说，其国在锡尔河北岸，张骞自大宛往赴阿姆河北岸的大月氏王庭，并无必要绕道锡尔河北岸，而索格底亚那则是必由之途。而所谓张骞"自月氏至大夏"，应指从大月氏王庭至原大夏国都城（南岸的蓝市城），也就是张骞曾抵达大夏的蓝氏城。

虽然张骞等人在月氏逗留了一年多，但始终未能说服月氏人与汉朝联盟夹击匈奴，其实张骞此行终"不能得月氏要领"，但究其根本，大月氏此时远在阿姆河流域，与汉夹击匈奴，事实上已无可能，而且月氏人也以为汉朝离月氏太远，如果联合攻击匈奴，遇到危险恐难以相助。故而不能得要领，也就不奇怪了。

元朔元年（公元前128年），张骞等人动身返国。归途中，张骞为避开匈奴控制区，改变了行军路线。计划通过青海羌人地区，以免匈奴人的阻留，行沿塔里木盆地南部，循昆仑山北麓的"南道"。从莎车，经于阗、鄯善，进入羌人地区。但出乎意料，羌人也已沦为匈奴的附庸，张骞等人再次被匈奴所俘，同前次一样，被"传诣单于"，并被押送至原流放地。元朔三年（公元前126年）初，军臣单于死，匈奴为争夺王位发生内乱，被扣留了一年多的张骞趁乱带着胡妻、儿子，和堂邑父一起逃脱归汉。

从武帝建元二年（公元前139年）出发，至元朔三年（公元前126年）归汉，张骞出使西域共历十三年。出发时，使团有百余人，但回到长安时，却仅剩下张骞和堂邑父二人。虽然这次出使，并没有达到原来的目的，也就是同大月氏建立联盟，以夹攻匈奴的企图。但其实这次出使产生的实际影响和所起的历史作用却是巨大的。正如司马迁称张骞此行为"凿空"那样，意义是巨大的。虽然当初秦始皇北却戎狄，筑长城以护中原，但大秦帝国之西界不过临洮，玉门之外的广阔的西域，尚未为中原势力所及。张骞的这次通使西域，使得中原的影响直达葱岭以西，从而使得西域诸国对大汉有所了解，此外张骞在西行途中，获得了大量前所未有的西域资料，使大汉帝国对西域的情况得到了初步的掌握，从而对广漠的西域不再陌生。

史载，在回到长安之后，张骞向武帝详述西域的情况，所谓"骞身所至者大宛、大月氏、大夏、康居，而传闻其旁大国五六，具为天子言之"，称"大宛在匈奴西南，在汉正西，去汉可万里。其俗土著，耕田，田稻麦。有葡萄酒。多善马，马汗血，其先天马子也。有城郭屋室。其属邑大小七十余城，众可数十万。其兵弓矛骑射。其北则康居，西则大月氏，西南则大夏，东北则乌孙，东则扜罙、于寘。于寘之西，则水皆西流，注西海；其东水东流，注盐泽，盐泽潜行地下。其南则河源出焉，多玉石，河注中国。而楼兰、姑师邑有城郭，临盐泽。盐泽去长安可五千里。匈奴右方居盐泽以东，至陇西长城，南接羌，隔汉道焉。乌孙在大宛东北可二千里，行国，随畜，与匈奴同俗。控弦者数万，敢战。故服匈奴，及盛，取其羁属，不肯往朝会焉。康居在大宛西北可二千里，行国，与月氏大同俗。控弦者八九万人，与大宛邻国。国小，南羁事月氏，东羁事匈奴。奄蔡在康居西北可二千里，行国，与康居大同俗。控弦者十余万。临大泽，无崖，盖乃北海云"。

而这些信息很显然使得汉武帝对张骞这次出使西域的成果非常满意，特封张骞为太中大夫，授堂邑父为"奉使君"，以彰其功绩。元朔六年（公元前123年）二月和四月，大将军卫青两次出兵匈奴，汉武帝命张骞以校尉，从大将军出征。汉军进于千里塞外，在茫茫黄沙和无际草原中，给养相当困难，但张骞在匈奴十余年，故而熟悉情况，其为汉军做向导时，"知水草处，军得以不乏"，大军凯旋时，汉武帝封张骞为"博望侯"。颜师古在《汉书》注中认为，"博望"是"取其能广博瞻望"。这是汉武帝对张骞博闻多见、才广识远的恰当肯定。

漠北之战之后，匈奴单于退往漠北，此时河西走廊也为大汉所控制，通往西域的道路已经打开。匈奴人由于远离水草茂盛的阴山地区，畜牧业生产发展从此受到严重限制。而汉王朝利用夺得的"匈奴左地"，令原为其附属的乌桓族徙居上谷、渔阳、右北平、辽东、辽西五郡塞外，为汉侦匈奴动静，但是匈奴在西域仍保存着相当的势力，严重威胁着汉与西域的交通。此外，匈奴还依靠西域诸国的人力、物力，与大汉对抗。这种情况下，张骞认为可以联合乌孙国，从而切断匈奴右臂，他向汉武帝建议拉拢乌孙国，"可厚赂招，令东居故地，妻以公主，与为昆弟，以制匈奴"。于是汉武帝以张骞为中郎将，率三百多随员，携带金币丝帛等财物数千巨万，牛羊万头，第二次出使西域。此行的目的，一是招与匈奴有矛盾的乌孙东归故地，以断匈奴右臂，二是宣扬国威，劝说西域诸国与汉联合，使之成为汉帝国之外臣。

由于当初在占领河南后，又发动河西之战，故而至此时，已经是"而金城（兰州）、河西西并南山至盐泽（今罗布泊）空无匈奴"，也因此，此番出使，并不需要担心匈奴的威胁。

虽然军臣单于死后，乌孙国便"不肯复事匈奴"，但是乌孙国很长时间内一直羁属匈奴，而且乌孙国尽管是西域最强大的国家，但当时乌孙国国家分裂。太子岑已逝，乌孙昆莫猎骄靡以太子岑之子岑陬（封号，名叫军须靡）为太子的请求，引起军须靡之叔父大禄的不满。所谓大禄，乌孙官名，《汉书·西域传》列举乌孙官名，首为相，次即大禄。大禄握有兵权，计划起兵谋害军须靡。猎骄靡为了能够保护军须靡，便给他万余骑兵到别处自立。而猎骄靡自己另掌万余骑兵自保，这种情况下，猎骄靡自然无法直接控制全国。故而当张骞将汉朝赐给猎骄靡的礼物送交后，对猎骄靡说："乌孙如能东归故地，汉朝就遣送公主作为昆莫的夫人，两国结为兄弟之国，一同抗拒匈奴，匈奴一定能打败。"但是考虑到乌孙远离汉朝，而且猎骄靡也不知汉朝情况，乌孙自己靠近匈奴，服从匈奴已日久，大臣们都不愿东迁。故而猎骄靡认为"年老国分，不能专制"，而且大臣不了解汉的国势，又畏惧匈奴，乌孙不可能迁回故地，他也没有答应张骞的与汉结盟的请求。

不过在元封三年（公元前108年），猎骄靡派数十名使节随张骞回长安，同时献马数十匹作为报谢。这些使节们到了长安之后，见识到大汉帝国的繁华与强盛，认为大汉国势强大，而且大汉朝人口众多，物产丰富，不是匈奴可比的，因此使者们归国后，积极促使乌孙国与汉结盟。见乌孙与汉朝建立了联系，匈奴便是企图攻打乌孙国。而猎骄靡了解西汉当时正积极与西域各国建立联系，汉朝使者经乌孙之南到大宛、月氏者，不绝于路，于是非常惶恐，便请与汉朝联姻，以使得两国结为兄弟。汉武帝廷议询问群臣的意见，结果朝议同意。于是天子决定必须先纳聘礼，然后遣送公主。乌孙以一千匹马作为聘礼。元封六年（公元前105年），汉武帝以刘细君作为和亲公主嫁与猎骄靡。

刘细君的曾祖父是汉景帝刘启，祖父是汉武帝刘彻之兄江都易王刘非，其父是江都王刘建，故而史称其为"江都公主"。刘建是个荒淫无道的诸侯王，在继承了父亲爵位，成为第二任江都王后，刘建不但与父亲的姬妾通奸，还奸污了自己的妹妹刘征臣。元狩二年（公元前121年），刘建企图谋反，事情暴露后，皇帝令宗正、廷尉前去审问，刘建畏罪自杀，其封国被废除，封地归入汉，成为广陵郡，其妻成光也以谋反罪名被赐死，并且被"夷三族"，而当时，刘细君因年幼而免罪。

刘细君出嫁时，汉武帝"赐乘舆服御物，为备官属侍御数百人，赠送其盛"。也就是武帝赐给她车马和皇室用的器物，还为她配备官吏、宦官、宫女、役者数百人，赠送礼品极为丰盛。猎骄靡迎娶了刘细君后，以她为右夫人。史载，刘细君到乌孙后，以财物、丝绸等赏给猎骄靡左右的贵人，故而备受人爱戴。但猎骄靡年老，语言不通，刘细君很是悲伤，她曾经作《悲秋歌》一首"吾家嫁我兮天一方，远托异国兮乌王延。穹庐为室兮旃为墙，以肉为食兮酪为浆。居常土思兮心内伤，愿为黄鹄兮归故乡。"从歌中可以看出这位公主的悲愁和思乡之情，《汉书·西域传下》记载："乌孙国多雨，寒。"歌中的"穹庐为室兮旃为墙，以肉为食兮酪为浆"，可以看出刘细君远嫁异域，不仅举目无亲，孤苦无依，而且生活环境也令人难以忍受。这里没有巍峨壮丽的宫阙，也没有和暖的春风，没有美味佳肴、玉液琼浆，而是以穹庐为室，毛毡作墙，饮以辛酪、食以膻肉。这与中原迥异的生活习俗，对从小过惯汉宫安逸生活的刘细君来说，无疑难以适应。远离故国亲人，生活又难如愿，思乡怀归之情自然难免了，但她也知道自己远嫁之意义，在回归之无望时，也就有了"居常土思兮心内伤，愿为黄鹄兮归故乡"这句。

据称汉武帝听说后，很怜悯刘细君，每隔一年就派使者送去帷帐、锦绣等物，以示关爱。此外，武帝钦命刘细君和亲乌孙时，还令人命懂得音乐的工匠参考琴、筝、筑、卧箜篌等创制了一种能在马上弹奏的乐器，以解遥途思念之情，此乐器便是"阮"，亦称"秦琵琶"。

猎骄靡当时已经年老，想使孙子军须靡娶刘细君，但刘细君不同意，上书给汉武帝，但武帝以"从其国俗，欲与乌孙共灭胡"嘱之，公主乃再嫁。此后猎骄靡死，军须靡代立为王。史载，刘细君与军须靡生有一女，名叫少夫。太初四年（公元前101年），只在乌孙生活五年的刘细君去世。她的付出换来了大汉帝国与乌孙的联盟。

不过在匈奴得知乌孙与大汉联姻后，也遣派一名本族女子与猎骄靡成婚，猎骄靡立她为左夫人。猎骄靡同时与汉及匈奴联姻，代表他只是跟汉建立外交关系，尚未决定与匈奴决裂。也因此，刘细君死后，汉武帝又以刘解忧为公主嫁于军须靡，维持姻亲关系。

刘解忧是楚王刘戊的孙女，景帝三年（公元前154年），刘戊参与同姓诸王的"七国之乱"，兵败身亡，而当罪臣江都王刘建之女刘细君因"和亲"远嫁乌孙国王而郁郁以终之后，武帝为巩固与乌孙的联盟，于太初四年（公元前101年），将年仅二十的刘解忧，嫁给军须靡。

军须靡在位时间并不长，便是死去，其临终时，其与匈奴夫人所生长子泥靡尚幼，于是立大禄之子翁归靡为王，与其约定将来还国与泥靡，乌孙于是重归统一。翁归靡继位后，号称肥王。刘解忧亦嫁于他为妻，二人生有三子二女：长子元贵靡、次子万年为莎车国王、三子大乐为乌孙左大将、长女弟史是龟兹国王绛宾之妻、小女儿素光是乌孙若呼翁侯之妻。翁归靡在位期间，对解忧关怀备至，言听计从，这使得大汉与乌孙国的关系颇为密切。此外，刘解忧有侍女名冯嫽，其跟随刘解忧同去乌孙国。史载冯嫽生性聪慧，知书达理，善写隶书，与刘解忧相互慰勉，立志安居乌孙，不负使命。冯嫽常驰马牧场，出入毡帐，只用几年时间，便已通晓西域的语言文字及风俗习惯，其还遵朝廷之命，代表汉廷，锦车持节，宣抚西域各国，一时间各国君臣见汉朝以女子为使，加之她大方谦恭，善于辞令，故而称她为冯夫人。乌孙国右大将（名不详，右大将为其官职，地位仅次于相和大禄）见冯嫽多才多艺，其聪慧漂亮，便求娶为妻，冯嫽欣然同意，自此，汉朝与乌孙友情日增。正是解忧与冯嫽在王庭内外连成掎角之势，对乌孙国的政治等事，都产生深远的影响。

在这种影响下，翁归靡一改以往"持两端"的态度，即在匈奴、大汉之间摇摆不定的方针，归服汉朝，翁归靡的这一决策，立即引起匈奴的军事报复。匈奴为维持其对西域的统治，出兵进攻乌孙，以控制天山北地，隔断乌孙与大汉的联系。翁归靡和解忧公主共同上书天子，请合兵攻匈奴，于是朝廷"发大兵十五万骑，五将军分道并出"，这一仗，汉乌大破匈奴，使匈奴在西域的元气大伤。

甘露三年（公元前51年），刘解忧的大儿子元贵靡、小儿子鸱靡先后病死。元贵靡之子星靡即位。而此时，刘解忧已是年近七十岁，这位老年的和亲公主心思故土，于是给汉宣帝上书，希望能在生前回国，归葬在故土。宣帝怜其半生身居异域，为国操劳，有功于汉室，就派使节把刘解忧和冯嫽一起接回长安，并以公主之礼照顾刘解忧的饮食起居。对冯嫽也以厚禄优礼相待。黄龙元年（公元前49年），刘解忧病逝，以公主之仪安葬。其死后，因星靡生性懦弱，继位后治国无方，致使乌孙局势再起动荡。身居长安的冯嫽心系乌孙，于是上书请为汉使，出使乌孙，以镇抚星靡。天子应允，派兵护送冯嫽出使乌孙。凭借着自己的威望与才干，冯嫽很快便是镇抚了星靡，使得乌孙情况得以安定。

元狩四年（公元前119年），汉武帝派张骞再度出使西域，欲招引乌孙回河西故地，与西汉共同对付匈奴，仍未达到目的。但张骞分遣的各位副使却分别抵达了大宛、康居、大月氏、安息、大夏等国。张骞前后两次去西域，扩大了汉朝的影响。西域诸国早就知道中原非常富饶，于是尽皆想与大汉建立关系，苦于匈奴的阻挠，"欲通不得"，而当匈奴已遭受汉朝的打击，自然更乐意与汉接近了。这些国家纷纷派出使者入汉答谢，使大汉与西域诸国的联系更加密切。从此，大汉同西域的交通频繁起来。汉王朝频频派人到西域，每年中出使者，多则十几批，少则五六批，每批数百人到百余人不等，甚至是"使者相望于道"。

这些使者的派出使得大汉对西域的了解更为深入，也扩大了汉朝在西域各地的影响。从而为汉朝击败匈奴在西域的势力奠定了基础。因为尽管此时大汉势力是最初进入西域，帝国没有足够的实力来掌控西域，但帝国有着较为成熟的统治理念。在统治方式上，注重政权机构的建设，将内地的政治、经济、军事、文化制度等，变通地实施于边疆地区，打破了西域地区"无所统一"政治格局，从而把西域诸国有机地纳入汉王朝的政治统治体系之内。同时，汉朝发达的经济，也对西域产生了重要影响，内地与西域经济的互补与交流，最终导致西域的经济与内地的经济形成了密不可分的有机整体，因此，汉朝在西域的统治一旦确立，就相对比匈奴在西域的统治更为稳固。

但这时匈奴在西域的统治还没有根本动摇，一些国家慑于匈奴的压力，故意刁难汉使，"禁其食物"。汉使"非出币帛不得食，不市畜不得骑用"。几个位于交通孔道口的国家，还常常"攻劫汉使"，以兵阻道。在这种情况下，元封三年（公元前108年），汉发兵击姑师、降楼兰，从而彻底拉开了大汉帝国全面经略西域的序幕。

贰师兵团
——且鞮侯单于时代匈奴的反击

　　漠北之战后，匈奴远遁大漠以北，无力渡漠南掠，大汉也因连续出击，损耗较大，暂停对匈奴的反击，转而开始着力经营西域，帝国频频派出使者前往西域，这些使臣既担负着政治使命，同时也携带着许多中原物产，与西域诸国进行往来交流。中原以丝织品为代表的商品源源不断输往西域。西域诸国也经常遣使入汉。于是大汉派往西域各地的使者和西域各国派往汉朝的使者络绎不绝，各族商人也频繁地往来于内地和西域之间。在当时人烟稀少、道路艰险的情况下，这条沟通东西方的丝绸之路的安全畅通其实并不能够得到充分的保障，尤其是在匈奴的威胁下。

　　匈奴人其实是极不情愿看到大汉和西域各国之间如此紧密联系的，但在漠北之战后，匈奴实力遭到了惨重的损失，又没有能力实施大规模的攻势，虽然张骞第二次出使西域，试图联络西域国家共击匈奴，没有能够成功，但却加强了与西域各国之间的经济文化往来，当西域诸国与大汉相互友好时，显然是进一步孤立了匈奴。这种情况下，元鼎五年(公元前112年)，匈奴不得不再次南下袭扰，猖獗的匈奴人甚至一度遮断西域通路。这是自张骞通西域之后，西域道路第一次为匈奴人所切断。之所以匈奴人选择此时南下，是因为，这一年，西羌十万反汉，羌人攻安故、围枹罕，一时间，十分猖獗，匈奴为配合羌族反汉，方才南下进犯五原，杀五原太守，并多次袭掠河西之地，斩断大汉通往西域的道路。

　　西羌，出自三苗，是羌族的别支，三代以后居于河西、赐支河和湟河之间。战国时，羌人兴盛，有葱中种(即越锚羌)、白马种(即广汉羌)和参良种(即武郡羌)等。大汉王朝建立时，进入中原的羌人已基本上融合于汉人之中，而未进入中原的羌人除部分生活在陇西以外，大都散布于长城以西，尤其是河湟之地，更是羌人的聚居之地。

汉兴时，这些羌族部落都臣服匈奴，景帝时，羌人一支研种的后代留何率众人请求归附，为汉帝国守卫陇西之地。景帝对远方来降的羌人自然很是欢迎，把留何及其研种羌部落一齐迁居到陇西郡中，安排在狄道、安故、临洮、氐道、羌道五县中，与汉人杂居，以卫西北。武帝继位后，开始对匈奴人采取了反击，而与匈奴人有所勾结的羌人自然也受到了冲击。

此后，汉武帝以霍去病为将，对河西用兵，使得匈奴人受到了沉重打击，而浑邪王和休屠王部众的覆灭，也使得羌人和大汉帝国之间失去了缓冲，两者发生了直接的接触。当汉军在河西驱逐匈奴之时，也同时对诸羌施以巨大的压力，兵锋之下，羌人不得不向西迁移。一时间，由于匈奴浑邪王的内降和诸羌的西迁，使河西之地竟然成为了一个"真空地带"。而当武帝召乌孙回河西故地的计划落空之后，汉廷为了加强在河西的边防，于河西先后设立了武威郡、酒泉郡，从而将河西一带正式划归为大汉帝国的领土。而当帝国在河西设置郡县以后，西羌与匈奴之间的联系也就自然被横贯东西的河西走廊所南北隔绝而开，从而不得交通，这样，两者勾结应对大汉就变得异常困难。正是在这样的情况下，元鼎五年九月，在临夏以西和青海东北一带的羌人先零、封养、牢姐部落化解冤仇，结成同盟，并与匈奴人暗中相勾结，合兵十余万人，边郡令居县、安故县，甚至还包围了枹罕，一时间边关告急。

这种情况下，朝廷发陇西、天水、安定骑兵以及京都中尉、河南、河内士卒十万人，以李息与郎中令徐自为将，出兵讨伐。李息少年时从军，起初侍奉景帝，此后在武帝元光二年（公元前135年）六月，李息为材官将军，随御史大夫韩安国率领三十万大军参与马邑之谋。

元朔二年（公元前127年）秋，匈奴侵入辽西郡，杀死辽西太守；侵略渔阳郡、雁门郡，又败韩安国军，于是武帝以李息和车骑将军卫青分别出兵，李息从代郡出兵，卫青从云中郡出兵，一举夺回河南之地。元朔五年（公元前124年），卫青率兵三万出击朔方郡，时为大行的李息与岸头侯张次公领兵出击右北平，掩袭匈奴右贤王，右贤王措手不及，仅率数百人仓皇出逃。汉军俘获匈奴一万五千多人，其中包括右贤裨王十多人，此次战役汉军获得大捷。汉武帝任命卫青为大将军，封李息为关内侯，食邑三百户。此后，匈奴浑邪王密谋归顺大汉时，李息正统兵在黄河之畔修筑城池，在接待了浑邪王派来的使者后，李息马上派人飞驰京师长安，上报朝廷，正是他迅速将此消息上报，汉武帝才立即派霍去病领兵前往迎接。此番，汉武帝以此名将与郎中令徐自为率兵十万前去征讨，自然很是顺利了。在汉军平定了诸羌的叛乱后，汉武帝为了强化对羌人的管理，在枹罕设置护羌校尉，并以李息持节符领兵镇守，统领内附汉朝的诸羌部落。

是年，就在李息、徐自为率军平定西羌的同时，为打击匈奴，并与匈奴争夺对西域的控制，武帝再次开始对匈奴用兵。皇帝令公孙贺领兵一万五千骑从五原郡出击匈奴，而又以赵破奴出令居。史载，公孙贺率一万五千骑出五原两里至浮沮井，而赵破奴出令居数千里至匈河水，两路大军纵横数千里，但均未见匈奴。很显然，这是由于匈奴在武帝年间一系列连续反击中元气大伤，元狩四年（公元前119年）的漠北之战后更是远遁漠北，此使得公孙贺、赵破奴大军未遇见匈奴一人，而最终无功而返。

虽然大军出塞无功而返，但此后武帝从河西之战后设置的武威、酒泉两郡中又分置敦煌、张掖两郡，并徙民实边，巩固河西之地，切断其与羌族的交通，并利用之前张骞出使西域，联络月氏、大宛，以公主妻乌孙昆莫（王），拆散匈奴与乌孙的联盟，等等一系列的组合拳，使得匈奴人完全处于被压制的状况中，于是匈奴势力日削。

但匈奴人不会坐以待毙，他们利用自己所控制的一些西域国家，劫掠汉使，遮断道路，竭力破坏汉与西域的联系。为了确保西域通道，大汉帝国不得不在西域开始进行了一系列的战争，以展示帝国的尊严。史载，汉初，西域在匈奴的统治之下，包括楼兰、姑师在内的西域诸国皆役属于匈奴。楼兰、姑师国小，不愿为迎来送往所累，常劫掠往来使者、商人，并为匈奴充当耳目，杀汉朝使者。得知汉使被杀、道路被阻后，汉武帝在以从骠侯赵破奴率兵数万出兵楼兰和姑师两国。武帝命令数受楼兰追杀、拦截的王恢辅佐赵破奴，两人率军出西域后，赵破奴领七百轻骑为先锋，迅速攻破楼兰，俘楼兰王，自此楼兰降服于大汉。而姑师则同样被攻破，其国改称为车师，并分为八国（车师前国/后国及山北六国），其国余众越库姆塔格山投奔匈奴，自此之后，史籍将占有博格达山南北的姑师均记为车师。很显然，这次军事行动使得汉朝的军威大震，也使得乌孙、大宛等西域国家为之震慑。

匈奴闻楼兰降汉，遂发兵出击楼兰。楼兰不敢抵敌，只好分遣王子入质西汉与匈奴，向两面称臣。不过事实上，此时的匈奴并无力和大汉相争，自漠北大战后，匈奴单于在十余年间，更迭数次。当初，汉军在漠北大破匈奴军队，伊稚斜单于带着残军在与汉军战乱中逃走。因为伊稚斜单于月余内未与匈奴人联系，故而右谷蠡王认为伊稚斜单于已死于汉军之手，于是便自立为单于。但仅仅十余天后，伊稚斜单于与匈奴部落会合，故而右谷蠡王乃废除单于的称号。元鼎三年（公元前114年）伊稚斜单于死，其子乌维立为单于，其在位十年，便是死去。

在伊稚斜单于、乌维单于在位的这十几年间，匈奴避居漠北休养生息，而汉朝因人力、物资损失很大，以及为了征伐朝鲜、西羌及西南夷，同时经略西域，故而也暂时停止对匈奴的大规模用兵，两者之间大规模的战事其实并不多。乌维单于死后，其子乌师庐继位，因为他成为单于时年纪尚小，故被称为"儿单于"。

史载乌师庐年少，"好杀伐，国人多不安"，加上又遇天灾，牲畜多死，匈奴部众不安，此时汉朝在东部联合乌桓，西部派张骞两次出使西域，联络大月氏、大宛，以和亲（公元前105年，汉武帝封细君公主下嫁乌孙王）、通商的方式联合西域诸国，压缩匈奴的空间，故而太和元年（公元前104年）使人潜告汉，阴谋将乌师庐杀死。在听说匈奴左大都尉欲杀儿单于降汉，并要求大汉派兵接应的消息后，武帝遣因杆将军公孙敖在塞外筑受降城，驻兵以接应左大都尉，但次年，武帝认为受降城仍离匈奴太远，又以赵破奴为浚稽将军，令其率两万骑出朔方西北两千里接迎。

赵破奴本是九原郡人，曾经逃到匈奴地区。后来回归汉朝，担任骠骑将军司马。元狩二年（公元前121年），赵破奴升任鹰击将军，随军攻打匈奴右地，当时汉军正针对匈奴展开大规模的讨伐。骠骑将军霍去病、合骑侯公孙敖各领一路人马从北地郡出发，兵分两路，合击匈奴。博望侯张骞、郎中令李广各率一路兵马从右北平而出，大军分进合击，横扫北地。此战霍去病率军一路长驱直入，涉过西居延海，抵祁连山，大破匈奴。赵破奴在战中极为英勇，其率部冲锋陷阵，大破匈奴，临阵斩杀匈奴速吸王，俘稽且王、右千骑将以及王子、王母等三千多人，于是被封为"从骠侯"，食邑一千五百户。

元鼎五年（公元前112年），发生了"酎金夺爵"事，当时武帝鉴于景帝虽然平定了七国叛乱，但是侯王及其子弟依然独霸一方，仍然拥有各种特权，成为政治上很不安定的因素。元朔二年（公元前127年），武帝采纳主父偃的建议，颁布"推恩令"，规定诸侯王死后，除嫡长子继承王位外，可以推恩将王国的部分土地分给其他子弟为列侯。就在推行"推恩令"不久，淮南王刘安勾结衡山王刘赐谋反的阴谋于元狩元年（公元前122年）败露，于是刘赐和刘安妻被处死，刘安自杀，两国被废为郡，党羽死者数万人。此后，武帝颁布《左官法》和《附益阿党法》，不准官吏与诸侯王交通，并严禁诸侯王招宾客从事非法活动。就在这样的背景下，元鼎五年（公元前112年），汉武帝再次发难，其为祭宗庙，要列侯献酎金助祭。汉制，诸侯贡金以助祭宗庙称酎金。酎是一种优质酒，自四月至八月分三次追加原料反复酿成。汉文帝时规定，每年八月在道都长安祭高祖庙献酎饮酎时，诸侯王和列侯，要按封国人口数献黄金助祭，每千人贡金四两，余数超过五百人的也是四两，由少府验收。酎金之制即由此产生。诸侯献酎金时，皇帝亲临受金。如发现黄金的分量或成色不足，则要受罚，诸侯王削县，列侯免国。这种有关酎金的法令称为"酎金律"。此举是当时削弱和打击诸侯王及列侯势力，加强中央集权的一项重要律法。此番武帝由于列侯无人响应号召从军赴南越，于是以列侯所献的助祭酎金分量和成色均为借口，利用酎金不如法，夺爵一百零六人。此番坐酎金失律免侯的一百零六个列侯中，就有赵破奴。

元鼎六年（公元前111年），武帝欲给因军功封侯又因酎金失侯的赵破奴、公孙贺以复侯的机会，于是以赵破奴与公孙贺出兵匈奴，此战中，赵破奴率军直到匈河水，但却无功而还。而元封三年（公元前109年），大汉因楼兰攻劫汉朝使节，梗阻丝路，赵破奴又受命率军数万人攻破姑师，俘虏楼兰王，因功受封浞野侯。

自楼兰之战后，赵破奴便受命率军驻扎在朔方郡东地，以防匈奴。此次接到皇帝诏书后，赵破奴迅即率部从朔方郡出发，向北行进二千余里，欲至浚稽山接应，按照计划，汉军是会按照与左大都尉约定的日期，到达约定地点浚稽山，以候动静。但"事将发而被发觉，左大都尉被杀"，随后儿单于发左贤王所部攻赵破奴军，赵破奴得知情况后，迅速率军撤退，汉军退却途中不仅击败匈奴军，还俘虏数千人而归。但不幸的是，大军行至距受降城四百余里处时，却被追杀而至的八万匈奴铁骑包围。

被围之下，由于军中缺水，故而赵破奴亲自夜间出营寻找水源，但不慎为匈奴所俘。在俘虏了汉军统帅之后，匈奴趁机加紧围攻，汉军丧失主将，怕返汉被杀，不敢突围，遂全军覆没。此后，儿单于挟新胜之威，派骑兵攻受降城，不能下，乃入汉边大肆掳掠而归。不过赵破奴虽然被俘，但并没有屈服于匈奴。天汉元年（公元前100年），赵破奴与其长子赵安国寻机逃回大汉。

此战之后不久，乌师庐单于便是死去，因子年幼，于是右贤王呴犁湖继立，是为呴犁湖单于。呴犁湖单于在位仅仅一年，便是死去，于是匈奴贵族立其弟且鞮侯为单于。就这样，伊稚斜单于生三子皆成为了单于，分别为：乌维单于、呴犁湖单于及且鞮侯单于。

且鞮侯为单于初任匈奴左大都尉，汉武帝太初四年，在位仅仅一年的呴犁湖单于死，且鞮侯得以嗣位，但其为单于之初，匈奴已经处于在极为困难的状况中，由于太初三年（公元前102年）汉远征大宛取胜，自此"西域震恐，都遣使来贡献"，加之汉又在敦煌到盐泽（今罗布泊）之间设立了交通亭站，还在轮台（今新疆轮台东南）和渠犁（今新疆库尔勒）等处屯田，置使者校尉，以保护汉与西域诸国间的交通孔道，天山以南地区便在汉的控制下。匈奴虽然仍盘踞在天山以北，但已不能"自安"。这种情况下，且鞮侯单于恐汉兵乘机进袭，于是尽归还原拘留之汉使路充国等人，遣使至汉贡献，企图与汉交好。

应该说，汉远征大宛，在当时，于西域和匈奴的影响是很大的。

大宛乃是中亚古国，位于帕米尔西麓，锡尔河中、上游。该国出产良马，尤以汗血马著称，号称天马子。张骞第一次出使西域曾到过大宛，受到大宛王的热情接待。汉武帝听张骞说大宛出产良马，便遣使持千金及金马赴大宛求购。然而大宛王毋寡爱其宝马，不愿给汉，汉使以大军将至相威胁，并把金马击碎。毋寡认为汉远在东方，不会派大军远袭大宛，乃命东部属邑的郁成王袭杀汉使，掠走其财物。汉武帝闻使者被杀，财物被劫，不禁大怒，当即下诏发兵数万远征大宛。当时汉武帝正宠爱李夫人，欲使李夫人之兄李广利封侯，由于汉高帝规定无战功者不得封侯，于是汉武帝遂任李夫人的兄长李广利为贰师将军，赵始成为军正、浩侯王恢为向导、李哆为校尉，率属国骑兵六千及郡国恶少年数万讨大宛。因为目的是去贰师城取回良马，故号"贰师将军"。

此番出征，以李广利为将，其实就是皇帝想要让他立功封侯，以示对李家的宠幸，由于曾出使过大宛的姚定汉等人说："大宛兵力不强，若有不超过三千的精兵，加上强弓劲弩，就可将其一举击败。"而之前，赵破奴去攻打楼兰，他只率领前锋七百骑，便是破楼兰、俘楼兰王，故而轻视之下，太初元年（公元前104年）的这次出兵多少有些轻率了。

李广利率军出征后，才发现情况有所不对，一路所经西域各国不愿向汉军提供食粮饮水，并且闭城抗拒汉军。不得已之下，李广利只好率军逐个攻打，能攻取的，汉军可以得到一些粮食、饮水，而连攻数日不能下者，只好绕城继进。汉军一路消耗过大，到达大宛东境郁成城时，仅剩数千人，且个个饥饿疲困。郁成城守军顽强抵抗，汉军攻城不克，自身却是伤亡惨重。李广利见汉军锐气已尽，连郁成城都不能攻克，更何况大宛都城了，于是下令撤军，回到敦煌。

这次出征前后两年时间，汉军生还者不过十分之一二。此后，李广利上书请求罢兵，汉武帝大怒，下令不许李广利军一人入关，退入玉门关者立斩。李广利心中恐惧，只好屯兵敦煌。

此时，由于太初二年（公元前103年）夏，浞野侯赵破奴接应匈奴左大尉，其所部两万骑兵全军覆没。于是朝臣以为应停止进攻大宛，专力打击匈奴。但汉武帝认为，大军已发，却不能降伏大宛小国，有损大汉在西域的威望，而西域诸国也将轻视大汉帝国，不利于汉对西域的统治，因此天子坚持要征服大宛。不仅如此，皇帝将竭力反对出兵大宛的邓光等人下狱问罪，然后动员全国的力量准备第二次远征。

为了这一次出征，皇帝下令赦免囚徒，让他们从军，又调集恶少年及边骑六万人，交李广利统帅，加之大量自愿从军者，大军总数约十万之众。另外，还征集了牛十万头，马数万匹，驴、骆驼数以万计，驮运军粮及兵器弓弩等。此外，受命参与这次远征的校尉，就有五十余位。而由于大宛城的用水都是引自城外，汉武帝下令征集了大批水工，用以断其水源，并利用引水入城之孔道攻入城内。

与此同时，为加强边郡防卫，汉武帝还增调戍甲卒十八万，驻于酒泉、张掖以北，置居延、休屠两部都尉分统，卫宿敦煌，又发天下七科谪。这番大规模的动员在《史记·大宛列传》中被记载为"益发戍甲卒十八万，酒泉、张掖北，置居延、休屠以偹酒泉，而发天下七科适，及载糒给贰师，转车人徒相连属至敦煌。"

所谓七科谪，按照张晏的说法是："吏有罪一，亡命二，赘婿三，贾人四，故有市籍五，父母有市籍六，大父母有籍七。凡七科也。"即是指犯了罪的官吏、杀人犯、入赘的女婿、在籍商人、曾做过商人的人、父母做过商人的人、祖父母做过商人的人，以上人等多重利轻生，故此颇有战力。秦汉时，往往在正式兵役制度之外增加兵士的来源，以补充兵员之不足，而这些兵源大致包括贱民、刑徒、奴隶和少数民族兵等。

秦时兵制对士卒身份的规定很严格，无爵的"士伍"以下如贱民、罪犯、奴隶都没有资格服兵役。但是，这类人要从军作苦役、作奴隶兵，在军中享受最低的待遇，吃饭不给菜肴、攻城要冒锋矢负土填壕等等。这些人包括"商贾""逆旅"（旅店主）、"赘婿""刑徒""罪吏""亡命"，以及豪富之家的奴仆如"厮"、"舆""徒""童"等。

秦统一前，兵多是农家子，战斗力是很强的。荀子曾称赞秦兵是"功赏相长也，五家首而隶五家，是最为众彊长久"。而统一以后，秦始皇开始不再用农家子，而是用刑徒七科谪兵。也就是大秦帝国不征农家子服兵役，他对匈奴对岭南用兵，都是以刑徒为兵。自秦始皇三十三年（公元前214年）起，扩大了戍卒征兵的范围，称为"谪戍"，其中包括"吏有谪""赘婿""贾人""尝有市籍者""大父母、父母尝有市籍者"几类人，遣至南海、桂林、象郡戍边。西汉初，仍袭用秦代禁止商贾、刑徒、奴隶服兵役的制度。但至武帝时踵秦发"谪戍"之制，多次征发"天下谪民""谪戍""七科谪"从军。

一时间，去敦煌的路上，人车相连，络绎不绝。汉武帝还拜两位颇知马者为执驱马校尉，以待攻破大宛后挑选良马。经过一年多的准备，太初四年（公元前101年），汉武帝命李广利再度远征大宛。这次汉军人多势众，声势浩大，沿途小国不敢对抗，纷纷开城出迎，供给食粮和饮水。只有轮台抗拒汉军，闭城紧守。汉军攻数日，破城，屠轮台，此后无人敢挡。

此后为了便于沿途获得足够的食粮和饮水，汉军分作数队西进，李广利率主力三万人首先抵大宛。大宛出兵迎敌，被汉军杀败，宛军退守郁成城，企图如前次那样拖垮汉军。结果李广利吸取教训，不再与郁成城守军纠缠，而是绕过该城，直袭大宛都城贵山城。大军至贵山城后，汉军首先切断其水源，然后将贵山城团团包围，日夜攻打，连攻四十余日，破其外城，杀大宛勇将煎靡。

面对着这种情况，大宛国内终于发生内讧，其贵族多怨大宛王毋寡匿宝马、杀汉使，招致如此大祸，于是共同杀死毋寡，遣使持毋寡首级赴汉营求和，表示愿将良马驱出供汉军挑选，如果不许和，则杀尽良马，与汉军血战到底。

此时，康居来救大宛的援兵已经抵达，而李广利又获知贵山内城已有汉人帮助宛人凿井取水，且存粮尚多，于是与众将商议，首恶者毋寡已除，如果不许大宛降，其拼死坚守，汉军久攻不下，待汉军疲极，康居再来进攻，汉军就危险了，于是答应大宛的要求，停止进攻内城。大宛也赶出所有马匹，任汉军随意选取，同时还供给汉军大量粮食。汉军取其宝马数十匹，中等以下马三千余匹。又立大宛贵族中过去对汉亲善的眛蔡为大宛王，并与他盟誓后，方才撤兵东归。汉军始终未能进入贵山城内城。从此大宛附属大汉。

当初，李广利发兵敦煌西进时，认为人多，沿路各国无法供给粮食，就分为几部队，从南北两路进兵。此后李广利大军舍弃郁成城，西攻贵山城之时，在其大军之后，校尉王申生和曾任鸿胪之职的壶充国率千余汉兵到达郁成城。王申生向郁成城守军索要食物、饮水，结果，郁成人坚守城堡，不肯把粮食供给汉军。在被拒绝后，于是王申生依仗大军而轻视对方，急攻郁成。此时，李广利大军已西去两百里，郁成守军侦知王申生人少势孤，故而在王申生轻率地下令攻城后，便于一日清晨以三千兵马出城突袭汉军，斩杀了王申生等人，此路汉军全军覆没，仅数人逃脱，报知李广利。于是李广利命搜粟都尉上官桀攻打郁成城。激战一番之后，郁成城战败投降，郁成王逃往康居。随后上官桀率军追至康居，向康居要人。康居见大宛已破，遂将郁成王交与上官桀。上官桀令部下四骑士缚守诣大将军。途中四人相谓"郁成，汉所毒，今生将，卒失大事"。结果虽然欲杀，但没有人敢先动。最终上邦骑士赵弟拔剑将郁成王斩杀。

此番李广利征大宛，前后花了四年时间，汉军虽然在第二次远征中并未遇到重大伤亡，但由于将领不体恤士卒，大军到玉门关时仅余万余人。不过汉军击败大宛，还是意义很大的，此战之后，大汉威震西域，西域诸国纷纷遣子弟入汉贡献，并作为人质。此外，破大宛后，汉廷开始自敦煌以西至盐泽，沿途修筑烽燧亭障，并在轮台、渠犁一带实行军事屯田，置使者校尉管理，为去西域的汉使提供住处、食粮和饮水。

战后论功行赏，皇帝认为"万里而伐宛，不录过"，于是封李广利为海西侯、身斩郁成王者骑士赵弟被封为新畴侯、军正赵始成为光禄大夫、上官桀为少府、李哆为上党太守。军中被升为九卿的有三人，升为诸侯国国相、郡守等二千石的官员有一百多人，升为千石及千石以下的官员有一千多人。自愿从军者所得到的封赏都超过了他们的期望，因被判刑而从军的人也都将功抵罪。这次对士卒的赏赐，总价值达四万斤黄金。

其实汉武帝厚赏李广利，可能与其对李夫人的怜爱有关。史载，李夫人出身于普通平民家庭，她的父母兄弟均精通音乐，都是以乐舞为职业的艺人。李夫人的兄长李延年"性知音，善歌舞"，年轻时因犯法而被处腐刑，因而容貌更显俊美，歌也唱得很好，"每为新声变曲，闻者莫不感动"，《汉书》记载，元封年间（公元前110年—公元前105年）李延年在武帝前演唱《佳人曲》"北方有佳人，绝世而独立，一顾倾人城，再顾倾人国，宁不知倾城与倾国，佳人难再得"。汉武帝听完后叹息曰："善！世岂有此人乎？"平阳公主说："延年有女弟（女弟即妹妹）上乃召见之，实妙丽善舞。平阳公主说这位佳人就是延年的妹妹，于是武帝便召见延年的妹妹，果真"妙丽善舞"，其妹因此歌得幸，后来被武帝立为夫人，从此李夫人得到汉武帝的宠幸，并为汉武帝生下一子，即昌邑哀王刘髆。

按《汉书》说法，在李夫人得宠前，李延年的歌声便颇受武帝喜欢，不过按《史记》的说法，李延年是李夫人得宠后才引起汉武帝的注意。但可以明确的是，李延年的妹妹受封为夫人后，李延年荣宠一时，被封为乐府协律督尉，负责乐府的管理，"佩两千石印授，而与上卧起"荣宠一时。

然而时间不长，本就体质柔弱的李夫人在生下刘髆后不久，就委顿病榻，日渐憔悴。但武帝依然惦记着她，对其他嫔妃毫无兴趣，包括卫皇后子夫。后来，李夫人病重，汉武帝亲自前去探望她，李夫人蒙着被子辞谢道："妾长期卧病，容颜憔悴，不可以见陛下。希望能把儿子和兄弟托付给陛下。"汉武帝说："夫人病重，大概不能痊愈，让我见一面再嘱托后事，岂不快哉？"李夫人说："妇人容貌未曾修饰，不可以见君父。妾不敢以轻慢懈怠的态度见陛下。"汉武帝相劝："夫人如见我一面，将加赠千金的赏赐，而且授予你的兄弟尊贵的官职。"李夫人说："授不授尊官都在于陛下，不在于见妾一面。"汉武帝还是坚持一定要见她，李夫人便转过脸去叹息流泪，不再说话。于是汉武帝无可奈何，很是不高兴地起身离开了。

　　皇帝走后，李夫人的姐妹们都埋怨她，不该这样这么做，惹得皇帝发怒，称"贵人您为什么不可以见一见陛下以嘱托兄弟呢？难道这样痛恨陛下吗？"可李夫人说："我之所以不愿见陛下，正是为了能确实地托付兄弟之事。我因为容貌美好，得以从微贱地位获得宠爱。以美色事人者，色衰则爱意松懈，爱懈则恩义断绝。陛下之所以还能念念不忘来看我，正因为我平生美好的容貌，现在如见到我容貌毁坏，颜色非故，一定会厌恶抛弃我，还怎么会记得怜悯录用我的兄弟呢！"不久之后，李夫人即死。

　　史载，李夫人死后，汉武帝伤心欲绝，以皇后之礼营葬，并亲自督饬画工绘制他印象中的李夫人形象，悬挂在甘泉宫里，旦夕徘徊瞻顾，低徊嗟叹。由于对其思念不已，忽一日武帝梦到李夫人后，想与李夫人再见一面，便找来方士设坛作法。武帝在帐帷里看到烛影摇晃，隐约见一身影翩然而至，却又徐徐离去，便凄然写下：是邪？非邪？立而望之，偏何姗姗其来迟。武帝又自作赋以寄恨焉。

　　李夫人的死对于李氏家族的影响还是很大的，史载李夫人病去后，皇帝对李延年逐渐爱弛，不久之后，李延年因其弟李季奸乱后宫所连，被诛。所以事实上，当李广利回来时，一切都已经物是人非，李夫人已病逝，而李延年和李季，因为淫乱宫闱被汉武帝下诏诛族，只不过因为李广利正在攻打大宛未归，而未受李季牵连。

　　李广利回朝后不久，大宛贵族就认为汉军所立的国王昧蔡过于亲附汉朝，遂发动政变杀死昧蔡，另立毋寡之弟蝉封为国王，并派遣蝉封之子入汉朝为质。此后，大汉并没有采取报复行动，而是派使者向大宛赠送礼物加以安抚，并承认蝉封的地位。而作为条件，大宛同意每年向汉朝进贡两匹汗血马。之所以大汉没有采取报复，是因为事实上，李广利征大宛，汗血马只不过是一个借口而已，征大宛是汉武帝"西域战略"的一个重要组成部分。从战略上来看，征大宛并没有过错，因为汉匈多年对峙，如果汉朝不征服西域，那么一旦西域诸国与匈奴联合，将会对大汉带来很大麻烦，汉朝在征服西域和征服匈奴之间的选择中，如果征服匈奴失利，西域则会轻视汉朝，而且汉朝也将陷入危险之中，可通过征服大宛，威震西域，则使得匈奴孤立，使得大汉不会陷入两面受敌的威胁中。此外，在汉武帝看来西域都是蛮国，过去汉朝用"德抚"的效果不明显，没有武功，诸国是不会真正屈服的。诚然，汉军得胜仅一年多，大宛贵族就谋杀了昧蔡，立毋寡的兄弟蝉封为大宛王。但是，他们还是派了蝉封的儿子到汉朝当人质。而且，汉朝在敦煌和酒泉都设置了都尉，一直到西边的盐水，沿途都设有亭鄣。在轮台，汉朝留有屯田士卒几百人，积聚粮食，供给使团的饮食，加强了汉朝与西域交流，其意义不可小觑。

不过从战术上来看，汉武帝在征大宛上的失误却是很多，最重要的用人不当，李广利本就是平常之类，只是李夫人的缘故，才出任贰师将军，率军万里长征。正如刘向所说的那样"贰师将军李广利，捐五万之师，靡亿万之费，经四年之劳，而仅获骏马三十匹，虽斩宛王毋寡之首，犹不足以复费，其私罪恶甚多。"而汉武帝对于此人的重用，势必会给大汉帝国带来更大的灾难。

北海之滨
——李陵、苏武事件

其实武帝登基之后，大汉在不断讨伐匈奴的同时，也曾多次派使节前往匈奴，但匈奴人却往往会扣留了汉使，于是汉朝也扣留匈奴使节以相抵。譬如元封元年（公元前110年），汉武帝亲统十八万大军到北地，遣使谕告匈奴单于臣服，郭吉到匈奴后，晓谕单于归顺汉朝，单于大怒，遂扣留了郭吉。又譬如元封四年（公元前107年），匈奴派遣匈奴中身份尊贵人作为使者出使至汉，在汉突然病故，汉派路充国等送丧到匈奴，单于误以为是被汉朝杀死，扣留了路充国。史载，汉使前后有十余批人被匈奴所扣。

太初四年（公元前101年），且鞮侯单于嗣位后，恐遭汉袭击，于是称"汉朝天子是我的长辈"，尽归还路充国等原拘留之汉使。武帝赞许之，于是遣苏武以中郎将的身份，持节护送扣留在汉的匈奴使者回国，并赠礼于单于，以答谢。苏武同副中郎将张胜及临时委派的使臣常惠等，并士卒、斥候百余人一同前往。到了匈奴，赠送财物给单于。可且鞮侯单于却显得很是傲慢，很显然这不是汉所期望的。

此后，单于正要派使者护送苏武等人返回时，适逢缑王与虞常等暗中策划谋反。缑王是昆邪王姐姐的儿子，曾与昆邪王一起投降大汉，后来随同浞野侯赵破奴讨伐匈奴，兵败而降。缑王与虞常等计划要劫持单于的母亲阏氏返回汉朝，由于虞常在汉时，与张胜有旧，故而他私下拜访张胜，说："听说汉朝皇帝很恨卫律，我能替汉朝用暗箭射杀他。我的母亲和弟弟都在汉，希望他们能得到汉朝的赏赐。"张胜答应了他，并送给虞常许多财物。

卫律，因其父为归顺大汉、居住在长安长水（浐水支流）附近的胡人，故而卫律自幼生长在汉朝，其少年时，与协律都尉李延年交好，受到李延年举荐出使匈奴，等到使团返回时，正逢李夫人死后李延年、李季兄弟因犯淫乱之罪被灭族，卫律怕被株连，便选择投降了匈奴，匈奴单于喜爱他，史载，他常在单于左右，是为单于亲信。

趁着单于出外打猎，只有阏氏在，虞常等七十余人试图趁机起事，但事发之前，其中一人晚上逃走，向单于告密，于是事情败露，缑王等战死，而虞常被活捉。张胜听到这个消息，担心与虞常密谋之语被泄，于是就把情况告诉给苏武。苏武说："事情已发展到这个地步，一定会牵涉到我。受到侮辱之后才死，将更加对不起朝廷了。"于是便想要自杀，结果为张胜、常惠劝住。此后，虞常果然供出张胜。单于大怒，召集匈奴贵族商议此事，众人认为当杀汉使。可左伊秩訾却说："如果有人谋害单于，那又当如何加刑？不如将他们全部招降。"于是单于便派卫律召来苏武审问。

深陷困境的苏武对常惠等人说："屈节辱命，即使活着，有什么面目归汉！"说完拔刀自刺，卫律大惊，抱住苏武，"驰召医，凿地为坎，置煴火，覆武其上，蹈其背以出血。武气绝，半日复息。"听到这个消息后，单于很是佩服这位汉使的气节，于是派人早晚探问苏武的病情，但也拘捕了张胜等人。

苏武的伤势渐好转之后，单于便开始派使者劝他投降，又以卫律审虞常，试图借此使苏武投降。史载，卫律在亲手斩杀虞常后，称："汉使张胜谋杀单于亲近的大臣，罪当处死，但单于对愿意投降的人，可赦免其罪。"于是张胜请降。此后，卫律又对苏武说："副使有罪，你应当与他连坐。"苏武说："我本来没有参与密谋，又不是他的亲属，为什么要与他连坐？"

卫律说："苏君，我之前背弃汉朝归顺匈奴，幸而承蒙单于恩德，赐给我王号，使我拥有部众数万，马畜满山，富贵如此。若苏君今日归降，明天也会这样。否则被杀，白白葬身于荒野之中，有谁知道你为汉朝而死？"见苏武不予理睬，卫律又说："君因我降，与君为兄弟，今不听吾计，后虽欲复见我，尚可得乎。"苏武痛斥到"你为人臣子，不顾恩义廉耻，背叛君主和父母，投降蛮夷去做俘虏，我为何还要见你？况且单于信任你，让你裁决他人的死生，你却不出于公心，主持平正，反而要使两国之主相互争斗，自己坐观成败。南越杀汉使者，被屠为九郡；大宛王杀汉使者，他的头颅已被悬于汉宫之北阙；朝鲜杀汉使者，即遭灭国。独匈奴未耳。你明知我不降，如欲令两国相攻，则匈奴之祸从我始矣。"

卫律知道苏武不可胁迫，于是将情况告知单于。"单于愈益欲降之，乃幽武置大窖中，绝不饮食。"时天降大雪，于是苏武"卧啮雪与旃毛并咽之"，数日不死。匈奴以为他是神人，就将苏武迁至北海之上无人处，让他放牧公羊，称直到公羊产乳生崽，才可归汉。同时还把苏武与属吏常惠等分开，各置他所。由此，苏武开始了留居匈奴十九年持节不屈的生活。

得知汉使被扣押的消息后，天汉二年（公元前99年），汉武帝以匈奴降汉的介和王成娩为开陵侯（一称阏陵侯），率楼兰国兵击车师。匈奴遣右贤王率数万骑兵来救车师。汉军失利，退回。当年五月，武帝派遣贰师将军李广利率三万骑兵自酒泉出发，进击匈奴右贤王。李广利率军前进至天山，与匈奴相遇，得首虏万余级而还。但在回师途中，汉军却为匈奴主力包围，史载，汉军乏食数日，死伤甚众。假司马赵充国率壮士百余人溃围陷阵，贰师将军引兵紧随，最后方得突围。此战汉兵死伤十之六七，赵充国身被二十余创。贰师将军回奏武帝，武帝召见赵充国，亲视其创，并拜为中郎。而同时出征的因杅将军公孙敖领军出西河，与强弩都尉路博德在涿邪山会合，无所得而返。而大军出征时，又有骑都尉李陵自请领五千步兵击匈奴，而由此引发了武帝一朝中影响一时的"李陵案"。

李陵的祖父是汉朝名将，有"飞将军"之称的李广，他的父亲是李广长子李当户，曾为郎官，勇武过人，但李当户早死，李陵为遗腹子。成年后，李陵入宫为侍中建章监，因为善于骑射，且对人有仁爱之心，谦让下士，故而名声很好。武帝因李家世代为将，又认为李陵有其祖父李广的遗风，便是让他率领八百骑兵越过居延海深入匈奴境两千余里，查看地形。尽管没有遇到匈奴，但李陵的初次出征却使得他受到天子的格外信任，武帝随后将他升为骑都尉，率从丹阳郡招募来的五千屯楚兵驻于酒泉、张掖，教习箭术以防匈奴。

太初二年（公元前104年），汉武帝遣贰师将军李广利征大宛，万里长征持续数年之久，汉军战线过长补给困难，以至于出现了辎重自大宛一路相连至敦煌的情形。太初四年（公元前101年），李陵接到诏书，天子要求其率五校兵作为贰师将军的后续大军，向西进发。然而当李陵率五千汉军行至边塞时，却得知李广利已经得胜回军，而皇帝又诏令李陵以大军留屯原地，而率五百轻骑出敦煌，至盐水，迎接李广利回师。在接应李广利大军返回后，李陵率部退回张掖，驻屯在当地，训练屯卒。

此番李广利统领三万骑兵出酒泉，武帝在未央宫武台召见李陵，欲使之为李广利大军运送粮草辎重，然而李陵却并不愿意。他称自己所率屯边将士，都是荆楚勇士、奇才、剑客，力可缚虎，射必中的，望能自成一军独当一面，至阑干山南以分匈奴主力，使之无法集中力量威胁到贰师将军所率的大军。汉武帝认为李陵是不情愿担任李广利的裨将，于是推说征发大军太多，没有马匹拨给李陵。可李陵却说"不须给马匹，臣愿以少击多，只用五千步兵直捣单于王庭。"很显然，李陵的这番表态让武帝很是欣赏，不需要骑兵，用五千材官便横扫单于王庭，虽然李陵的这番话语多少有些自以为是，但汉武帝还是同意了他的出兵请求，并诏令强弩都尉路博德领兵在途中接应李陵军。

路博德曾为右北平太守，元狩四年（公元前119年）随霍去病北征匈奴，立下战功，官拜邳离侯。元鼎五年（公元前112年）四月，南越王相吕嘉谋反，杀害汉朝使者及南越王、王太后。汉武帝以路博德为伏波将军出桂阳，下湟水，又以杨仆为楼船将军，出豫章，下浈水，同时以归义越侯严为戈船将军，出零陵，下离水，越人甲为下濑将军，下苍梧，同时皆将罪人，江、淮以财楼船十万人，越驰义侯遗则别将巴、蜀罪人，发夜郎兵，下牂柯江，咸会番禺。元鼎六年（公元前111年）路博德与楼船将军杨仆等率军进击岭南，十月，平定叛乱，灭南越国，后将其属地岭南、交趾和海南诸地分置九郡，其中珠崖、儋耳两郡在海南。

太初三年（公元前102年），路博德为强弩都尉，筑居延塞，称"遮虏障"。后沿弱水岸筑长城接酒泉塞，遂成为历代屯兵设防重镇。后置居延县，为张掖郡都尉治所。此番皇帝要求路博德率兵在半道迎接李陵之军，以作侧应。可路博德曾为伏波将军，并且立功封，论资历与经验都在李陵之上，故而不甘为陵之后距，于是其奏称"方秋匈奴马肥，未可与战，臣愿留陵至春，俱将酒泉、张掖骑各五千人并击东西浚稽，可必擒也。"这话的意思是说，"现在刚进秋季正值匈奴马肥之时，不可与之交战，臣希望能等到春天时再与李陵各领酒泉、张掖五千骑从东西并击西浚稽山，到时必将获胜。"

汉武帝见此奏章，"疑陵悔不欲出而教博德上书"，大怒，乃诏博德："吾欲予李陵骑，云'欲以少击众'。今虏入西河，其引兵走西河，遮钩营之道。"诏陵："以九月发，出庶虏鄣，至东浚稽山南龙勒水上，徘徊观虏，即亡所见，从浞野侯赵破奴故道抵受降城休士，因骑置以闻。所与博德言者云何？具以书对。"从这段文字来看，汉武帝见路博德的上表后，心里怀疑李陵是怯战才串通路博德上此奏书的，传诏训斥路博德："我想给李陵马匹，他却说什么'要以少击众'，现在匈奴侵入西河，速带你部赶往西河，守住钩营之道。"很显然，皇帝在下诏训斥路博德的同时，明确要求路博德进军钩营，截断入侵西河的匈奴军的退路，而又传诏李陵："应在九月发兵，应从险要的庶虏鄣出塞，到东浚稽山南面龙勒水一带，徘徊以观敌情，如无所见，则沿着浞野侯赵破奴走过的路线抵受降城休整，将情况用斥候回朝报告。至于你与路博德说了些什么？一并上书说清楚。"也就是令李陵九月出塞至东浚稽山，刺探匈奴的行踪与虚实，然后撤退返回，派遣轻骑汇报见闻，同时明确要求李陵交代所谓的和路博德私下串通之事。

接到皇帝的严旨后，李陵只好匆匆率领步卒五千，兵出居延。大军向北行军三十日，到浚稽山下驻营，而后将沿途所经的山川地形绘成地图，派遣麾下部将陈步乐送至长安，回朝禀报。皇帝召见陈步乐，陈步乐称李陵治军有方，将士死力效命，于是汉武帝很高兴，陈步乐为郎官。

可就在这时候，正在浚稽山的李陵所部却陷入到了一场危机之中，其部与匈奴大军遭遇，被三万骑兵所围。李陵率军驻屯在两山之间，以大车作为营垒，随后领兵出营垒列阵，前排士卒持戟、盾，则后排军士手持弓弩。令曰："闻鼓声而纵，闻金声而止。"匈奴见汉军人少，径直扑向汉军营垒。结果李陵挥师搏击，千弩齐发，匈奴兵应弦而倒，死伤惨重，大败之下，匈奴军败窜上山汉军追击，杀匈奴兵数千。

很显然，此战中，汉军的强弓劲弩发挥出了很大的作用。弓箭早在蒙昧时代就出现了，是人类渔猎的重要武器，弓必须依靠射手的臂开张，只能即拉即发，而弩由于弩机和弩臂的作用，使开弓和发射程序可以分隔开来，除了臂张之外，还可以用撅张、腰引或多人的力量来开弓，弩弓的射力更大、射程更远，杀伤力也更大，而且射手在捕捉攻击目标时可以借助望山从容进行瞄准操作，故而其命中率也更高。

弩的起源可以追溯到史前时期，《古史考》记有"黄帝作弩"的传说，《吴越春秋》则记载了楚琴氏"横弓着臂，施机设枢"，称"弩是羌人攻围赤亭时，虞诩乃令军中，使强弩勿发，而潜发小弩，羌以为矢力弱不能至，并兵急攻，诩于是使二十强弩共射一人，发无不中，羌大震，退"。此外为了增强弩矢的杀伤力，这一时期还出现了"以毒药傅矢"之术，也就是所谓的"毒箭"。自战国以来，由于弩在步、骑作战中的效用越来越大，故而秦汉时候，弩已经成为军中不可缺少的武器。汉时，汉军、郡国兵中的"材官"有设置有"撅张士"、"射士"、"迹射士"，此外还有"强弩将军"、"强弩司马"、"强弩都尉"等职。

史载汉代的步卒多出自三河、颍川、沛郡、淮阳、汝南、巴蜀，这些地方"多材官"，以擅射、能博而出名，而李陵所率五千材官皆招募自丹阳郡。史载，所谓的丹阳郡，汉武帝建元二年（公元前141年），更秦鄣郡为丹阳郡，治宛陵（今安徽省宣城市宣州区），郡以境内丹阳县（今安徽当涂县丹阳镇）而名。此谓"汉郡"。领宛陵县（今安徽宣城）、秣陵县（今江苏南京）、丹阳县（今安徽当涂）、江宁县（今属江苏南京）、江乘县（今江苏南京栖霞区大部分）、溧阳县、胡孰县（今属江苏南京）、於赞县（今属浙江）、春谷县（今安徽铜陵）、故鄣县（今浙江安吉）、泾县（今属安徽）、石城县（今属安徽）、陵阳县（今安徽青阳）、芜湖县、黝县（今安徽黟县）、宣城县（今属安徽）、歙县（今属安徽）、句容县（今江苏句容）等县。汉武帝元封五年（公元前106年）初设刺史部十三州，丹阳郡属扬州。这里自古以来就是吴越之地，而吴越又以步兵而闻名天下。三国时，此处以"丹阳兵"而闻名，袁术曾经以"此地精兵辈出而闻名"来评价丹阳，那些出身于丹阳一带的精壮兵士为各路诸侯所竞相招募，譬如长沙孙坚为荆州牧刘表的部下黄祖所杀后，其子孙策就曾在投奔自己的舅父、时为丹阳太守的吴景时，招募五百丹阳兵，继而去依附袁术，后建立功业。三国末年，吴国丹阳太守沈莹曾率丹阳锐卒、刀楯五千，三冲晋兵，可谓是名噪一时。

此番匈奴人在这五千汉军面前自然不占上风了，史载"单于大惊，召集左右地八万多骑合力进攻李陵军"，也就是大惊之下，单于召集左贤王、右贤王部八万多骑兵一起围攻李陵。面对强敌，李陵率部向南且战且走，数日之后被困在一处山谷中，此时由于连日苦战，汉军损失也很大，很多士卒中箭受伤，于是李陵他下令三处受伤者便用车载，二处受伤者驾车，一创者则继续作战。被围之下，李陵发现士气低下，故而心疑军中藏有女人，于是称"吾军士气不如前，又鼓不起来，是何原因？莫非是军中有女人么？"原来，当初大军出发时，关东群盗妻女徙边者，多随军为卒妻妇，这些女人大多藏匿在车中。于是李陵下令将藏在随军车辆中女子尽皆搜出，全部斩杀。次日再战，汉军果然斩匈奴首三千多。随后李陵引兵向东南而去，大军沿着龙城旧道行军四五日，为大泽所阻，匈奴人在沼泽边上的芦苇地里放火，试图以火攻，而李陵也命令军中放火，烧出一片空地以自救。此后，汉军继续南行，至一山下。单于在南山上，派遣其子亲率骑兵向汉军发起冲击，李陵军利用地形与匈奴人在树林中展开步战，又杀匈奴兵数千，并发连弩射单于，单于下山退走。

这一日的苦战后，李陵捕得俘虏，从他口中得知匈奴军中情况，俘虏供称：单于认为这是汉军精兵，久攻不能拿下，却日夜向南退走，定是要把匈奴大军引到塞边，如果汉军设伏，那么匈奴大军将会陷入困境，所以不应该再继续追此路汉军了。但其他匈奴贵族则认为，单于亲自率领数万骑兵无法消灭汉军，那么会使匈奴在周边小国中的威信扫地，也使汉人越发轻视匈奴。所以应在山谷间继续猛攻汉军步军，如果还是不能击溃汉军，那么到那时便只能退兵。因为在此山谷之中，即使不能破敌，返回也来得及，毕竟这里距离平原还有四五十里地。

于是这一日，李陵军处境更加险恶，众多匈奴骑兵猛攻数十次，鏖战彻日，匈奴兵又死伤二千余人，见不能取胜，匈奴军遂准备撤走。恰逢李陵军中有一个叫管敢的军侯，因被校尉所辱，遂逃出投降了匈奴。此人出卖了李陵及自己的袍泽，其对匈奴单于说，李陵军并无后援，且箭矢已尽，只有李陵将军麾下和成安侯韩延年麾下各八百人排在阵式前列，两军分别以黄白二色作旗帜，只需派精兵射杀旗手即可破阵了。单于得到管敢，大喜，命骑兵合力攻打汉军，同时截断汉军退路。当时李陵所部处在山谷底，于是匈奴军依仗山势，居高临下，一时间矢如雨下。

汉军坚持南行，未等冲到鞮汗山，一日之中，便将五十万支箭全部射光，随后汉军便丢弃战车继续南撤。当时，李陵军还有三千余人，但由于缺乏箭矢，于是一些没有刀矛的士卒只能斩断车轮辐条、军中的文吏则手持用来削刮简牍的尺刀，将士抵山入峡谷。匈奴人自在险要处投下垒石，汉军伤亡惨重，很多士卒被砸死砸伤，大军遂不能前进。

日落黄昏后，李陵换上便衣独步出营，拦住左右说："毋随我，丈夫一取单于耳！"过了很久，李陵绝望地回到营中，叹息说："兵败如此，惟求一死！"有军吏劝他可以效仿当年浞野侯赵破奴，即使被匈奴俘虏也应先保全性命，然后寻求机会返汉，其称"将军威震匈奴，陛下不会让您死，以后可想别的办法回去，像浞野侯（赵破奴）虽被匈奴俘获，但后来逃回去，陛下仍以礼相待，何况对将军您呢！"可李陵却说"公止！吾不死，非壮士也。"于是拒绝之，并下令将旌旗砍断。在长叹"复得数十矢，足以脱矣。今无兵复战，天明坐受缚矣！各鸟兽散，犹有得脱归报天子者。"后，李陵令大军解散，军士人持干粮二升，大块冰，期约定在边塞遮虏鄣会合。夜半时，击鼓起士，鼓不鸣。随后，李陵与成安侯韩延年各自上马，率十余名士卒冲出重围，匈奴数千骑兵紧追，韩延年战死。而后，李陵长叹："我无脸面去见陛下呀！"于是下马投降。而四散逃离的汉军逃回塞内的仅四百余人。

李陵兵败之处离边塞只有百余里，边军很快获得消息并传回了长安。消息传来之初，李陵生死不明，武帝猜测李陵已战死，就把他母亲和妻子召来，便召相士来观察李陵的家人以确认李陵的生死，却发现其家人都没有死丧的面相，这意味着李陵还活着。后来得知李陵已降匈奴，武帝大怒，责问事前称颂李陵的陈步乐，羞愧之下，陈步乐自杀。

当时朝中大臣都认为李陵叛降，全家当诛，只有太史令司马迁为李陵辩解，他认为李陵兵败投降是因为"矢尽道穷，救兵不至"，而且李陵是希望"欲得其当而报汉"。李陵虽然兵败，但是他以少胜多，以弱胜强，"其所摧败，功亦足以暴于天下"。由于当时除了李陵军的东线作战溃败之外，与右贤王交战的李广利军也在回师时，被匈奴大军围困，险些全军覆灭，于是汉武帝认为司马迁是想借李陵之功诋毁贰师将军，是试图以诋毁贰师将军为李陵说情。而在这之前，司马迁撰写《史记》时，汉武帝翻阅《孝景本纪第十一》和《今上本纪第十二》后，认为司马迁的叙述有意贬损自己，不禁勃然大怒，命人削去了书简上的字，并把这些书简扔掉了。可见当时汉武帝对司马迁已经甚为不满，这种情况下，汉武帝在大怒下将司马迁投入牢狱，以"诬罔"（欺骗皇帝）的罪名判处死刑。当时的死刑有两种方式可以充抵，第一种是"令死罪入赎钱五十万减死一等"。另一种是按照汉景帝时期所颁布的法律"死罪欲腐者，许之"，处以腐刑（阉割）。由于没有足够的金钱可以赎身，司马迁只得接受腐刑。对此他曾表示过"祸莫憯于欲利，悲莫痛于伤心，行莫丑于辱先，而诟莫大于宫刑。刑余之人，无所比数，非一世也"。

不过汉武帝倒也不是仅以怒而判事，皇帝很后悔自己不该催李陵出兵，同时悔悟到李陵军覆灭，是无救援所致，天子称李陵出塞之时，本来诏令强弩都尉接应，只因受了这奸诈老将奏书的影响又改变了诏令，才使得李陵全军覆，于是便派使者犒赏自塞外而回的李陵残部，同时心有不甘的汉武帝又在国内大规模征发，于天汉四年（公元前97年），遣贰师将军李广利率领六万骑兵、七万步兵出朔，又以因杅将军公孙敖率领骑步兵三万出雁门，游击将军韩说率领步军三万出五原，三路并击匈奴。又派强弩都尉路博德率领步兵万余人接应李广利军。其中公孙敖所部需深入匈奴腹地"以迎李陵"。

匈奴得知后，且鞮侯单于袭用伊稚斜故技，移辎重于余吾水（今蒙古国土拉河）北，自统兵十万列阵水南，以待汉军。双方战十余日，不分胜负，李广利引兵而回，而韩说所部则无所得，至于公孙敖部，则因与左贤王战，损失士卒众多，见战局于己不利，于是收兵而回。

无功而返的公孙敖，为了避免罪责便对武帝谎称"捕得生口，言李陵教单于为兵以备汉军，故臣无所得"。这也就是说，听俘虏讲，李陵在帮单于练兵以对付汉军，所以无法接应他。武帝大怒，下诏夷灭李陵全族，其母亲、兄弟和妻子尽皆被诛杀。而李氏本是陇西有名望的大族，此番之后，陇西一带士人都以李陵不能死节而累及家室为耻。

据载，此后汉匈再次通使，有汉使到匈奴，李陵责问汉使"我为汉朝领步卒五千横扫匈奴，因无救援而败，有什么对不起汉朝的？为何要杀我全家？"使者说："陛下听说李少卿在为匈奴练兵。"得知缘由后，李陵表示为匈奴练兵的不是自己，而是投降匈奴的汉军塞外都尉李绪，李绪本是率部驻屯奚侯城，后匈奴来攻，因为怕死，故而便投降了匈奴。

因为愤恨自己全家因其被杀，于是李陵派人刺杀李绪。匈奴大阏氏震怒之下想要杀掉李陵，单于只好把他派到北方藏起来，直到大阏氏死后方才将之召回。

很显然，当初武帝夷灭李陵全族，是令李陵伤心欲绝的，从此彻底断绝了回归汉朝的想法。单于很看重李陵，把女儿嫁给他，立他为右校王，立卫律为丁灵王。根据《汉书》记载，昭帝即位后，大将军霍光、左将军上官桀辅政，二人素来与李陵很好，于是以李陵故友陇西人任立政出使匈奴，试图招李陵归汉。任立政等到匈奴后，单于置酒款待，李陵、卫律都在座。他们虽见到了李陵，但不能私下讲话，便用目光向李陵示意，又几次把佩刀上的环弄掉，趁捡环时握住李陵的脚，暗示他可以归汉。此后李陵、卫律备牛酒慰问汉使，一起博戏畅饮，他们都穿着匈奴的服装蓄着匈奴发式。他们不仅接受了匈奴的官职与婚姻，也接受了他们的文化，改换自己的服装习俗，彻底地融入到了游牧民族的生活之中。任立政大声说："汉已大赦天下，国内安乐，陛下年少，由霍子孟、上官少叔辅政。"很显然，任立政试图以此言使李陵动心，但李陵沉默不语，而是不经意地摸着自己的头发说："吾已胡服矣！！"而后，卫律起身更衣，任立政说："少卿，少卿良苦，霍子孟、上官少叔让我向你问好。"李陵说"霍公与上官大人可好！"任立政叹息道："他们请少卿来归故乡，毋忧富贵。"李陵小声对任立政说："少公，我回去容易，只怕再次蒙受耻辱，奈何！"话未说完，卫律更衣而回，颇闻余语，于是说："李少卿是贤能之人，大可不必只在一国居住，当年范蠡遍游天下，由余从西戎到秦国，今日还谈什么故国之类。"说罢告辞了。而任立政目瞪口呆，随即对李陵说："你也是这个意思么？"李陵言："大丈夫不能反复无常，再次蒙羞。"于是拒绝归汉。史载李陵在匈奴二十多年，大概是在元平元年（公元前74年）时病死。

根据史料的记载，李陵在匈奴时，曾与苏武有过接触。当初，苏武与李陵都为侍中，苏武出使匈奴的第二年，李陵投降匈奴，但一直以来，他都不敢访求苏武，而苏武自到北海后，没有粮食，只能掘野鼠所储藏的果实为食，但就算这样，他也依然不肯屈服。史载，苏武手持汉节牧羊，起居都拿着，以致节上的牦牛尾毛全部脱尽。数年之后，单于的弟弟于靬王到北海打猎时，见苏武会编结打猎的网，矫正弓弩，于是颇为器重他，供给他衣服、食品。三年后，于靬王大病，自知不起，乃赐苏武马匹、牲畜、服匿、穹庐，后于靬王死，其部族便是尽皆迁离。这年冬天，丁令人盗去了苏武的牛羊，于是苏武又陷入了穷困。

也就在这个时期，单于派李陵去北海，为苏武设酒宴和歌舞。李陵对苏武说："单于听说我和子卿你交情深厚，所以让我来劝说你，他真心希望你能成为匈奴的臣子。你到死也不能归汉，白白在没有人的地方让自己受苦，即使坚守信义又有谁能看见呢？先前长君（苏嘉的字）做奉车都尉，随从圣驾至雍的棫阳宫，皇帝扶辇下除，撞到柱子折断车辕，被指控为大不敬，伏剑自刎，皇帝赐钱二百万作为丧葬费。孺卿（苏贤的字）随从圣驾祠河东后土，宦骑与黄门驸马争船，把驸马推到河里淹死了。宦骑逃亡，皇帝下诏让孺卿追捕，没抓到，孺卿惶恐服毒自杀。我来的时候，你的母亲已不幸去世，我送葬至阳陵。你的妻子年少，听说已经改嫁了。只有两个妹妹，两个女儿，一个儿子，从你离家至今已经十几年了，是不是还活着也不知道。人生如朝露一般短，为什么要让自己受这么久的苦呢！我刚投降的时候，也痛苦的像发疯一样，恨自己背叛了汉朝，你不想投降的心情，难道比得过我当初？况且陛下年事已高，法令无常，大臣无罪被杀、被灭族的有数十家，连自身安全都无法保证，你还顾得上别人么？请听从我的建议，不要再说别的了。"

然而苏武不为所动，他称自家历代受国家恩养，都是因为陛下才能位列将帅，获爵封侯，兄弟为近臣，子事奉君主，就如同儿子事奉父亲。儿子为父亲而死没有什么遗憾的。此后，李陵与苏武共饮了几天，又说："你一定要听从我的话。"苏武却说："我早就已经死了！右校王（李陵在匈奴的爵位）如果一定要让我投降，就请停下今日的欢宴，我直接死在你面前！"李陵见苏武如此真诚，喟然长叹道："真是义士啊！我和卫律的罪过上通于天！"说着眼泪直流，浸湿了衣襟，诀别苏武而去。此后，李陵自觉无脸亲自送礼物给苏武，让他的妻子送给苏武几十头牛羊，以使之能够不再苦寒。后李陵又到北海，对苏武说："区脱地区捕得云中的活口，说太守以下的吏民都穿着白衣，说皇帝驾崩了。"苏武听了，向南大哭，吐血，每天早晚哭吊数月之久。

武帝后元二年（公元前87年），昭帝即位，匈奴和汉朝达成和议。汉朝寻求苏武等，匈奴谎称苏武已死。后汉使又到匈奴，常惠面见了汉使后，将这十几年在匈奴的情况告知汉使，并对汉使说，只有对单于称"汉天子在上林苑中射猎，射得一只大雁，脚上系着帛书，上说苏武等人在北海。"汉使听后，大喜，照常惠所说的话去责问单于。单于看身边的人非常惊讶，向汉使道歉说："武等实在。"于是乃放归苏武。

与苏武相别时，李陵设酒筵以待，他说："今足下还归，扬名于匈奴，功显于汉室，虽古竹帛所载，丹青所画，何以过子卿！陵虽驽怯，令汉且贳陵罪，全其老母，使得奋大辱之积志，庶几乎曹柯之盟，此陵宿昔之所不忘也。收族陵家，为世大戮，陵尚复何顾乎？已矣！令子卿知吾心耳。异域之人，壹别长绝！"言罢，李陵起舞，唱道："径万里兮度沙幕，为君将兮奋匈奴。路穷绝兮矢刃摧，士众灭兮名已聩。老母已死，虽欲报恩将安归！"说罢泪下纵横，乃与苏武诀别。

此后，单于召集苏武的属下，除了已经投降匈奴和死在匈奴的，随苏武归国者，仅有九人，匈奴乃使之归汉。昭帝始元六年（公元前81年）春，被扣留匈奴长达十九年之久的苏武回到长安。昭帝诏武奉一太守谒武帝园庙，官拜为典属国，俸禄中二千石；赐钱二百万，官田二顷，住宅一处。常惠、徐圣、赵终根都官拜中郎，赐丝绸各二百匹。其余六人因年老而返乡，各赐钱十万，终身免徭役。不过苏武却将所得赏赐，尽以施予昆弟故人，家不余财。于是皇后父平恩侯、帝舅平昌侯、乐昌侯、车骑将军韩增、丞相魏相、御史大夫丙吉皆敬重武。昭帝始元七年（公元前80年），左将军上官桀、骠骑将军上官安父子与御史大夫桑弘羊、燕王刘旦、鄂邑公主谋反，苏武之子苏元因参与阴谋，而被处死，但苏武却并没有被卷入其中。

昭帝元平元年（公元前74年），宣帝即位，此时苏武年事已高，宣帝怜其无后，于是问左右："武在匈奴久，岂有子乎？"苏武通过平恩侯许广汉向宣帝陈述："前发匈奴时，胡妇适产一子通国，有声问来，愿因使者致金帛赎之。"宣帝许之。后苏通国随汉使回汉朝，宣帝命其为郎。从这里来看，苏武在匈奴时，和李陵一样，也是娶有匈奴女，并生子的。

因苏武持节牧羊十九年，而不背汉，故而去世后，汉宣帝将其列为麒麟阁十一功臣之一，彰显其节操。而李陵，则以一个悲情人物的形象留名于史书之中。蔡东藩先生曾经评论苏武与李陵，称"苏武去使，已为多事，若李陵部下，只五千人，身饵虎口，横挑强胡，彼即不自量力，冒险轻进，武帝年已垂老，更事已多，安得遽遣出塞，不使他将接应，而听令孤军陷没耶？苏武不死，适见其忠；李陵不死，适成为叛。要之，皆武帝轻使之咎也。武有节行，乃使之困辱穷荒；陵亦将才，乃使之沈沦朔漠。两人之心术不同，读史者应并为汉廷惜矣。"

第三章　青冢怨

丧师于野

——狐鹿姑单于时匈奴的情况

自漠北之战后，匈奴势力日益衰落，史载漠北之战给匈奴以惨重打击，甚至出现了"匈奴远遁，漠南无王庭"的局面。从此，匈奴北徙漠北并西迁。而汉北自朔方，西至令居（甘肃永登），以六十万吏卒屯田，开疆辟土，建城修塞，于是长城内外"马牛放纵，畜积布野"，强大而不可一世的匈奴帝国开始逐步走向衰落。而张骞出使西域，不仅开辟了丝绸之路，汉使到达了大宛、康居、大月氏、大夏、安息、身毒（即印度）、于阗、扜罙、犂轩等诸国，沟通了西域与帝国，而且还使得匈奴进一步被孤立，这种情况下，匈奴虽然有心改变自身的处境，但在大汉的赫赫武功前，却是徒劳挣扎罢了。

汉武帝时，大汉国力强盛，汉军不仅大破匈奴，而且远征大宛，降服西域，在那个时候，汉军所向，尽皆披靡。南越、闽越、夜郎、朝鲜诸国尽皆为汉所灭。

汉武帝元鼎五年（公元前112年）时，南越内乱，王相吕嘉杀南越哀王赵兴、樛太后和汉使辩士谏大夫终军，破韩千秋军，武帝大怒，遣伏波将军路博德、楼船将军杨仆等兵分五路沿水道征讨南越，次年亡灭南越，分其土为立南海、儋耳、珠崖、苍梧、郁林、合浦、交趾、九真、日南九郡。秦末时由南海郡尉赵佗起兵兼并桂林郡和象郡所建而成的南越，就这样成为了被汉所灭的第一个国家，而同年秋，汉军又出兵讨伐闽越。

其实早在武帝登基之初，武帝就曾遣兵攻闽越，建元三年（公元前138年）闽越举兵围东瓯，东瓯向汉廷告急，于是武帝派中大夫严助征调会稽郡兵，前去救东瓯。汉兵未至，闽越王郢便撤兵而退。东瓯王因担忧闽越再攻，于是便主动向汉廷请求举国内附，史载，东瓯四万多人迁移庐江郡后，东瓯之地遂为闽越占有。但在建元六年（公元前135年）八月时，闽越王郢又举兵于冶南，犯南越边邑。南越王上书汉廷告急。武帝即命大行王恢出豫章、大农韩安国出会稽，征讨闽越。大军压境下，闽越王派兵扼险抗汉，结果郢弟余善与宗族合谋杀郢，请免交战，于是武帝即命王恢、韩安国退兵，封未参与谋乱的无诸孙繇君丑为越繇王。后因余善在王国内威望高，"国民多属"，繇王无法节制。武帝不愿再次兴兵，于是封余善为东越王，与越繇王并处。南越相吕嘉反汉，武帝兴兵灭南越时，余善亦起兵反汉，自立为武帝。于是汉武帝发四路大军入闽。元封元年（公元前110年）冬，各路汉军进至东越境内，横海将军韩说的水军更是进占东冶，被余善"劫守"到闽北繇王居股遂与建成侯敖合谋，杀余善降汉。汉武帝以"东越狭多阻，闽越悍，数反复"，"终为后世患"为由，诏命将闽越民众全部迁往江淮间安置。闽越遂亡。

此后，汉武大帝又将目光投向了川地，建元六年时（公元前135年），汉武帝拜唐蒙为郎中将，从巴蜀笮关入夜郎，招降了夜郎侯多同，将其地划入犍为郡。此后，因蜀郡之西的邛、笮（西夷）部纷纷请求归附，"如南夷（夜郎）例"，而又有"蜀人司马相如亦言西夷邛、笮可置郡"，故而在元光五年（公元前130年），武帝命司马相如使西夷，在西夷邛、笮地区设一都尉，十余县，均属蜀郡管辖。元狩三年（公元前120年）时，大汉开始全面开拓西南夷，当元鼎六年，平南越时，汉军趁势"行诛隔滇道者且兰，斩首数万，遂平南夷为牂牁郡。夜郎侯始依南粤，南粤已破，还诛反者，夜郎遂入朝。上以为夜郎王"。接着又诛反汉的邛君、笮侯，汉军威势之下，冉駹等部皆震恐，请求置吏，于是大汉便"以邛都为粤（越）嶲郡，笮都为沈黎郡，冉駹为文山郡，广汉西白马为武都郡"。将蜀西部的西夷之地完全纳入大汉帝国的统治之下。

而后，汉又以诛南夷兵威招降滇王，但遭到滇的联盟诸部劳浸、靡莫的激烈对抗，于是元封二年（公元前109年）武帝下诏，出兵击灭劳浸、靡莫，继而"以兵临滇"，这种情况下，"滇王始首善，举国降，请置吏入朝"。于是汉在滇国境内设益州郡，赐滇王印，令其复长其民。至此，大汉王朝基本上将西南夷故地纳入帝国的疆土。

与此同时，在帝国的东北方向，汉廷也展开了经略。也就是说，根据考古所得，在数十万年前，朝鲜半岛之上已有原始人类居住，而朝鲜半岛的旧石器时代始于公元前五十万年，公元前十世纪开始进入青铜器时代。公元前四世纪进入铁器时代。而至于朝鲜族人的起源有多种不同的说法，目前韩国官方采用传说檀君古朝鲜为韩国与朝鲜历史开端。不过所谓的"檀君朝鲜"其实不过是一个关于朝鲜人起源的神话传说，是后世朝鲜半岛对传说中檀君所建立的国家的一种称呼而已。自从高丽以降，史学家对檀君故事向来持有怀疑态度，普遍认为檀君故事纯系神话传说，不可视为信史，更不可写入正史。因为首先，故事本身荒诞不经，毫无事实根据。而朝鲜半岛的历史大概最早应该从"箕子朝鲜"开始算起，而朝鲜半岛自武王灭商，遗臣箕子率五千商民东迁，建立"箕氏侯国"以来，便与中国有着割不断、剪不断的联系了。

箕子受封建立朝鲜箕氏王朝后，促进了朝鲜半岛的文明开化。据《汉书·地理志》记载，箕子入朝鲜后，带去了先进的殷商文化。他以礼义教化人民，又教给耕织技术。受殷商文明的影响，朝鲜半岛社会有了迅速的进步，产生了自己最早的成文法——《乐浪朝鲜民犯禁八条》：相杀以当时偿杀；相伤以谷偿；相盗者男没入为其家奴，女子为婢，欲自赎者，人五十万。

转眼八百年过去了，中原已经大乱，经历了西周、东周春秋战国、秦统一及二世大乱后，汉高帝刘邦于长安建立大汉帝国，高帝十一年燕王卢绾反，次年，事败，将军卫满出奔"箕子朝鲜"，卫满率领部属刚来朝鲜时，得到朝鲜王箕准的礼遇。箕准拜他为博士，赐给圭，封给西部方圆百里的地方。箕准的目的很清楚，就是希望通过卫满，来为他守护西部边境。然而卫满是个很有政治野心的人，他利用封地为依托，不断招引汉人流民，积聚自己的政治、经济力量。

后来羽翼已丰的卫满，派人向箕准假传汉朝要派大军来进攻，请求到准王身边来守护。箕准不知是诈，许诺了卫满的请求。于是卫满趁此机会，率军向王都王俭城（今朝鲜平壤）进发，一举攻占王都后，自立为王，国号仍称朝鲜，历史上称其为"卫氏朝鲜"。箕准战败后，逃到了半岛南部的马韩地区。

卫氏王朝建立后，控制了朝鲜半岛的北部地区，与西汉燕地相邻。此时正值西汉惠帝时期，天下初定，辽东太守经汉廷批准，主动与朝鲜国王卫满相约：卫满为汉朝藩属外臣，为汉朝保卫塞外，不使汉朝边境受到侵犯；塞外各族首领朝见汉朝天子，以及各国与汉朝通商，不许从中阻扰。作为回报，汉朝答应给予卫满以兵力和物资上的支援。而卫满对于秦末的中原大战仍然心存余悸，因而在拥有了自己的势力之后并不主张重回故里。他选择了亲近汉朝的策略，向惠帝、高后上表，愿意永为外臣，在朝鲜这块天高皇帝远的小地方，过自己的日子。

有了西汉藩属外臣的身份和汉廷的军事、经济的支持，卫满便开始不断地侵凌和征服临近小邦，真番、临屯都主动前来归顺，卫氏政权的势力因此迅速膨胀，领地扩大到方圆几千里。

卫满逝世，正当壮年的卫蒙继承了他的位置，此时的大汉朝正是汉文帝当政，政局平和，国力日益强大，而匈奴则出现了不世明君——冒顿单于。此时的汉朝对匈奴采用的是和亲策略，尽量避免和匈奴的冲突，两国尚算得上和睦。卫蒙虽然年轻气盛且野心勃勃，但是在这两大强大的邻邦的压制下，也只能采取两面交好，从中牟利的策略。每每乘着这两方不注意时，悄悄收服邻近的一些小国。等到卫满的孙子右渠成为朝鲜王时，更是大量招引汉人流民，以此来扩充卫氏政权的实力；而随着卫氏势力的日益雄厚，右渠不但自己不肯再向汉朝通商朝贡，而且还阻碍邻近真番等小国与汉朝通商朝贡。汉武帝元朔元年，朝鲜半岛小番君南宫等，因不满朝鲜王右渠的控制，率众二十八万归降汉朝，汉武帝以其地为苍海郡。

元封二年，汉武帝为加强与卫氏朝鲜的藩属关系，派涉何为使节前往朝鲜，劝谕右渠王改变对汉朝的不友好政策，结果无效。卫右渠的具体回复如何不详，汉史称"终不肯奉诏"，涉何对出使没有结果非常气恼，在回国途中，将随从护送他出境的朝鲜裨王长杀死，诡称"杀朝鲜将"，并飞报汉武帝以邀功。武帝不但没有责怪涉何，还嘉勉他的冒险精神，并任命他做辽东郡东部都尉。右渠王对涉何怀恨在心，发兵突袭辽东，杀死涉何。这便是著名的"涉何事件"，涉何的荒唐和卫右渠的愚蠢，使之成了汉武帝发动对朝鲜战争的导火线。

汉武帝遣楼船将军杨仆将水军五万自齐跨越渤海，同时左将军荀彘将陆军自辽东南下，水陆两路击讨朝鲜，次年，陷其都城王俭城，卫右渠被他的部下所杀，卫满朝鲜灭国。大汉在原来的卫满朝鲜的土地上设立了乐浪、玄菟、真番、临屯四郡。

至此，帝国疆土东抵日本海，南吞交趾，西逾葱岭，北达阴山，汉地范围囊括千里。这种情况下，匈奴且鞮侯单于虽然一度试图努力复兴匈奴，但显然大汉并不会坐视匈奴复兴。且鞮侯单于初立时，因恐汉兵乘机进袭，将从前所拘汉使路充国等人释归，企图与汉和解。而大汉为缓和彼此关系，同时着力经营西域，于是令中郎将苏武携带大量财物馈单于。时值浑邪王姊子缑王与长水虞常等谋反事泄，牵连苏武。单于使卫律治其事。苏武引刀自杀，卫律召巫医救活苏武后，试图招降苏武，苏武不从，于是被流放于北海，十九年方才归汉。此时，贰师将军李广利破大宛回师，威震西域，西域诸国多遣使献贡，于是汉因欲借其势慑服匈奴，于武帝天汉二年（公元前99年）遣李广利将兵三万出酒泉击右贤王。此战，李广利虽获斩杀万余人的战果，回师途中却被匈奴大军围困，险遭覆灭，而配合李广利出征的骑都尉李陵所率五千材官则全军覆灭，李陵兵败而投降匈奴。汉帝不甘，于天汉二年（公元前97年），复使广利领大军出朔方，令游击将军韩说将步骑三万出五原，公孙敖出雁门，结果且鞮侯单于袭用伊稚斜故技，移辎重于余吾水北，自统兵十万列阵水南，以待汉军。双方战十余日，不分胜负，汉军遂退。然而此战结束后不久，且鞮侯单于即病死，其子继位，是为狐鹿姑单于。

就在此时，大汉帝国却发生了一件大事，那就是震惊一时的"巫蛊之祸"。太初二年（公元前103年）正月戊寅时，丞相石庆薨，武帝欲拜公孙贺为三公之首，因自汉高帝以来，丞相皆用列侯任之。故武帝于闰三月丁卯封公孙贺为葛绎侯，并诏其续任丞相之职。然而当时朝廷正值多事之秋，对大臣的要求及监督非常严格。自丞相公孙弘老死任上之后，李蔡、庄青翟、赵周皆因罪自杀，前任石庆虽秉承其家严谨作风，亦数次受到武帝谴责。公孙贺害怕自己不能担此重任，一旦有所纰漏恐将祸延于身，不肯受丞相的金印紫绶，见武帝生气后才不得已拜受。但公孙贺升任后，太仆之位空缺。于是，武帝又将自己的外甥、时为侍中的公孙贺与卫皇后姐姐卫君孺所生之子公孙敬声擢升为太仆，由此，公孙一氏颇为皇帝所宠。

可是公孙敬声居九卿太仆之高位，但其凭借着母亲卫君孺是皇后的姐姐，行事骄奢不守法纪，征和元年（公元前92年），公孙敬声擅用北军军饷一千九百万钱。事情败露之后，公孙敬声被捕下狱。这时，汉武帝下诏欲抓捕的阳陵人朱安世却迟迟未能归案，公孙贺便请命此差以赎公孙敬声的罪过。武帝答应此请。

朱安世下狱之后，出于报复，在狱中上书诬告"敬声与阳石公主私通，及使人巫祭诅上，于皇宫甘泉驰道埋偶人，祝诅皇帝有恶言。"于是公孙贺父子皆下狱死，此事还牵连阳石公主和皇后卫子夫所生的另一个女儿诸邑公主，以及卫青的长子平侯卫伉。史载，卫皇后女"诸邑公主、阳石公主皆坐'巫蛊'死"。

其实武帝天汉年间，大汉帝国境内正在流行疫病，而这种疫病最初可能来自匈奴。由于当初大汉不断对匈奴发动大规模进讨，匈奴王庭远迁漠北。为阻挡汉军，匈奴使用"胡巫"的巫术。而这种巫术的"诅军"方法之一，是将疫马、牛、羊埋到汉军经过的水头水源上，或将染有烈性病毒的疫马施放给汉军，使汉军人畜染疫，而疫病也随得胜归来的王师传回长安。当初冠军侯霍去病在24岁的青壮之年早夭，一种说法也是由于染上了不治的疫病。而从张华《博物志》记载的"汉武帝时，弱水沙土西国有人乘毛车以渡弱水来献香者，帝谓是常香，非中国之所乏，不礼其使。留久之，帝幸上林苑，西使千乘舆闻，并奏其香。帝取之，看大如燕卵，三枚，与枣相似。帝不悦，以付外库。后长安中大疫，宫中皆疫病。帝不举乐，西使乞见，请烧所贡香一枚，以辟疫气。帝不得已听之，宫中病者登日并差。长安中百里咸闻香气"来看，武帝中后期以后，疫病流行之下，长安已经不能幸免，乃至于宫中都有疫病，汉宫之中，人多染疫者。武帝晚年也染疫多病，所谓"上春秋高，意多所恶"，又"以为左右皆为蛊道祝诅"。故而在这种情况下，皇帝自然怀疑自己中了巫蛊之术了。《汉书·武帝纪》记：天汉二年（公元前99年），"秋，止禁巫祠道中者，大搜。"所谓"大搜"，臣瓒以为："'搜'，谓索奸人也。"而晋灼注："搜'巫蛊'也。"也就在这样的背景下，发生了巫蛊之案。

其实公孙贺家不是第一个倒霉的，卫青的好友公孙敖，就在太始元年春正月，坐妻为巫蛊，而被腰斩。此后在征和元年（公元前92年），汉武帝于建章宫时候，看到一个男子带剑进入中龙华门，怀疑是不寻常的人，便命人缉拿。然而该男子弃剑逃跑，侍卫们追赶，未能擒获。汉武帝大怒，将掌管宫门出入的门候处死。冬十一月，汉武帝征调三辅地区的骑兵对上林苑进行大搜查，并下令关闭长安城门进行搜索，十一天后解除戒严。正是在这样的时候，发生了公孙贺案。

然而公孙贺案发时，由于武帝已染病，史载"时上疾，避暑甘泉宫"，长安"独皇后、太子在"，故而皇帝以涿郡太守刘屈氂为丞相，封其为澎侯，让其与御史章赣来处理此事，而参与此案的还有一人，那就是宠臣江充。

江充是赵国邯郸人，本出身于市井无赖。年轻时他将貌美的妹妹嫁给赵太子刘丹而成为赵王的座上客。后又与赵太子发生龌龊，即入长安诣阙举报太子丹有种种不法事。武帝劾治刘姓诸王及家属极严，根据江充的举报，赵太子获罪死狱中。汉武帝赞许江充，任命他以谒者的官职出使匈奴。出使前武帝曾问他出使时作何计划，他说一切随机应变。江充在匈奴中活动了近一年。归后得到重用，武帝委任他担任钦差无定所的检查官"直指绣衣使者"，负责京师治安，"督三辅盗贼，禁察逾制"。由于在任上时，江充严厉劾察亲王贵戚及其子弟，敢于碰硬，因此深得武帝赏识。"上以充忠直，奉法不阿，所言中意。"史载当时，江充曾将在驰道中奔驰的武帝之姑馆陶长公主的车骑"尽劾没入官"。又曾惩办在御用驰道中疾驰的太子家使，太子亲自出面说情，江充也不给面子。

此时长居远离长安的甘泉宫中的武帝之所以任用江充等人在长安大规模调查"巫蛊"一案是因为当时方士和各类神巫多聚集在京师长安，大都是以左道旁门的奇幻邪术迷惑众人，无所不为。一些女巫来于宫中，教宫中美人躲避灾难的办法，在每间屋里都埋上木头人，进行祭祀。因相互妒忌争吵时，就轮番告发对方诅咒皇帝、大逆不道。汉武帝大怒，将被告发的人处死，后宫妃嫔、宫女以及受牵连的大臣被杀数百人。而有一次，皇帝在白天小睡时，梦见有好几千木头人手持棍棒想要袭击他，霍然惊醒，从此感到身体不舒服，精神恍惚，记忆力大减，于是认为自己被诅咒了，而江充目睹武帝已年老，担心皇帝死后太子继皇位报复自己，在丞相刘屈氂的支持下，决定借公孙贺一案罗织陷害太子和卫皇后。根据《汉书·江充传》的记载："（江充）奏言上疾祟在'巫蛊'。""于是上以充为使者治巫蛊。"他面见武帝，说武帝生病的原因是由于遭受巫蛊。于是武帝授权江充成立专案，对"巫蛊"作进一步调查。

而江充"知上意"久已不满卫氏，于是任用了一批来自匈奴和西域的"胡巫"。这些"胡巫"与江充相勾结，罗织陷害，株连牵引数万人，通过查"巫蛊"，而掀起一场腥风血雨。史载，江充率领胡人巫师到各处掘地寻找木头人，并逮捕了那些用巫术害人，夜间守祷祝及自称能见到鬼魂的人，又命人事先在一些地方洒上血污，然后对被捕之人进行审讯，将那些染上血污的地方指为他们以邪术害人之处，并施以铁钳烧灼之刑，强迫他们认罪。于是百姓们相互诬指对方用巫蛊害人；官吏则每每参劾别人为大逆不道。从京师长安、三辅地区到各郡、国，因此而死的先后共有数万人。对此《汉书》记载为："充将胡巫掘地求偶人，捕蛊及夜视，视鬼，染污令有处，辄收捕验治，烧铁钳灼，强服之。民转相诬以巫蛊，吏辄劾以大逆无道，坐而死者前后数万人。"

案子越查越大，以致武帝"疑左右皆为蛊祝诅"，而江充乘机指使胡巫檀何欺骗武帝说："皇宫中大有蛊气，不除之，上疾终不瘳（chài，病愈）。"武帝相信其言，指令江充入宫穷治，又派按道侯韩说、御史章赣、黄门（宦者）苏文等协助江充督办。

于是江充亲自带领胡巫入宫搜查。"入宫至省中，坏御坐掘地。""充先治后宫希幸夫人，以次及皇后、太子宫，掘地纵横，太子、皇后无复施床处。"结果，江充果真在太子宫中掘出了桐木人和写有咒语的帛书，他得意地扬言："于太子宫得木人尤多，又有帛书，所言不道，当奏闻。"

其实，太子宫及皇宫中所发现的巫偶，全部都是江充指使胡巫及宫人所预先设置。对此，《汉书》颜师古注引记载：《三辅旧事》云：（江）充使胡巫作而埋之。张晏曰：（江）充捕巫蛊及夜祭祠祝诅者，令胡巫视鬼，诈以酒缀地，令有处也。师古曰：捕夜祠及视鬼之人，而（江）充遣巫污染地上，为祠祭之处，以诬其人也。

眼看冤案就要罗织到自己和母亲卫皇后身上，太子情急，想要面见当时正在甘泉宫养病的汉武帝，但是每次都被江充和黄门内侍苏文的手下挡了回来。苦于无法自辩之时，太子乃征求左右幕僚的意见。太子少傅石德劝刘据诛杀江充。他说："先前的公孙贺父子、两位公主及卫伉家人都已受陷害被杀。现在胡巫又来陷害太子，已挖到了木偶。皇上不会知道这是胡巫所设置，会认为我们真在诅咒他，我们无法自白洗清。我们与其坐而等死，不如动手杀掉江充和胡巫。难道太子忘掉前朝秦始皇的太子扶苏受冤屈而死的事情了吗？"

此时江充逼太子甚急，太子在情急下同意石德所言。七月壬午，太子派人假冒使者收捕江充等人。按道侯韩说怀疑使者身份，不肯受诏，被来人杀死，于是太子刘据亲自监杀江充，骂曰："赵虏！前乱乃国王父子不足邪！乃复乱吾父子也！"并将江充手下的巫蛊术士尽皆烧死在上林苑中。

此后太子派侍从门客无且携带符节乘夜进入未央宫长秋门，通过长御女官倚华将一切禀告卫皇后，又发中厩车载射士，出武库兵，发长乐宫卫卒。搜查全城涉嫌巫蛊之人，并向百官宣布江充谋反，于是长安城中一片混乱，纷纷传言"太子反"。然而百密一疏，苏文却是侥幸脱逃，其至甘泉宫，向武帝控诉太子起兵谋反，武帝开始并不相信："太子必惧，又忿充等，故有此变。"派使者召太子，但是使者不敢进长安，于是回报武帝说"太子反已成，欲斩臣，臣逃归。"信以为真的武帝大怒，便派遣丞相刘屈牦发兵镇压。

史载，太子杀江充时，丞相刘屈牦闻变，挺身逃，连丞相的印绶都丢掉了，他派长史乘驿站快马奏报汉武帝。汉武帝问道："丞相是怎么做的？"长史回答说："丞相封锁消息，未敢发兵。"但天子却是大怒，称："事情已经这样沸沸扬扬，还有什么秘密可言！丞相没有周公的遗风，难道周公能不杀管叔和蔡叔吗？"于是乃赐丞相玺书，并授意"捕杀叛逆者，朕自会赏罚分明。长安城内作战，应以牛车为橹，毋接短兵，多杀兵卒。同时应该坚闭城门，毋令反者得出长安城！"

而与此同时，太子在长安城内也宣言告令百官"帝在甘泉病困，疑有变；奸臣欲作乱。"但此时，汉武帝已自甘泉宫返回长安，在城西建章宫中诏发三辅附近各县的兵马，部中二千石以下官员，归丞相兼职统辖。而太子则派使者假传圣旨，将关在长安中都官狱中的囚徒赦免放出，命少傅石德及门客张光等分别统辖；又派长安囚徒如侯持符节征发长水和宣曲两地的胡人骑兵。此时，侍郎马通使长安，因追捕如侯，故对胡人们说"节有诈，勿听也！"继而将如侯斩首，又引胡骑入长安，并发征调船兵棹棹士，交给大鸿胪商丘成统帅。当时汉节是纯赤色，所以太子持赤节，而皇帝所发的符节上，则改加黄旄加上以相别。

此后，太子刘据来到北军营门之外，站在车上，将监北军使者任安召出，颁与符节，命令任安发兵协助，但任安拜受符节后，却返回营中，闭门不出。于是刘据带人离去，纠集长安四市数万人，于长乐宫西门外与丞相刘屈氂所率大军相遇，双方鏖兵五日，死者数万人，血流入沟中。由于民间皆云"太子反"，以故众人不附太子，而丞相则附兵浸多。

最终，太子势孤力弱而兵败，南逃到长安城覆盎门，司直田仁正率兵把守城门，因觉得刘据与汉武帝是父子关系，不愿逼迫太急，所以使刘据得以逃出城外。刘屈氂要杀田仁，御史大夫暴胜之对刘屈氂说："司直为朝廷二千石大员，理应先行奏请，怎能擅自斩杀呢！"于是刘屈氂将田仁释放。

汉武帝听说后大发雷霆，将暴胜之逮捕治罪，责问他道："司直放走谋反的人，丞相杀他，是执行国家的法令，你为什么要擅加阻止？"暴胜之惶恐不安，自杀而死。此后，武帝诏遣宗正刘长乐、执金吾刘敢奉策收卫皇后玺绶，卫皇后亦因不能自明而以死明志。黄门苏文、姚定汉舆置公车令空舍，盛以小棺，将卫皇后葬在城南桐柏。

而任安在这次动乱中采取观望态度，既不应太子，也没有出兵平叛，这种对朝廷怀有二心之人不可留，于是将任安与田仁一同腰斩。而马通因擒获如侯，被封为重合侯。而众太子宾客一律处死，此外凡是跟随刘据发兵谋反的，全部按谋反罪灭族，各级官吏和兵卒凡非出于本心，而被太子胁迫的，一律放逐到敦煌郡。

此时皇帝暴怒，然而臣下却惧而不言，壶关三老茂上书曰："太子进则不得见上，退则困于乱臣，独冤结而无告，不忍忿忿之心，起而杀充，恐惧逋逃，子盗父兵，以救难自免耳。臣窃以为无邪心。"这话的意思是说，太子进则不能面见皇上，退则被乱臣的陷害困扰，独自蒙冤，无处申诉，忍不住忿恨的心情，起而杀死江充，却又害怕皇上降罪，被迫逃亡。太子作为陛下的儿子，盗用父亲的军队，不过是为了救难，使自己免遭别人的陷害罢了，臣认为并非有什么险恶的用心。又说"智者不敢言，辩士不敢说，臣窃痛之！唯陛下宽心慰意，少察所亲，毋患太子之非，亟罢甲兵，无令太子久亡！臣不胜惓惓，出一旦之命，待罪建章宫下！"（智慧之人不敢进言，善辩之士难以张口，我心中实在感到痛惜。希望陛下放宽心怀，平心静气，不要苛求自己的亲人，不要对太子的错误耿耿于怀，立即结束对太子的征讨，不要让太子长期逃亡在外！我以对陛下的一片忠心，随时准备献出我短暂的性命，待罪于建章宫外。）

汉武帝见到上书后有所醒悟，并有悔意，但却未赦免太子。而此时，太子逃到湖县，隐藏在泉鸠里一户贫穷人家，户主常卖屦以奉养刘据。当时太子有一位富有的故人在此地，刘据派人去叫他，于是消息泄露。八月辛亥（初八），县令李寿和官卒张富昌率众前围捕太子，刘据自己估计难以逃脱，便回到屋中，紧闭房门，自缢而死。而户主则与两位皇孙在搏斗中一同遇害。此后，李寿、张富昌两人随后带着刘据尸体进京领赏。汉武帝感伤于刘据之死，便封李寿为邗侯，张富昌为题侯。

征和三年（公元前90年），武帝对巫蛊之事有所察觉，当时官吏和百姓以巫蛊害人罪相互告发的，经过调查发现多为有不实，而且汉武帝也颇知太子刘据是因被江充逼迫，惶恐不安，才起兵诛杀江充，并无他意。此时，看守太庙的郎官田千秋正在此时上书讼太子冤，称"子弄父兵，罪当笞。天子之子过失杀人，当何罪哉！臣尝梦一白头翁教臣言（子擅弄父兵器，其罪仅止于笞刑。太子有误杀人，是什么罪呢？臣梦见一白发老人对臣所言）。"武帝大悟，于是将太子被逼起兵之事定性为"子弄父兵"，同时召见田千秋，并颇有深意地说道："父子之间，人所难言也，公独明其不然。此高庙神灵使公教我，公当遂为吾辅佐。"在任命田千秋为大鸿胪的同时，皇帝愤而族灭江充及刘屈氂全家，焚苏文于横桥上，曾在泉鸠里对太子兵刃相加的人尽皆族灭。

此后，武帝痛惜太子无辜，于是在爱子丧生的湖县修建思子宫以及归来望思之台，以寄托自己的哀思。此举令天下唏嘘不已。很显然，戾太子一案极大刺激了晚年的汉武帝，促使他颁布轮台诏，对自己过去几十年间的作为进行自我反思，并禁苛暴，止擅赋，力本农。修马政复令以补缺，毋乏武备，并为昭宣中兴创造了有利条件。但在平反太子案的同时，转手报复当初参与谋害太子的丞相刘屈氂等人，却也带来了汉军的一场大败。

史载："征和三年，贰师将军李广利将兵出击匈奴。丞相为祖道，送至渭桥，与广利辞决。广利曰：'愿君侯早请昌邑王为太子。如立为帝，君侯尚（长）何忧乎？'"就在李广利受命出兵五原伐匈奴后不久，内侍郭穰密告丞相刘屈氂夫人诅咒汉武帝，并与贰师将军李广利共祷祠，欲令昌邑王为帝。后刘屈氂被腰斩于东市，其妻则是枭首华阳街，李广利妻子被下狱。

最初，李广利对京中情况并不知，匈奴狐鹿姑单于听闻汉军重兵压进，于是将匈奴的辎重尽数徙往赵信城北面的郅居水，而左贤王也将部落迁徙至余吾水六七百里外的兜衔山下。单于本人则率精兵在姑且水（乌兰巴托西南）列阵以待。

与此同时，御史大夫商丘成走疾道，未见匈奴军而返。匈奴使大将与李陵率三万余骑追击商丘成军，至浚稽山，与商丘成转战九日，汉兵攻破匈奴，斩首众多。战至蒲奴水，匈奴军见战局于己不利，收兵而回。而重合侯莽通则率四万骑至天山，匈奴使大将偃渠与左右呼知王率二万余骑对阵汉兵，但是见汉军兵强马壮，于是收兵避战。莽通无所得失。可是途经车师北时，由于担心车师国阻碍，莽通遂令开陵侯成娩率军中楼兰、尉犁、危须等西域六国兵，攻车师，以扫除大军前进的障碍。于是六国兵将车师团团包围，车师投降，臣属于汉，此路大军俘车师国国王和大量民众而回。

而李广利亲率的大军则与匈奴主力大战，史载匈奴派右大都尉与卫律率五千骑兵在夫羊句山狭备战汉军，李广利遣属国胡骑二千与匈奴军接战，匈奴败退，死伤者数百人。汉军乘胜追击至范夫人城，匈奴四散奔逃，不敢与汉军对抗。但也就在此时，李广利听到家中妻儿因巫蛊被捕收监的消息，既忧又怕的李广利出于恐惧，竟以数万汉家儿郎的生命为赌注，盲目进军，以求侥幸，遂挥师北进，深入匈奴，直至郅居水。此时匈奴大军已离去，李广利遂以护军率领二万骑，渡过郅居水，继续向北进军，一日，汉军与匈奴左贤王相遇，两军接战。汉军大胜，杀匈奴左大将，斩首众多。

此时，长史决睑都尉煇渠侯密议，认为李广利不惜全军安危以求立功赎罪，恐怕必然招致失败，于是便暗中策划将李广利扣押起来，以阻止其盲目冒险。李广利觉察了长史的策划，将之斩首，但恐怕军心不稳，发生骚乱，便率军由郅居水向南撤至燕然山。匈奴单于知汉军往返行军近千里，已很疲劳，便亲自率领五万骑兵袭击汉军，汉军死亡甚众。

李广利原想冒进，立功赎罪，却遭此大败，心情自然更沉重，又忧虑着家中老少的性命，一时间更是慌乱。结果匈奴趁汉军不备，于夜间在汉军营前悄悄挖掘了一条壕沟，深数尺，而后自后对汉军急击之。汉军遭匈奴军袭击，想出营列阵抵敌，却发现军营前有一条深沟，进退不得，军心大乱，遂惨败，眼见七万汉家儿郎就这样全部葬送，李广利不得不选择了投降。

史载李广利兵败后投降匈奴，狐鹿姑单于知道他在大汉身居高位，便将女儿嫁给他，对他的尊宠甚至超过了卫律。消息传到汉廷，武帝将囚禁的李广利妻儿家人，悉数诛杀，灭其全族。此后，由于卫律见李广利恩宠在自己之上，故而心生嫉妒，欲加害李广利。一年之后，卫律趁单于母阏氏生病的机会，遂买通巫师，让巫师谎称病因是因为先单于过去出兵攻伐汉时，曾发誓一定要捉住贰师将军李广利用来祭神，而今李广利已在匈奴，为何不杀了祭神？现在先单于正发怒责问此事，故而降罪于阏氏。单于对巫师的话信以为真，便将李广利杀掉，用以祭神。

史载，李广利原以为用屈膝投降可以换一条命，屈辱偷生，苟安于世，结果却遭此下场，因而临死时，怒骂道："我死必灭匈奴！"其死后，匈奴接连数月雨雪不断，家畜死亡，百姓疫病不断，种植的黍稷也无法丰收，心惊不已的单于于是为李广利立祠室以祭祀。

自从李广利兵败投降，汉军丧师七万以来，匈奴的情况的确有所好转，至少匈奴在大汉的咄咄兵锋下，获得了一些喘息的机会。

五王并立
—— 呼韩邪单于统一匈奴诸部的努力和结局

　　武帝末年时，匈奴与大汉之间的情况趋于稳定，而西域的情况也有所稳定，当初匈奴闻楼兰降汉，遂发兵出击楼兰。楼兰不敢抵敌，只好分遣王子入质西汉与匈奴，向两面称臣。李广利征大宛时，楼兰受匈奴指使欲发兵袭取汉军后队，被汉军发觉。汉将正任文领兵从小道袭取楼兰，擒楼兰王。楼兰王诉苦说："小国在大国间，不两属无以自安。"汉武帝体谅其处境，放他回国。以后匈奴不甚亲近楼兰。但在武帝征和元年（公元前92年），楼兰王死。楼兰国遣使来接在汉为质的王子回国即位。但由于楼兰王子在汉朝时经常触犯刑律，已将其处以宫刑，故而不便送其回国，乃找借口，拒绝楼兰之请。于是楼兰改立他人为王。后楼兰王又死，匈奴抢先将楼兰质子安归送回国即位。朝遣使诏令新王入朝觐见，天子将加厚赏。楼兰王后，同时也是先王之妻妾、王之继母，劝说楼兰王："先王遣了两个质子入汉都不见回来，你怎么能去呢？"楼兰王听从了她的计策，于是谢绝汉使说："我新立为王，国家形势尚未稳定，愿待后年入朝拜见天子。"楼兰国的东陲与大汉接壤，有沙漠名为白龙堆，此处，水草匮乏，汉朝便命楼兰负责汉使和途经汉朝商队的粮食和饮水，后来楼兰却仰仗匈奴的支持，数次出兵攻劫、袭杀汉使。楼兰王弟尉屠耆投降了汉朝后，将这些情况都报告给了汉廷。至此，楼兰彻底倒向匈奴，继续拦截攻杀汉使，成为了匈奴的耳目，致使西汉与西域诸国之间的往来交通受到了很大阻碍。不过大汉帝国并没有出兵征讨，这是因为，此时的汉武大帝因巫蛊之祸造成父子相残、太子刘据自杀的打击，而心灰意冷。这位皇帝对自己过去的所作所为颇有悔意，遂在登泰山、祀明堂之后，武帝下《轮台罪己诏》说"朕即位以来，所为狂悖，使天下愁苦，不可追悔。自今事有伤害百姓，糜费天下者，悉罢之！"以表示承认自己的错误，汉家天下自此又逐渐归于和谐。

而自太子刘据死后，武帝迟迟不立太子，时为武帝长子的燕王刘旦请求宿卫长安（显然意谋太子位），武帝斥之曰："生子当置齐鲁礼仪之乡！"并惩罚燕王，削其良乡、安次、文安三县。其实武帝并不是没有心仪的继承人，史载帝有意传位于幼子刘弗陵，但因其年幼母少，恐怕女主垂帘祸害国家，犹豫不决。后皇帝命内廷画工绘制"周公辅成王"的图画，赐给奉车都尉霍光，于是左右群臣都知道汉武帝想立小儿子刘弗陵为太子。数日之后，刘弗陵的生母赵氏死。

传说赵氏天生握拳不能伸展，汉武帝过河间，"望气者言此有奇女"，于是召见她并将其手展开，展开后掌中握有一玉钩，因此被称为拳夫人，又称钩弋夫人，后被封为婕妤。关于她的死因，《汉书》和褚少孙在《史记》补记中记载的稍有不同。班固在《汉书》中记载，汉武帝在甘泉宫

汉建章宫

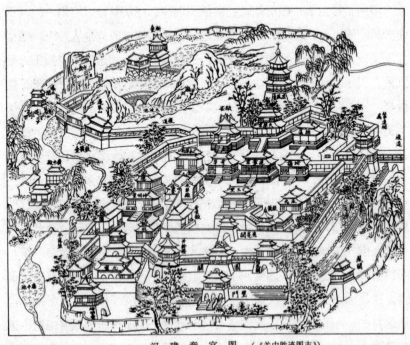

汉 建 章 宫 图 （《关中胜迹图志》）

修养期间，赵氏随侍在旁，因犯有过错，受到汉武帝的斥责，致使赵氏忧郁而死，赵氏死后就近葬于云阳。而褚少孙在《史记》里补记道，为了防止自己死后主少母壮、吕后之事重演，武帝又将刘弗陵的生母赐死，即所谓"防患女主乱政，立子杀母"。

后元二年二月乙丑，武帝病笃，正式决定立赵国钩弋夫人之子刘弗陵为皇太子，翌日以霍光（霍去病异母弟）为大司马大将军，命其与车骑将军金日磾、左将军上官桀、御史大夫桑弘羊共辅少主。第三天武帝驾崩于五柞宫，享年七十岁。而在霍光、金日磾、上官桀、桑弘羊等人的共同辅政下，大汉继续行武帝晚年制定的与民休息的国策，由此开始了中兴。

而就在大汉开始重整频繁的征战所带来的创伤时，匈奴却陷入了内乱中，在狐鹿姑单于在位时，匈奴内部就已经开始日趋腐败，各种内部矛盾开始层出不穷，由此开始分裂。矛盾最初是由单于为传位己子，而废左贤王先贤掸为日逐王所引起，此后继之，又因单于母阏氏以其异母弟左大都尉很贤明，匈奴人都很敬佩他，故而担心单于不立己子而立左大都尉，私下派人杀了左大都尉，此举致使左大都尉同母之兄对此十分怨恨，从此再也不肯前往单于王庭会盟。

后来狐鹿姑单于将死时，却又嘱诸贵族立其弟右谷蠡王继为单于，之所以遗嘱如此，是因为狐鹿姑单于认为"我的儿子太小，不能治理匈奴各部"。但等到狐鹿姑单于死后，卫律等人却与颛渠阏氏密谋，先是将单于的死讯隐瞒起来，继而假托单于的遗命，与众贵族暗中盟誓，改立颛渠阏氏的儿子左谷蠡王为壶衍鞮单于。于是，汉昭帝始元二年（公元前85年），左谷蠡王在卫律等支持下继位，称壶衍鞮单于。

匈奴左贤王、右谷蠡王因未被立为单于，极为愤慨，怨恨之下，便阴谋率部投附大汉，但又恐不能达到目的，于是遂谋胁卢屠王共走乌孙。卢屠王不从，反而将此时告知单于，单于便派人查问，右谷蠡王非但不认罪，反而把罪名推到卢屠王身上，由于匈奴众人都认为卢屠王冤枉。于是左贤王、右谷蠡王便"俱离开旧游牧地"，再也不肯到单于王庭所在的龙城去了。

由于得位不正，故而壶衍鞮单于在位时，为了能够转嫁内部矛盾，遂开始对外征战。史载，在狐鹿姑单于时，匈奴贵族因连年征战，纷纷希望与汉朝恢复和亲，壶衍鞮单于继位后因"母阏氏不正、国内乖离"，常恐汉兵乘机往袭，于是采用卫律建议，"穿井筑城，治楼以藏谷"，以防汉军突然袭击。但旋因听说"胡人不能守城"又中止，改与汉通好，并释苏武、马宏等归。但不久，又发左、右部两万骑掠汉塞。兵败，瓯脱王与西祁王被俘，单于因惧瓯脱王率汉军来攻，虽然率众走西北。汉昭帝元凤三年（公元前78年）右贤王、犁污王将兵四千骑分道侵日勒、屋兰、番和，为汉张掖太守、属国都尉击败，犁汗王为属国千长义渠王部下射死。次年，单于发兵三千余进犯五原，杀略数千人继遣数万骑傍汉塞围猎，攻袭亭障。时乌桓渐强，派人掘前"单于冢墓"，壶衍鞮单于大怒，发兵两万驰击。汉授中郎将范明友为度辽将军，欲随后跟踪堵截。会匈奴已收兵，范明友遂遵从大司马、大将军霍光"兵不空出，即后匈奴，遂击乌桓"的筹划，乘乌桓新败，损耗甚大之机，驱兵直奔乌桓，挥师蹴之，斩杀六千余人，得胜还师。匈奴贵族惊惧，不敢出兵，遣使往乌孙，阴谋索汉解忧公主，又连发兵侵掠乌孙，夺其车延、恶师之地，解忧公主及乌孙王昆弥求汉出兵救援。

乌孙是汉朝在西域的重要盟邦，武帝时就与汉朝"结为昆弟"。因此保乌孙就是保西域。大汉遣度辽将军范明友，前将军韩增，蒲类将军赵充国等五将军统兵十八余万骑出击，大军出塞，偕乌孙对匈奴进行夹击。匈奴人闻汉兵至，纷纷远徙。虽然汉兵因未按预定期限到达目的地，但校尉常惠却与乌孙合兵击右蠡王庭。俘单于父行及嫂、居次（公主）、名王、犁汗都尉、千长、将以下三万九千余人，牛、羊、马、驼、驴、骡等七十余万头。壶衍鞮单于怨怒，自统兵击乌孙，颇有俘获。但当大军返回时，恰值天气骤冷，突降大雪，深丈余，人畜多冻死。于是丁灵乘势攻其北，乌桓入其东，乌孙击其西，此战匈奴遭受沉重打击，自此匈奴一度无力对西域诸国形成威胁。

此战后不久，壶衍鞮单于死，其弟左贤王继位，称虚闾权渠单于。虚闾权渠单于即位后，渠由于不满颛渠阏氏擅权，废黜之。颛渠阏氏父左大且渠怀怨。次年，匈奴爆发灾荒，部民、畜产死者无数，遂发两屯人众各万骑往防汉兵，这直接致使匈奴内部的矛盾迅速尖锐化，附属各部落俱奋起反抗。西嗕部乘机叛附汉，而西域各国则相约攻取直接受匈奴庇护的车师国，俘其王及人众。大汉为联合西域各国与匈奴奴隶主贵族相抗衡，遂遣侍郎郑吉、校尉司马熹将兵至渠犁一带屯田，命郑吉为护鄯善以西使者，此举使匈奴势力进一步受削弱。

虚闾权渠单于在位八年便病死，郝宿王刑未央召诸王议立嗣。颛渠阏氏因前与右贤王屠耆堂私通，遂与弟左大且渠都隆奇密谋，擅立屠耆堂为握衍朐鞮单于。握衍朐鞮单于生性酷虐，即单于位后，重用颛渠阏氏弟都隆奇，尽诛虚闾权渠单于时用事大臣刑未央等人，又贬斥前单于子弟近亲。这使得虚闾权渠单于之子稽侯狦被迫投附妻父乌禅幕。而日逐王先贤掸则因为与单于有隙，故而率众数万骑归附于汉，被汉封之为归德侯。单于遂立从兄薄胥堂为日逐王，并欲杀先贤掸两弟，虽然乌禅幕竭力谏阻之，但单于不听。不久之后左奥鞮王死，单于自立幼子为王，留于单于庭。奥鞮众贵族不从，拥立奥鞮子为王，东向游牧。大怒之下的握衍朐鞮单于竟遣右丞相率万骑前往追杀，但却被击败。

由于握衍朐鞮单于滥施杀伐，暴虐无道，故而匈奴族人多不服其号令。其太子、左贤王因数逸左地贵族，也深为左地诸部所怨。汉宣帝神爵四年（公元前58年）时，东边姑夕王受乌桓进攻，略有损失，握衍朐鞮单于竟然大怒。于是姑夕王惧怕之下，遂与乌禅幕、左地众贵族拥立稽侯狦为呼韩邪单于，发左地兵五万人，往攻握衍朐鞮。握衍朐鞮败走，请援于右贤王。右贤王怨其残虐，不予援助。握衍朐鞮惭愤，无可奈何之下，遂自杀，都隆奇投奔右贤王处所，其部属全都投降了呼韩邪单于。

呼韩邪单于即位后，匈奴贵族之间的矛盾仍在发展。他归单于庭数月，罢兵使各归故地，收其流落民间的哥哥立为左谷蠡王，派人嗾使右地贵族杀右贤王。这年冬天，都隆奇与右贤王共立薄胥堂为屠耆单于，发兵数万向东击败呼韩邪单于。屠耆单于以其长子都涂吾西为左谷蠡王，少子姑瞀楼头为右谷蠡王，留居于单于庭。

五凤元年（公元前57年）秋，屠耆单于使日逐王先贤掸之兄右奥鞮王为乌藉都尉，率两万骑驻屯东方以防备呼韩邪单于。这时，西方呼揭王来与唯犁当户阴谋，共同谗毁右贤王，打算自立为乌藉单于。于是屠耆单于杀右贤王父子，但其后方才知其冤，又杀了唯犁当户。于是呼揭王恐惧，随即叛去，自立为呼揭单于。右奥鞮王听到这个消息，则自立为车犁单于。乌藉都尉也自立为乌藉单于。于是匈奴一时间竟然有了五个单于。此后，五个单于之间不断征战。

五凤元年八月，屠耆单于亲自带兵东击车犁单于，同时遣都隆奇率兵进攻乌藉单于。乌藉、车犁战败，退向西北，与呼揭单于合兵一处，拥兵四万人。此后，乌藉、呼揭都免去了单于之号，一致尊辅车犁单于。而屠耆单于听到这个消息，派遣左大将及都尉分率骑兵屯驻东方，以备呼韩邪单于乘机来袭，而亲自率领四万骑西击车犁单于。屠耆单于再次击败车犁，使得车犁单于率部逃向西北。随后屠耆单于随即引兵奔向西南，留屯阗敦之地。

五凤二年（公元前56年），呼韩邪单于遣其弟右谷蠡王等率兵西攻屠耆单于屯于东方之兵，左大将及都尉为其所败，史载俘斩万余人。屠耆单于闻知后，亲自带领六万骑东击呼韩邪单于，行军千里，与呼韩邪单于约四万兵众相遇，双方接战。结果屠耆单于兵败自杀。都隆奇与屠耆少子右谷蠡王姑瞀楼头率余部则归奔汉朝。呼韩邪部下乌厉温敦与乌厉屈父子眼看匈奴内乱，也率领几万人南降于汉，受封为义阳侯与新城侯。

此后，退向西北的车犁单于见呼韩邪势众，率部归降。但十一月，乌藉复自立为单于，史载，李陵之子时为匈奴左大将，于是拥立乌籍单于。结果为乌藉所败。呼韩邪收纳了前来归顺的车犁单于，又捕斩了乌藉单于之后，实力强盛一时，兼并匈奴各部的呼韩邪复都单于庭，不过虽然势力有所增强，但部众也只有数万人。

然而这场内乱并没有结束，屠耆单于从弟休旬王带了一部分部众，至右地自立为闰振单于。接着，呼韩邪单于之兄左贤王呼屠吾斯也自立为郅支骨都侯单于，居东边。其后五凤四年夏，郅支单于与闰振单于争斗，实力较强的郅支单于击败并杀死闰振，掠取其众，又击败呼韩邪，都于单于庭。

史载："（匈奴）诸王并自立，分为五单于，更相攻击，死者以万数，畜产大耗什八九，人民饥饿，相燔烧以求食，因大乖乱。"由此可见时匈奴的内乱、耗损与危机，而寻找出路，是当时匈奴人十分迫切的问题。呼韩邪单于在被其兄郅支单于击败，引众南近塞，遣子入汉，对汉称臣，欲借汉朝之力保全自己。郅支单于自知实力不敌汉朝，于是开始向西方扩张，匈奴族第一次分裂开始。

其实，高傲的匈奴人低下他们的头并不容易，呼韩邪单于在穷困之下，最初并没有想到臣服大汉，就在呼韩邪左右为难之际，他的亲信左伊秩訾王建议，建议呼韩邪"称臣入朝事汉，从汉求助"。不过呼韩邪不敢擅自做主，而是召集各部贵族以讨论此事。不过很显然，多数人并不想降汉，至少在讨论此事的时候，左伊秩訾王的建议是遭到了大多数贵族的反对，在他们看来，匈奴人是以"马上战斗为国"，是狼的子孙，此时不过是"兄弟争国"，胜利者不在兄即在弟，即使战败了战死了，仍然是匈奴人统治匈奴，如果向汉朝臣服，不仅会让汉人由此轻视匈奴人，而且还会让臣服于匈奴的西域诸国、部族看出匈奴的虚弱，会趁机脱离匈奴的控制。所以宁可战死，也不能降汉。

其实客观地讲，这些匈奴贵族们的这些意见并非没有道理，而且他们所担心的事情在此后，也确实出现了。但在当时，以呼韩邪单于为首的一些人，所想到的不是匈奴的尊严，而是眼前的危局。譬如左伊秩訾王就坚称："强弱有时，今汉方盛，乌孙城郭诸国皆为臣妾。自且鞮侯单于以来，匈奴日削，不能取复，虽屈强于此，未尝一日安也。今事汉则安存，不事则危亡，计何以过此。"于是在这种情况下，虽然众大臣以为臣事汉朝，有辱先单于，为诸国所耻笑，从此无法统治依附匈奴的诸国，但最终兵危将寡的呼韩邪还是采纳了左伊秩訾王的计议，选择了投汉。

甘露元年（公元前53年），匈奴呼韩邪单于率部众南下至汉边塞附近，遣子右贤王铢娄渠堂入侍汉朝，也就是为人质，同时以其弟弟左贤王到长安，请求内附。郅支单于得知消息后，也遣其子右大将驹于利入侍汉朝。呼韩邪唯恐横生枝节，于是主动提出亲自赴长安觐见汉宣帝。史载"甘露二年（公元前52年）十二月，呼韩邪单于叩五原塞，愿奉国珍，于甘露三年正月行朝礼"。宣帝诏有司议论接待单于朝贺的礼仪。丞相、御史曰："圣王之制，先京师而后诸夏，先诸夏而后夷狄。匈奴单于朝贺，其礼仪宜如诸侯王，位次在下。"太子太傅萧望之以为："单于非正朔所加，故称敌国，宜待以不臣之礼，位在诸侯王上。外夷稽首称藩，中国让而不臣，此则羁縻之谊，谦亨之福也。《书》曰：'戎狄荒服，'言其来服荒忽亡常。如使匈奴后嗣卒有鸟窜鼠伏，阙于朝享，不为畔臣，万世之长策也。"于是宣帝采用萧望之的建议，下诏曰："匈奴单于称北藩，朝正朔。朕之不德，不能弘覆。其以客礼待之，令单于位在诸侯王上，赞谒称臣而不名。"也就是待匈奴单于以贵宾之礼，地位在诸侯王之上，称外臣。并派车骑都尉韩昌迎接，发所过七郡二千骑为陈道上。

汉宣帝甘露三年（公元前51年）春正月，匈奴呼韩邪单于亲自朝见宣帝。宣帝遣使者赐以冠带、衣裳、黄金玺、玉具剑、弓一张、箭四发、启戟十、安车一乘、马十五匹、黄金二十斤、钱二十万、衣被七七袭、杂帛八千匹、絮六千斤。礼毕，使者迎接单于至长平（泾水南，距长安五十里），宿于此处。此后宣帝自甘泉宫至池阳宫，史载"上登长平阪，诏单于毋谒，其左右当户群臣皆得列观，及诸蛮夷君长、王、侯数万，咸迎于渭桥下，夹道陈。上登渭桥，咸称万岁。单于就邸长安。置酒建章宫，飨赐单于，观以珍宝"。

由于汉宣帝表示愿意帮助呼韩邪重振匈奴，并赐给"匈奴单于玺"金印一枚以及冠带、安车、金钱、锦绣等财物，故而呼韩邪单于感激大汉的优待，于是自请"愿留居幕南光禄塞下；有急，保汉受降城"。也就是主动表示希望大汉能允许自己率部留屯在光禄塞下，有危急情况时可以保卫汉朝的受降城。汉宣帝表示同意，遣长乐卫尉高昌侯董忠、车

汉长城遗址

骑都尉韩昌率领一万六千骑兵，又发边郡士马以千数，送单于出朔方鸡鹿塞。并"诏忠等留卫单于，助诛不服"。也就是以董忠等人留在那里护卫单于，同时帮助他讨伐叛逆不服的人。此后，汉帝国又前后转运了三万四千斛粮米到边塞，以供匈奴人。此外，为便于监视，汉朝把呼韩邪的部众一分为二，一部分安置在并州北部，另一部分则迁徙到朔方等郡县，与汉人杂居。这样，光禄塞成了呼韩邪的临时单于庭，汉军则成了呼韩邪的依靠。

呼韩邪单于附汉，是匈奴历史上的重大事件，史载"自乌孙以西至安息诸国近匈奴者，皆畏匈奴而轻汉，及呼韩邪单于朝汉后，咸尊汉矣"。

应该说，与汉武帝采用的连番对匈奴的战争这一方式不同，汉宣帝时，少有劳民伤财样的对匈奴战争，对匈奴之策，大汉采用的多事持巧之术，也就是军事、政治、经济多管齐下。宣帝即位之初，汉与乌孙为了反抗匈奴侵扰，相约分头出兵击匈奴，使得匈奴无力抵抗而逃，损失很重。此后，当匈奴又遭乌孙、乌桓、丁令等族袭击，加之大雪成灾，力量大大削弱，故欲与汉和亲，于是汉边境"少事"。宣帝亲政时，正是匈奴内乱外患之日，无力侵扰汉境。故而为了减少对匈奴边防驻军的压力，天子下令减少军屯。罢车骑将军、右将军屯兵。

而当匈奴内乱，出现了五个单于，各方势力多争先试图与汉和亲，或来投靠汉朝时，大汉采取了积极的方式应付。其实怎样对待匈奴对中原的威胁，这件事自商周以来一直是个难题。在秦汉之际，匈奴强大，秦修长城，汉造风火，都实行了防御政策。此后汉武帝转守为攻，先胜后败，伤亡惨重，国力大耗，教训深刻。故而汉宣帝采取了恩威并施、文武双用的政策。当然了，汉宣帝并不是一味防守，他也进行战争，但他强调不战则已，战则必胜。在他即位之初，就征集十五万大军兵分五路进攻匈奴，但汉宣帝的目的并不是灭掉匈奴，而是援助乌孙。在此次战争中，汉军并没有真正和匈奴接战，反倒是乌孙人重创了匈奴。

其实自昭帝时，大汉主要是采取养精蓄锐之策，宣帝即位后，皇帝更是积极关注民生，注意发展生产，政治清明，社会安定，经济富庶，中原百姓生活比较安定。相反匈奴方面发生了严重内乱，五个单于争立，内部自相残杀，势力严重削弱。这显然是一个使匈奴臣服的绝好机会。

其实，汉宣帝对匈奴采取的策略，其实更像是以静制动，也就是不给匈奴造成外部压力，使得匈奴内部矛盾激烈，各部落互相征战，从而使得匈奴的内乱愈演愈烈。面对匈奴的混乱局面，很多人认为应该趁机灭掉匈奴，但宣帝却并没有这样做，在萧望之的建议下，他采取的是对匈奴的安抚之策。

正是如此，才有了匈奴人的尽皆来降。

神爵三年（公元前59年），匈奴日逐王先贤掸率众来降，汉封其为归德靖侯。五凤二年（公元前56年），匈奴都隆奇与屠耆少子右谷蠡王姑瞀楼头，乌厉温敦与乌厉屈父子来降，则被封为义阳侯与新城侯，甘露元年（公元前53年），匈奴呼韩邪单于派遣其子右贤王铢娄渠堂入侍汉廷；郅支单于也派遣其子右大将驹于利受入侍于汉。于是，"北边晏然，靡有兵革之事"。此后，大汉帝国又设置西河、北地属国，以安置匈奴来降者。而汉朝则因边塞无寇，减戍卒十分之二。

甘露二年（公元前52年），呼韩邪单于叩五原塞，表示愿奉国珍三年正月来朝，宣帝同意，并安排接待。次年正月，呼韩邪来大汉朝贺，受到盛情接待，并得到很多赏赐。这年郅支单于也遣使来汉奉献。甘露四年，呼韩邪单于、郅支单于都遣使朝献于汉，汉朝款待呼韩邪单于的使者格外有礼。直到西汉末年，汉与匈奴之间，都是关系友善，几乎没有发生大的冲突。直到西汉末年，匈奴人提及汉宣帝，仍然感恩戴德。

故剑情深
——汉宣中兴后的汉匈关系

应该说，汉宣帝是大汉帝国历史上，少有的中兴之主，宣帝在位期间，"吏称其职，民安其业"，甚至可以说，宣帝统治时期是西汉武力最强盛、经济最繁荣的时候，而史书中也对宣帝大为赞赏，曰："孝宣之治，信赏必罚，文治武功，可谓中兴。"

宣帝一朝，大汉的武功也是赫赫，羌人、西域、匈奴，尽皆为大汉所平，宣帝初年，西羌先零部落擅自北渡湟水，侵占汉地。元康三年（公元前63年），西羌先零部落与各部落的酋长二百多人集会，"解仇交质"，订立盟约，打算共同侵扰汉地。宣帝闻知，问赵充国如何对策。赵充国以为，羌人各部盟约，还可能联合其他各部，应当及早准备。他建议一方面命令边兵加强战备，监视诸羌；另一方面要破坏诸羌联合，探听其预谋内情。于是派遣义渠安国出使诸羌，了解其动向。义渠前去，召集诸羌首领，杀了逆而不顺者，又调兵杀了先零羌民一千余人。西羌各部震恐，起而反抗，犯汉边塞，攻城邑，杀长吏。神爵元年（公元前61年）春，义渠所部三千骑兵被羌人袭击，退到令居，向皇帝报告情况。宣帝当即调发兵马前往金城。以后将军赵充国、强弩将军许延寿带兵前往；又任酒泉太守辛武贤为破羌将军，与两将军并进。

赵充国大军到达湟水岸边，羌人多次挑战，他坚守不出，只以威信招降，西羌人见汉军坚壁固守，无法进攻，互相埋怨，发生了矛盾。辛武贤以为进军时机已到，向皇帝上书建议进兵。赵充国以为，辛武贤的建议不妥，如果冒险进兵，必然进退两难。他一再上书建议只能先击主谋者先零部落，逼其悔过而赦之，再选择良吏前去抚慰羌众，并呈"马上进击失十二利，留兵屯田有十二便"。皇帝肯定了赵充国屯田之策，于是诏令罢兵，让赵充国负责屯田。神爵二年（前60年），羌民斩了先零大豪杨玉、犹非之首，向汉投顺，汉设金城属国以安置投顺的羌民。羌乱至此而终。

而在西域，自张骞通西域、李广利两次伐大宛获胜之后，汉在西域的天山山脉南麓乌垒设置校尉，屯田于渠犁，节制西域诸国。其实西域历来是汉匈的第二战场。西域本匈奴势力范围，匈奴置僮仆都尉驻扎在焉耆一带，管辖西域诸国。汉武帝通西域、败匈奴、伐大宛后，声威亦远震此地，汉使往来不绝，并屯田渠犁。汉匈遂在西域形成了拉锯战，你来我往，此消彼长，情形至为复杂。武帝后期，因击匈失利和诏罢轮台之戍，汉势有所减弱，昭帝时，霍光遣傅介子计斩楼兰王，汉朝对西域的影响又有所加强。到了宣帝初年，汉匈仍以天山为界，南为汉朝势力范围，北则为匈奴。

车师属于北道，为匈奴控制，对汉朝不敬。地节二年（公元前68年），宣帝亲政，遣在渠犁负责屯田的侍郎郑吉，发附近西域诸国兵万余及屯田汉兵一千五百，往讨车师，击破降服之。此后宣帝诏令郑吉继续在渠犁与车师屯田积粮，匈奴得知消息，前来争夺车师之地。郑吉固守力弱，宣帝诏令长罗侯常惠带领张掖郡、酒泉郡的骑兵前往车师北边千余里，显示汉军威武，匈奴恐惧，遂退去。后来，郑吉派遣三百汉兵屯驻车师。

宣帝元康元年（公元前65年），南道的莎车王弟呼屠徵，杀了亲汉国王万年与汉使奚充国，自立为王，并煽动南道诸国，叛离汉朝，南道因此阻断不通，时郑吉尚在北道，而当时宣帝派遣冯奉世正出使大宛途中。冯奉世迅速采取行动，征发西域诸国兵一万五千余，进讨莎车，平定了南道，并把惊惧自杀的呼屠徵首级传送长安。此后，冯奉世至大宛国，国王对他尤其礼敬，并将该国名马"象龙"，赠予大汉。

汉宣帝神爵二年（公元前60年），匈奴日逐王先贤掸带着数万人归降大汉，宣帝以郑吉，发渠犁、龟兹诸国兵五万，前往迎降，一直护送至京师长安，路上有逃亡者，即斩杀。而后，因郑吉破车师，降日逐王，声威大震西域，于是神爵三年（公元前59年）宣帝拜郑吉为西域都护，封安远侯，卫护鄯善西南方（南道）各国，兼护车师以西北道诸国。

此后郑吉遂修筑乌垒城，设置幕府，此处距阳关两千七百余里，统领天山南北，处理西域三十六国事务，至此汉朝号令得以正式颁行于辽阔西域。西域都护的设置，对于大汉、匈奴来说，都具有很大的意义，从此之后，汉匈相斗七十余年，东自车师、鄯善，西抵乌孙、大宛，西域诸国尽归汉朝之列，"汉之号令班于西域矣，始于张骞而成于郑吉。"所谓"汉武之愿，汉宣实现"。

康居城下

——郅支单于西进的宏略和惨淡的收场

宣帝末年，匈奴虚闾权渠单于死，引起内部分裂，先后出现五单于争立的情况，混战不断，最后发展为呼韩邪单于和郅支单于的相互攻伐，此后呼韩邪单于附汉，是为南匈奴。而后，康居王因为乌孙所困，欲联合郅支单于的北匈奴击乌孙。郅支单于遂引北匈奴到康居东部筑城而居，路上死亡甚众，仅余三千余人。此后，郅支单于数击乌孙，又勒索大宛等国，令其每岁纳贡。四方蛮族都来投靠。

实力远胜呼韩邪单于的郅支单于为什么离开蒙古高原，其实根本还是被汉朝大力支持呼韩邪单于的形势所迫。自从当初，卫律和颛渠阏氏合谋改立左谷蠡王壶衍鞮即位单于以后，各地藩王不参加龙城王庭大会，诸部落与王庭相继脱离。此后，五单于争战，确切地说，应该是九单于想斗，一场混战之后，自称单于的九人之中，两人自杀、两人下落不明、四人被杀，唯有依附汉帝国的呼韩邪单于保全了首级。自本始三年，汉和乌孙联兵大败匈奴之后，匈奴大伤元气。加上其后三年乌孙、丁零、乌桓三面出击，属国纷纷独立，加上自然灾害，匈奴人口锐减，再没有恢复到本始三年之前的实力。

当初呼韩邪单于入朝降汉，郅支单于错误地判断呼韩邪再不会回来了，就趁机向右地扩张，打算扫平诸部，然而就在郅支单于吞并了匈右地的伊利目单于所部后，却听说汉朝派遣韩昌、董忠率领一万六千精骑护送呼韩邪单于出塞，并常驻匈奴保卫呼韩邪单于，帮助呼韩邪讨伐叛逆不服的人，郅支单于情知自己的力量还不足以统一匈奴，更不敢与汉朝为敌，甚至害怕呼韩邪在汉军的帮助下讨伐自己，不敢返回王庭，便采取向西扩展地盘，壮大实力的对策。

而此时，乌孙自甘露元年（公元前53年）后分裂为两部分，大小昆弥不合，名望极高的解忧公主已经离开乌孙回到汉朝，乌孙大昆弥是解忧公主的孙子星靡执政，郅支单于于是企图利用乌孙大小昆弥的矛盾，拉拢乌就屠吞并乌孙，站稳脚跟，然后既可称霸西域，也可伺机东山再起，夺取匈奴王廷。然而乌就屠却杀匈奴使者，发兵迎战匈奴人，结果为郅支单于所败，不过虽然击败乌就屠，但却不敢久留乌孙边地，而是挥师北上，接连吞并乌揭、坚昆、丁零三国，建都坚昆，远避汉朝锋芒。

　　而之所以郅支单于要避开汉朝锋芒，原因很简单，甘露元年（公元前53年），郅支单于击败呼韩邪单于，夺取匈奴王庭之后，得知呼韩邪单于南迁汉朝边塞，还派出儿子右贤王入朝侍奉天子，郅支单于也把儿子右大将送往长安入侍。不过郅支单于这样做并不是为了附汉，而是惧怕呼韩邪与汉朝联手以攻对方。甘露三年（公元前51年），呼韩邪单于到长安向汉朝俯首称臣，受到汉宣帝空前隆重的接待，得知消息后，郅支单于不甘落后，立即派出使者到长安进贡献礼，次年，两位单于都派出使者入朝觐见汉宣帝，贡献礼品，但汉朝对呼韩邪单于使者的礼遇更加优厚。自此郅支单于心怀不满，却不敢与汉朝为敌。汉元帝即位初年，匈奴民众十分困乏，呼韩邪单于求助于汉朝，再次得到汉朝大力支持，郅支单于心中更是十分怨恨汉朝，却不露声色，其上书汉廷，并派使者索要自己在京入侍的儿子，同时表示愿意内附汉朝。于是汉元帝同意放其子回国，特派卫司马谷吉护送，然而郅支单于竟杀谷吉等人，郅支单于情知从此与汉朝结怨，于是率部向西，此时康居王试图借力于匈奴，以抗乌孙，于是，郅支单于乃率部踏上西迁康居之路。

　　史载，郅支单于与康居国王互相娶对方的女儿，互为翁婿，而康居王很是尊敬郅支单于，因为其想倚仗郅支单于的声威，来达到胁迫各国的目的。而郅支单于则是多次借兵攻乌孙，甚至竟攻至乌孙都城赤谷城下，杀害抢掠百姓无数，匈奴大军退兵时，虽然驱赶畜产返回，但乌孙竟不敢追赶。当时郅支单于自以为武功赫赫，威名尊贵，而且颇为骄傲，甚至开始对康居王无礼，乃至于后来更是发怒杀死康居王的女儿与贵族大臣及百姓数百人，凶残的郅支单于甚至将一些康居王公的尸体剁成几块，然后投进都赖水之中。此外，郅支单于还征发康居人为其修建城池，历时两年才建成。并遣使者勒索阖苏、大宛各国，要求诸国每年进贡，各国不敢不给。而在当时，汉朝先后派遣三批使者到康居寻找谷吉等人，但却为郅支单于刁难羞辱时汉朝西域都护郑吉年老多病，于是告老，汉元帝乃以甘延寿为西域都护、骑都尉，陈汤为西域副校尉，出使西域。

甘延寿乃是北地郡郁郅县人，其出身名门，年少时就擅长骑马射箭，最初以良家子为羽林郎，此后又成为期门郎，不久便调升为辽东太守。后在车骑将军许嘉的推荐之下，担任郎中、谏议大夫。

而陈汤则是山阳瑕兵人也。少好书，博达善属文。但因家中贫穷靠乞讨借贷为生，故而不为州人所称道。此后，陈汤西至长安求官，得太官献食丞一职。后因富平侯张勃与之交往时，很欣赏他的才能，故而在初元二年（公元前47年），汉元帝下诏，要求"列侯举茂材"时，张勃便推荐了陈汤。然而，"待迁"之时，其父死，陈汤听到了死讯，没有奔丧回家，于是司隶奏其不孝、无循行，于是陈汤下狱，而张勃也因为举荐不当而被削减食邑二百户，死后还被"赐谥曰缪侯"。此后，陈汤又在别人的推荐下，为郎官，但他却是数次求使外国。于是，此番乃以其为西域副校尉，与甘延寿俱出。

史载，武帝、昭帝时常在渠犁、轮台屯田，置使者校尉领护，以供应往来使者。宣帝地节二年（公元前68年），遣侍郎郑吉屯田渠犁，与匈奴争车师，有功，迁卫司马，使护鄯善以西"南道"诸国。至神爵二年（公元前60年），匈奴日逐王降汉，使郑吉发兵迎之，"北道"亦通，遂以郑吉为骑都尉，兼护车师以西"北道"诸国。因总领南北两道，故号都护。都护之置始于此。西汉时，都护治乌垒城（今新疆轮台东小野云沟附近），与渠犁田官相近，屯田都尉属都护，辖西域三十六国。都护开幕府。属官有副校尉，秩比二千石；丞一人；司马、侯、千人各两人。都护职在统领大宛及其以东城郭诸国兼督察乌孙（伊犁河流域）、康居（今锡尔河中游地带）等行国，颁行朝廷号令；诸国有乱，得发兵征讨。乌孙与汉结姻，故尤亲倚都护。也因此，建昭三年（公元前36年），甘延寿与陈汤到达西域之后，陈汤深虑郅支单于势力危及大汉对西域的控制，遂向甘延寿建议说："夷狄畏惧服从大国，这是他们的天性。西域诸国本来臣服匈奴。现在郅支单于威名远扬，侵凌乌孙、大宛，常常为康居出谋划策，想降服这两个国家。如果郅支单于得到这两个国家，势必向北进攻伊利，向西攻取安息，向南排挤月氏、山离乌弋，不出几年时间，西域诸国将尽为匈奴所有。而且郅支单于剽悍善战，如果让他长久发展下去，一定会成为西域的大患。郅支单于虽然居住地很遥远，但是他们没有坚固的城池和强弩防守，如果出动全部屯田官兵，命令乌孙军队跟随，直指郅支单于住地，他们逃亡，无处可逃，防守而不能自保，千年大功可以一朝而成。"甘延寿认同此言，于是准备上奏朝廷，可陈汤却认为如果朝廷与公卿大臣商议，则势必一定不会允许，因为大策略不是一般人所能理解的。

甘延寿不愿意独断专行，没有马上行动。正考虑上书奏请，恰逢此时突然得病，只好将此事搁置一旁。甘延寿正在调理疾病的时候，陈汤遂矫诏发西域城郭诸国兵及汉屯田吏卒，分六校击郅支单于。甘延寿得知后，大吃一惊，想要阻止，陈汤大怒，按剑叱责甘延寿说："大众已集会，竖子欲沮众邪？"于是甘延寿只好听从于他，并统军布阵，新设置扬威、白虎、合骑各三校，汉兵、胡兵合计四万余人。此后，甘延寿、陈汤上疏自劾奏矫制，陈述用兵情状。

当日，甘延寿与陈汤就率部分道前进，分为六校，三校从南道越葱岭，经大宛至康居；另三校由陈汤和甘延寿率领从温宿国出发，经北道入赤谷，过乌孙，进入康居界，至阗池西。时康居副王抱阗率数千骑袭掠乌孙赤谷东，杀千余人，抢牲畜甚多。陈汤令西域诸国兵击之，四百六十人，夺回乌孙遭抢掠的百姓四百七十人，并获牛、马、羊作为军食，时捕获抱阗的贵族大臣伊奴毒。入康居界后，令士卒不得抢掠。至郅支城（郅支单于在康居所筑城池）六十里止营。得康居贵人，了解城内情况。次日距城三十余里止营。郅支单于派遣使者询问汉军为何而来，答道："单于上书说现在处境困难，愿意归附汉朝，亲自入汉朝朝见。天子可怜单于抛弃大国。在康居寄身，所以派都护将军前来迎接单于妻子儿女，恐怕您受惊，所以不敢到达城下。"并斥责单于道："我们远道而来，就是为了单于，但是至今没有名王大人来见将军，接待我们，单于怎么在大计策上这么疏忽，丧失主人接待宾客的礼节！军队远道而来，人畜疲乏到极点，粮食用度也快用完，恐怕没办法自己返回，希望单于与大臣反复考虑定夺。"

第二天，汉军进抵都赖水边，离城三里扎营布阵，郅支单于以数百人披甲守城，向汉军呐喊。百余骑兵在城外往来，步兵百余夹城门列布鱼鳞阵。于是汉军以弓、弩射郅支城下骑、步兵，其骑、步兵皆入城内。又以持盾者在前，持长兵器和弓、弩者在后，向城下进攻，仰射城上守军。并烧毁土城外木城。当夜，匈奴骑兵数百欲出城反击，被汉军射杀。郅支单于亦被汉军射伤，诸阏氏多被射死。半夜，汉军攻入土城。时康居兵万余骑环城十余处援救郅支单于，但惧怕汉军，不敢战。天明，康居兵退却。汉军攻入城中，四面纵火。郅支单于受重伤而死。军侯代理丞杜勋斩取郅支单于首级，得汉使节二及谷吉等所赍帛书。此战，汉军斩阏氏、太子、名王以下千五百一十八级，生虏百四十五人，降虏千余人，尽皆分给了城郭诸国所发十五王。

大捷后，两人上疏朝廷，并将郅支单于传首长安，称"臣闻天下之大义，当混为一，昔有康、虞，今有强汉。匈奴呼韩邪单于已称北籓，唯郅支单于叛逆，未伏其辜，大夏之西，以为强汉不能臣也。郅支单于惨毒行于民，大恶通于天。臣延寿、臣汤将义兵，行天诛，赖陛下神灵，阴阳并应，天气精明，陷陈克敌，斩郅支首及名王以下。宜县头槁街蛮夷邸间，以示万里，明犯强汉者，虽远必诛"。

事下有司，丞相匡衡、御史大夫繁延寿以为："郅支及名王的首级更历诸国，蛮夷莫不闻知。《月令》上说春天是掩骼埋胔之时，还是不宜悬首示众为好。"而车骑将军许嘉、右将军王商则以为："春秋时夹谷会盟，优施笑君主，结果孔子诛之，当时正是盛夏，首足异门而出。悬首十日方才乃埋之。"于是"有诏将军议是"。此后，元帝按安远侯郑吉旧例，封甘延寿为义成侯，封陈汤为关内侯，食邑三百户，再赐给黄金一百斤。授任甘延寿为长水校尉，陈汤为射声校尉。

而当郅支单于授首之后，呼韩邪单于既为消灭对手而高兴，又畏惧汉军威武，于是竟宁元年（公元前33年）正月，呼韩邪单于第三次入长安朝汉，自请为婿，也就是娶汉女为阏氏。而元帝也愿意用婚姻的形式巩固汉、匈之间的友好关系，就以宫女王嫱（昭君）为其妻，此后汉与匈奴四十年余年无战事。

史载，昭君出塞之后，被称为宁胡阏氏。昭君和呼韩邪单于共同生活了三年，生下一子，取名伊屠智伢师，封右日逐王。建始二年（公元前31年），呼韩邪单于死，大阏氏之子雕陶莫皋被立为复株累单于。依照匈奴婚俗，父死，子可以娶后母，于是昭君又嫁给了复株累单于。而据《后汉书》记载，呼韩邪单于死后，复株累单于想娶昭君为妻。昭君上书汉成帝，欲归汉，成帝拒绝了她的请求，敕令昭君"从胡俗"，再嫁呼韩邪单于的儿子复株累若鞮单于。育有二女，长女为须卜居次，次女为当于居次。

复株累若鞮单于为呼韩邪单于的长子，母亲是呼衍王的小女儿，号称大阏氏。呼韩邪在死前立他继任单于，"约令传国与弟"。其在位十一年，"约令传国与弟"，死后由同母弟且糜胥继任单于。

王昭君死后，葬于"青冢"（现内蒙古呼和浩特城南）。"青冢"出自杜甫《咏怀古迹》之三："一去紫台连朔漠，独留青冢向黄昏。"明末清初学者仇兆鳌注为"《归州图经》：边地多白草，昭君冢独青"。也就是北地草皆白，唯独昭君墓上草青，故名青冢。而清代的《筠廊偶笔》则解释为："王昭君墓无草木，远而望之，冥濛作青色，故云青冢。"《塞北纪游》上则说："塞外多白沙，空气映之，凡山林村阜，无不黛色横空，若泼浓墨，昭君墓烟垓朦胧，远见数十里外，故曰青冢。"

而当一代佳人香消玉殒，命断异乡，空留下一方青冢在阴山脚下、大漠深处，遥望着南方的故国时，附汉的南匈奴却得到了很大的发展，部众为四五万人，此后，逐渐增加到户口三万四千，人口二十三万多，有兵五万。不过其实昭君的事迹在正史记载中仅有几十个字，但在稗官野史中的记载却非常多，而且更富于传奇色彩。而这些野史轶闻，很多都和汉元帝有关。

汉元帝刘奭，生于元平元年（公元前74年），汉宣帝刘询的长子，母亲是恭哀皇后许平君。刘奭出生后数月，其父刘询即位，是为汉宣帝。地节三年（公元前67年），八岁的刘奭被宣帝立为太子。《汉书·元帝纪》载：宣帝的太子刘奭（汉元帝）"柔仁好儒，见宣帝所用多文法吏，以刑名绳下，大臣杨恽、盖宽饶等坐刺讥辞语为罪而诛，尝侍燕从容言：'陛下持刑太深，宜用儒生'。宣帝作色曰：'汉家自有制度，本以霸王道杂之，奈何纯任德教，用周政乎！且俗儒不达时宜，好是古非今，使人眩于名实，不知所守，何足委任！'乃叹曰：'乱我家者，太子也！'"

也就是说刘奭"柔仁好儒"，当他还是皇太子时，眼看着宣帝重用法家，动辄刑罚惩治下属，大臣杨恽、盖宽饶等仅仅因为"刺讥辞语"就被杀，于是与宣帝说陛下使用刑罚略有点过分了，应该多多重用儒生。宣帝顿时变色，厉声说："我们汉朝自有汉朝的制度，本来就是'王道''霸道'兼而用之，怎能像周代那样单纯地使用所谓的'德政'呢？更何况那班俗儒不能洞察世事变化，最喜好厚古薄今，连'名'与'实'之间的区别都分不清，怎能交给他们以治理国家的重任！"说完了这番话，汉宣帝又长叹一声道："乱我家者，太子也！"鉴于对已故许皇后的感情，宣帝最终没有更换太子。

黄龙元年（公元前49年）十二月，汉宣帝驾崩，太子刘奭继位，是为汉元帝。次年（公元前48年）改年号为"初元"。宣帝临终前，已为元帝安排"三驾马车"辅政，以乐陵侯史高领衔，太子太傅萧望之、少傅周堪为副。

于是，萧望之选举纯宗室明经达学的散骑谏大夫刘更生为给事中，同侍中金敞在汉元帝左右提意见，自此萧望之、周堪、刘更生、金敞四人同心谋议，而以古制劝导汉元帝，提出很多匡正的建议，汉元帝多纳用其言。起初，汉宣帝不甚听从儒术，任用法律，而中书宦官当权。中书令弘恭、石显等精通法令条文，与车骑将军史高勾结，论议经常独自坚持旧日的典章制度，于是与萧望之产生嫌隙，权力斗争的阴影随即笼罩着朝廷。萧望之以为中书是政事之本，应由贤明公正之士掌管，武帝优游饮宴于后庭，任用宦官掌管中书，不合乎国家旧制，且违反"古不近刑人之义"，必须予以纠正。于是试图要元帝更换士人，由此，与史高、弘恭、石显相违牾。

汉元帝时，在汉匈关系上出现了两件大事，一件是陈汤平灭郅支，另一件便是昭君出塞。这是元帝时，仅有的拿得出手的事情，而这位皇帝毕竟性情拘谨，优柔寡断，虽然多才多艺，能写一手漂亮的篆书，至于弹琴鼓瑟、吹箫度曲、辨音协律等，乃至于"无不穷极其妙，令人叹为观止"。可处理国事之能并不是才艺所能够代替的，于是自元帝时，豪强地主兼并之风盛行，朝廷集权逐渐削弱，国内危机日益加深。昭宣二帝的中兴之业由此开始衰败。甚至可以说，汉元帝在位时，随着陈汤平灭郅支，而使得大汉国威达到顶点，但这也是帝国开始衰落的起点。

仰人鼻息
——内附时代的匈奴帝国

　　史载，汉元帝还是皇太子时，最宠爱的姬妾是司马良娣。然而在汉宣帝甘露三年（公元前51年）时，司马良娣却因病而故，据史书称，良娣临死前，哽咽着对太子称，她的死并非寿数已尽，而是其他那些良娣、良人们嫉妒、妒忌、诅咒的缘故。于是太子深信不疑。司马良娣死后，太子悲愤成疾，闷闷不乐，又迁怒其他姬妾，不与她们接近。关于这段历史，《汉书》中记载为"会皇太子所爱幸司马良娣病，且死谓太子曰：'妾死非天命，乃诸娣妾良人更祝诅杀我。'太子怜之，且以为然。及司马良娣死，太子悲恚发病，忽忽不乐，因以过怒诸娣妾。"久而久之，甚至就连宣帝也知道太子怨恨姬妾，于是令王皇后挑选五名出身良家的宫女，供太子选妃，然而由于太子心思司马良娣，故而无心选妃，也因此对这五个女子兴致缺缺，但又不想违逆皇后的心意，于是便说其中有一个人可以。于是众人以为太子属意坐于其身边的王政君。当时王政君坐于太子身边，穿着一件绣着绛色花边的掖衣。虽然相貌平平，但王政君还是被皇后送往太中，为太子妃，然而太子并不喜欢王政君，谁知王政君侍宿一夜之后，竟然怀孕。虽然此后太子刘奭再也没临幸于她，但王政君的命运却因为这个孩子，而彻底改变了，太子原本已有姬妾十多人，但长年以来一直都没有人怀孕，而王政君竟然怀孕了，这使宣帝非常高兴，甘露三年（公元前51年）王政君分娩生下一个儿子，那年她二十一岁。汉宣帝很喜欢这个嫡皇孙，亲自为他命名为刘骜，时时带在身边。

　　黄龙元年（公元前49年），汉宣帝崩，皇太子刘奭继位，是为汉元帝。初元二年（公元前47年）四月，刘骜被立为太子。史载那时的刘骜爱读经书，喜欢文辞，宽博谨慎。甚至有一次元帝急诏刘骜，他不敢横越驰道（皇帝专用道路），而是绕行一圈迟迟才面见元帝，元帝知道了事情始末之后，非常高兴，下令以后太子可以直接穿越驰道。然而随着年龄增长，刘骜开始终日沉湎于玩乐，加之元帝不宠王皇后，故而事实上这位大汉帝国的皇太子已经是以一个"青春叛逆者"的姿态出现在众人面前了。

建昭四年（公元前35年），中山哀王刘竟薨，太子刘骜前往吊丧。刘竟是汉元帝的幼弟，和刘骜游学相长大。汉元帝见太子，感念刘竟，于是悲伤不能自止，但"太子既至前，不哀"，也就是说，太子丝毫没有哀伤的表情，于是上大恨曰："安有人不慈仁而可奉宗庙为民父母者乎！"即皇帝很是恼火，"一个人如此不慈和仁爱，又怎能奉祀宗庙，作为百姓父母的呢！"这意思也就是说刘骜不配人主。而后，皇帝召见史丹，斥责其。当初元帝为太子时，史丹以父高任为中庶子，侍从十余年。元帝即位后，为驸马都尉侍中，出常骖乘，颇为皇帝有宠，皇帝以其是旧臣，又是皇考外属，故而亲信之，诏丹"护太子家"，此番斥责史丹，很显然是有废太子之意。史载，面对皇帝的怒斥，丹免冠谢上曰："臣诚见陛下哀痛中山王，至以感损。向者太子当进见，臣窃戒属毋涕泣，感伤陛下。罪乃在臣，当死。"上以为然，意乃解。也就是，史丹对元帝说："臣的确见陛下哀痛中山王，到了因为感伤而伤身的情况。早上太子准备觐见，臣私自嘱咐不要哭泣，以免陛下感伤。罪在臣下，当死。"汉元帝听后，方才解恨。

此后，元帝曾想改立宠妃傅昭仪之子，"多才艺"的定陶王刘康（汉元帝第二子，哀帝刘欣之父）为太子，根据史料的记载，竟宁元年（公元前33年），汉元帝病卧后宫，傅昭仪及其儿子定陶王刘康常在榻前侍奉，而皇后王政君和太子刘骜却难得见上皇帝一面。王政君和刘骜忧心忡忡、一筹莫展。就在这关键时刻，史丹借着贴身宠臣的身份可以直入寝殿探病，趁寝殿中只有元帝一人时，独自闯入室内，伏在元帝床前声泪俱下地为太子求情。元帝心肠软，"优游不断"，见史丹泣不成声，竟大为感动，长长叹了一口气，表示不会废黜太子。史丹听后心里有底，连连叩头请罪。汉元帝接着说："我的病恐怕不会有好转的可能，希望你好好辅佐皇太子，不要辜负我的重托！"元帝才没有废立太子，而刘骜的皇太子之位也得以稳固。

竟宁元年五月，汉元帝刘奭崩。六月，皇太子刘骜继承皇位，是为汉成帝。刘骜的母亲王政君被尊为皇太后，从此外戚王氏家族开始崭露头角，史载，由于在还未继承帝位的时候，汉成帝就已经荒于酒色，登基之后更肆无忌惮。汉成帝有一个男宠张放，史书上记载他"少年殊丽，性开敏"。汉成帝对他十分宠爱，平日里"与上卧起，宠爱殊绝"，还将张放提拔成中郎将，两人经常一起微服私访，汉成帝在外出游玩时假称是张放的家人，由此可见张放当时受宠的程度。此事引起了朝臣的不满，各种言论传到了太后王政君的耳中，于是太后就将张放以莫须有的罪名流放。汉成帝不堪思念之苦，多次召张放回京团聚，之后又迫于压力把张放放逐，据史书记载，"故常涕泣而遣之"，如此反反复复。除此之外，成帝还"玺书劳问不绝"，千里传递书信。

自汉成帝即位起，就花了大量国帛建造霄游宫、飞行殿和云雷宫供自己淫乐。其最初专宠于少年结发妻子许皇后，前后二十年，生了一儿一女，皆夭折，这引起了王氏一族的担心，由于忧心皇帝无嗣，故而太后一族让汉成帝恩宠六宫，然而此后，许皇后色衰，成帝便也移情别恋，开始宠爱班婕妤。

史载，班婕妤是楚令尹子文的后人，左曹越骑校尉班况的女儿。班婕妤出身功勋之家，其父班况在汉武帝时抗击匈奴，驰骋疆场，立下汗马功劳。而她自幼聪明伶俐，秀色聪慧，工于诗赋，文才出众，读书甚多。刘骜即位后，班氏被选入皇宫，刚开始为少使，不久得宠，赐封"婕妤"。汉成帝为班婕妤的美貌及文才所吸引，很喜爱班婕妤，甚至为了能够时刻与班婕妤形影不离，皇帝特别命人制作了一辆较大的辇车，以便同车出游，但成帝的这一举措却遭到班婕妤的拒绝，她说："看古代留下的图画，圣贤之君，都有名臣在侧。夏、商、周三代的末主夏桀、商纣、周幽王，才有嬖幸的妃子在座，最后竟然落到国亡毁身的境地，我如果和你同车出进，那就跟他们很相似了，能不令人凛然而惊吗？"虽然汉成帝认为她言之成理，将同辇出游的意念暂时作罢，但此后皇帝开始逐渐疏远班婕妤。

班婕妤虽然美而不艳，丽而不俗，又博通文史，知书达礼，其经常诵读《诗经》《窈窕》《德象》《女师》等，而且每次觐见皇帝，都依照古代礼节，久而久之，皇帝自然厌烦，而当时王太后听到班婕妤以理制情，不与皇帝同车出游，非常欣赏，对左右亲近的人说："古有樊姬，今有班婕妤。"当初春秋时代楚庄公的夫人樊姬很贤惠，曾辅佐楚庄王成为"春秋五霸"之一。而王太后把班婕妤比作樊姬，虽然让班婕妤在后宫中地位得到了无形的提升，但汉成帝不是楚庄王，皇帝所爱的不过是女子的美貌而不是贤德。当初班婕妤把侍女李平进献给汉成帝，于是李平得到皇帝宠幸，也被封为婕妤。汉成帝说："当初孝武帝的卫皇后也从微贱而起。"因此赐李平姓"卫"，这也就是所谓的卫婕妤。不过无论是班婕妤，还是卫婕妤显然都不如赵飞燕、赵合德姐妹得宠。

《西京杂记》中："赵后体轻腰弱，善行步进退"，而据《飞燕外传》的记载，当初汉成帝在太液池作千人舟，号称"合宫舟"，在池中立起四十尺高的瀛洲榭。成帝穿着"流波文縠无缝衫"，飞燕穿着南越所贡云英紫裙、碧琼轻绡，登上了高台。轻歌《归凤送远》之曲，翩翩起舞，成帝令侍郎冯无方吹笙以配飞燕歌舞。舟至中流，狂风骤起，险些将身轻如燕的赵飞燕卷起，冯无方奉成帝之命救护，弃笙拉裾，方才将之救回。也因此，皇帝对其甚为宠爱。

由于建始三年（公元前30年），天有"异象"，故而众臣以为是后宫荣宠太盛，意指是许氏的过失。故而此后成帝减省椒房、掖廷用度，而当赵飞燕姐妹入宫后，许氏的地位更是不稳固。许氏的姐姐平安刚侯夫人许谒等人行妇人媚道诅咒后宫怀有身孕的王美人和王凤等人，事情败露，皇太后王政君大怒，将这些人投入监狱严刑拷问，许谒等人被处死。十一月十六日，许氏被废黜皇后之位，十年之后，被元帝赐死。永始元年（公元前16年），汉成帝立赵飞燕为皇后，同时晋赵合德为昭仪，又把昭阳殿赐给赵合德一人居住。史载，当初成帝有意册立赵飞燕为后，但太后王政君以其身世低微、非侯门女为由不许，幸亏卫尉、侍中淳于长从中斡旋，汉成帝封赵飞燕的父亲为成阳侯，使得赵飞燕成了侯门之女，方才登上了皇后的宝座。

赵氏姐妹此后更受恩宠，但二人相继专宠后宫十年有余，却皆无子嗣，对此，《飞燕外传》中的解释是姐妹二人为驻颜却老使用息肌丸以致不孕。史载，汉成帝结发妻子许皇后先后生下一儿一女，但不久都早夭；之后与班婕妤有一子，也早夭，于是绥和元年（公元前8年），汉成帝册封异母弟定陶王刘康之子刘欣为皇太子。次年二月，酒色侵骨的汉成帝中风暴死于长安未央宫，因为民间归罪赵昭仪，于是孝元王太后诏大司马、丞相"治问皇帝起居发病状"，因廷尉治问皇帝起居发病状，故而赵合德畏罪自杀。

由于汉成帝长期沉湎酒色，故而当时大汉帝国再次出现了外戚擅政的局面，大政几乎全部为太后一族王氏掌握，从而为此后王莽篡汉埋下了祸根。成帝死后，皇太子刘欣继位，是为汉哀帝，以次年为建平元年，尊汉成帝母亲皇太后王政君为太皇太后，汉成帝皇后赵飞燕为皇太后。而后太皇太后下诏尊刘欣父亲定陶王刘康为恭皇。同年五月十九日，立妃傅氏为皇后，并下诏说《春秋》有云，母以子贵，于是尊祖母傅太后为恭皇太后，母丁姬为恭皇后。元寿二年（公元前1年）六月初三日，在位仅七年的汉哀帝因贪色纵情而死，年仅二十五岁（另有一说是这位皇帝死于服用春药过量），九月十八日，葬于义陵。

汉哀帝刘欣驾崩之后，因其并未留下子嗣，故而太皇太后王政君至未央宫收回传国玉玺，而后罢大司马董贤，以新都侯王莽为大司马，掌丞相事。同年七月，派车骑将军王舜、大鸿胪左咸使持节迎立中山王刘衎。七月三十日，贬皇太后赵飞燕为孝成皇后，退居于北宫，汉哀帝皇后傅氏退居桂宫。孔乡侯傅晏、少府董恭等人都被罢免官爵，迁徙到合浦。九月初一日，刘衎即皇帝位，是为汉平帝，晋谒高祖庙，大赦天下。以次年（公元1年）为元始元年。

由于汉平帝继位时，年仅九岁，故而当时是以太皇太后王政君垂帘听政，大司马王莽操持国政。

王莽乃是魏郡元城人（河北大名县东），济北王田安六世孙，汉元帝皇后王政君之侄。幼年时，其父王曼便去世，此后，其兄王永亦死，王莽自幼饱读诗书，虽然王氏家族是成帝时权倾朝野的外戚家族，史载，王氏多为将军列侯，先后有为侯者九人，为大司马者五人，极为显贵。也因而族中之人是生活侈靡，声色犬马，互相攀比，而唯独王莽独守清净，生活俭朴。史载，王莽为人谦恭，且勤劳好学，曾师事沛郡陈参。因其孝母尊嫂，抚育兄长遗子，对待寡嫂更是行为严谨检点，加之其对外结交贤士，对内侍奉诸位叔伯，十分周到，因此很快便声名远播。

汉成帝时，王莽初任黄门郎，后升为射声校尉。按照史书中的说法是，因为王莽礼贤下士，清廉俭朴，常把自己的俸禄分给门客和穷人，甚至卖掉自己车马接济穷人，在民间深受爱戴，故而三十岁时，就被封为新都侯、骑都尉、光禄大夫侍中。此时，绥和元年（公元前8年），王莽继其伯叔父王凤、王商、王根相继为大司马，是年三十八岁。这时，王莽"欲令名誉过前人，遂克己不倦"，聘请一些贤良为掾史，所得赏赐分给下属，而自己非常俭约，其妻"衣不曳地，布蔽膝"，犹如僮仆。王莽为大司马一年，成帝去世，汉哀帝即位（公元前7年），外戚丁、傅用事，王莽乃退位，避居新都（今河南新野），杜门自守。

而在王莽隐居于新都时，甚至许多官吏和平民都为王莽被罢免鸣不平，要求他复出，汉哀帝只得重新征召王莽回京城侍奉王太后，但却没有恢复其官职。此番汉平帝即位，元后临朝称制，诏命王莽再任大司马，录尚书事，兼管军事令及禁军，于是王莽重回帝国中枢，史载，王莽自元寿二年再为大司马至于身亡时，其甚至掌握政权达二十四年。

王莽辅政的前几年，主要就是翦除了丁、傅两家外戚势力，所谓"诸哀帝外戚及大臣居位素所不说者，莽皆傅致其罪"。同时，拉拢名儒孔光及其婿甄邯，为其所用。他怕其叔红阳侯王立在元后面前搬弄是非，就让孔光上奏王立"旧恶"，从而遣放王立回到封国。史载，王莽颇有胁持上下的手腕，于是"阿顺者拔擢，忤恨者诛灭"，譬如中太仆史立、南郡太守毋将隆、泰山太守丁玄、河内太守赵昌等为其所罢，而高昌侯董武、关内侯张由人的爵位也被剥夺。一时间，朝中大权尽皆落于其手。

汉平帝元始元年正月，越裳重译献白雉一，黑雉二，诏使三公以荐宗庙，群臣便盛陈"莽功德致周成白雉之瑞，千载同符"，要求赐予王莽安汉公的称号。于是拜王莽为太傅，号安汉公。此后，平帝又以王莽为太傅，领四辅之事；孔光为太师、王舜为太保、甄丰为少傅，位居三公上。"四辅"大权独揽，除封爵之事外，其余政事皆由"安汉公、四辅平决"。

次年汉平帝十三岁，立王莽长女王嬅为皇后（即孝平皇后，后来改封为黄皇室主），就在同一年，陈崇与文人张竦写了一份歌颂王莽功德可比周公的奏章，建议"宜恢公国，令如周公，建立公子，令如伯禽"。公卿方议此事，适值吕宽事起。起初，王莽通过元后，将帝母卫姬及帝舅卫宝、卫玄等排挤出京师。而其子王宇深怕平帝长大后怨恨王氏，遂与卫宝通书，试图使其设法还京。王莽不许。故而王宇与妻兄吕宽等人私下商议，用巫蛊之法想令朝廷归政卫氏，但吕宽夜间在王莽门第上洒血时被发觉逮捕，在狱中自杀。而王宇也因吕宽案，被逼自杀，宇妻因怀孕待产后亦被杀。此后，王莽诛灭卫氏，穷治吕宽之狱，连引郡国豪杰素非议己者，还株连敬武公主（元帝之妹）、梁王立、红阳侯立、平阿侯仁，逼其自杀。"死者以百数"。王莽还为此作八篇诫书，宣扬治子之罪乃公而忘私，以戒子孙；而王莽之同党则奏请将其所作与孝经发行全国，令学官以教授，使官吏能了解此书旨意。

吕宽案之后，王舜又重提陈崇之建议，于是爪牙们煽动"民上书者八千余人"，都要求照陈崇建议办。于是元始四年（公元4年）四月，拜王莽为宰衡，位上公。王莽还刻了"宰衡太傅大司马印"，为公卿之首，位在诸侯王公之上。出入威仪与众不同。

这时，王莽奏起明堂、辟雍、灵台，为学者筑舍万区，作市、常满仓，制度甚盛。立《乐经》，益博士员，经各五人。征召经学人才，及懂得逸《礼》、古《书》、《毛诗》《周官》《尔雅》、天文、图谶、钟律、月令、兵法、《史篇》文字之人。"网罗天下异能之士，至者前后千数，皆令记说廷中，将令正乖谬，一异说云。"于是诸侯、王公、宗室，公卿大臣九百人奏请加赏王莽。元后允，诏议九锡之法。关于这一段历史，史书中的记载很是详细：元始五年（公元5年），官民因王莽不受新野田之赐，"而上书者前后四十八万七千五百七十二人，及诸侯、王公、列侯、宗室见者皆叩头言"，要求加赏王莽。

此后，虽然王莽上书说，自己德薄位尊，力少任大，常恐不能称职，天下"治平"乃元后之德，同列之功，非自己之能，拒绝加赏。但最终他还是受了九锡，权势大异于群臣。接着，王莽为了制造太平盛世的景象，先是派"风俗使者"八人到各地考察，回朝后大加赞颂天下太平，彰显王莽宣扬教化之功。其次通过重金引诱的政策，使匈奴等外族遣使来归顺朝贺，王莽遂成为人们心中治国平天下的贤良圣人。

也就在这一年，平帝崩于未央宫，时年十四岁，葬于康陵。不过根据《资治通鉴》则记载，平帝之死，乃是王莽在腊日向汉平帝进献椒酒时，在椒酒中下毒，致使汉平帝中毒害病而死。按照史料中的记载，元始五年时，乐陵侯刘庆上书，称皇帝年幼，应让王莽"行天子事，如周公"，而群臣也尽皆称当应如此。这时平帝病，王莽作策，愿以身代，藏策于金縢，置于前殿。这是诈依周公为武王请命而作金縢的故事。不久，平帝夭亡，要选继位者。这时元帝世绝，便在玄孙中选了个最小的刘婴，年仅二岁，"托以为卜相最吉"。这时有人奏说武功长孟通浚井得到一白石，上圆下方，有丹书著石，文曰："告安汉公莽为皇帝。"公卿上奏元后被呵斥说："此诬罔天下，不可施行！"王舜从中斡旋，向元后解释说，这事阻挡不了，王莽不敢有其他想法，"但欲称摄以重其权，填服天下耳"。元后无可奈何，只好应许，诏令王莽"居摄践祚，如周公故事"。于是群臣奏请王莽摄政"皆如天子之制"，并于次年改元"居摄"。不久，王莽便立孺子婴（即刘婴）为皇太子，号曰"孺子"。这一年，王莽五十一岁。

王莽在朝中的势力如日中天，几乎等同于皇帝，这引起了以刘氏宗室为主的反对派的反弹。首先发难的是安众侯刘崇，居摄元年（公元6年）四月，安众侯刘崇鼓动刘氏宗室起而反对王莽，从者百余人，进攻宛城，不得入而败。天下反莽自此始。刘崇的族父刘嘉诣阙请罪，获赦，乃奏颂王莽功德，骂刘崇为乱，而肯定王莽对刘崇镇压。王莽大为高兴，封刘嘉为帅礼侯。这时群臣上奏，称刘崇谋逆是因为王莽"权轻"，应提高王莽的权位才能镇服全国。于是太皇太后据群臣之意，叫王莽代天子朝政，称假皇帝，臣民则称王莽为摄皇帝，王莽自称"予"。改年号"居摄"。

次年，东郡太守翟义起兵，拥立严乡侯刘信为皇帝，通告各地，槐里人赵明、霍鸿亦起兵反莽，声势浩大，王莽心中恐惧，日夜抱着孺子婴在宗庙祷告，又仿《大诰》写文称自己摄位不过是暂时为之，日后定将皇位归还皇帝，但同时，王莽却调动大军实施镇压，在以王邑统军平息叛乱后，自以为威德日盛，获得天人之助，"遂谋即真之事矣"。

王莽称帝之心浮现，此时谶纬禅让之说盛行，符命、图书，层出不穷，如"求贤让位""汉历中衰，当更受命""天告帝符，献者封侯"，又有广饶侯刘京等人奏符命"摄皇帝当即真"等，称乃是天意所归。王莽则大加利用，献符命的人，皆得丰厚赏赐。此后，有名哀章之人，更献上金匮策书至汉高祖庙，大意言莽为真命天子，表中有十一人都有官衔，于是王莽入高祖庙拜受。

160

初始元年（公元8年）十二月，王莽逼迫王政君交出传国玉玺，废孺子婴（刘婴），自立为帝，改国号为"新"，王莽即"新始祖"，也称为"新朝建兴帝"，简称新帝。同时，王莽又改长安为常安，称"始建国元年"。西汉就此灭亡。

王莽篡汉后，首先做出了一系列的改革。由于汉末以来，政治腐败，朝廷奢华无度，地方搜刮盘剥，再加上豪强地主大量兼并土地，使得百姓流离失所，生活困苦，经济凋敝，所以人心浮动，政治危机愈演愈烈。王莽执政以来，为了获取民心，虽然采取了一系列缓和社会矛盾政策，但也始终未能在根本上解决问题。王莽信奉儒家思想，他认为天下要恢复到孔子所宣称的"礼崩乐坏"前的礼治时代，才可能实现政通人和。因此王莽当上皇帝后，企图通过复古西周时代的周礼制度来达到他治国安天下的理念，于是仿照周朝的制度开始推行新政，史称"王莽改制"。

由于王莽在始建国元年首先将天下田改名'王田'，以王田制为名恢复井田制；奴婢改称'私属'，与王田均不得买卖。其后屡次改变币制，更改官制与官名，把盐、铁、酒、铸钱及山林川泽收归国有。但由于这些政策只求名目复古，很多都是与实际情况相违背的，而且在推行时手段和方法不正确，在遭到激烈反对后，又企图通过严刑峻法强制推行，使诸侯、公卿直到平民因违反法令而受重罪处罚者不计其数，加剧了社会的动荡。人们未蒙其利，先受其害，各项政策朝令夕改，使百姓官吏不知所从，因此导致天下各豪强和平民的不满。

在建立新朝后，王莽为了宣示新朝的威德，便派遣使者四出，将原本臣服于汉朝的匈奴、高句丽、西域诸国和西南夷等属国统治者由原本的"王"降格为"侯"。又收回并损毁"匈奴单于玺"，改授予"新匈奴单于玺"；甚至将匈奴单于改为"降奴服于"，高句丽改名"下句丽"；各族因此拒绝臣服新朝。

史载，宣帝以来，汉与匈奴的关系得到改善。呼韩邪单于穷困来降，汉王朝仍将匈奴视为对等的大国。汉王朝发给匈奴的印信，文字是"匈奴单于玺"，以示待以客礼而不是作为汉王朝的臣属。但王莽建新朝后，为表现其"威德至盛异于前"，于是命使臣将汉宣帝颁给呼韩邪单于的金质"匈奴单于玺"索回，而代之以"新匈奴单于章"，不但在匈奴前加以"新"字，且以"章"代"玺"，显然是蓄意压低单于的政治地位，将匈奴从前与汉天子的平等关系降为与王莽新室诸王同样的地位，从而使匈奴成为新室的附庸。这自然引起了匈奴乌珠留单于的不满，加上其他一些纠纷，平静多年的北方边境开始紧张起来，战争一触即发。然而就在这种情况下，王莽又将"匈奴单于"称号改为"恭奴善于"，后改为"降奴服于"，接着又分匈奴居地为十五部，强立呼韩邪子孙十五人俱为单于，以削弱匈奴的势力，此举激起了匈奴的不满，乌珠留单于因此而反，开始侵扰北方边塞，边地吏民被掠杀者不计其数，形以至于"千里无烟，无鸡鸣犬吠之声"的局面。

王莽派孙建等十二将军，征发全国各地精兵三十万人，备足三百日的粮草，准备分十路同时并进歼灭匈奴。陆续征调的大军虽已抵达边境，但粮草的征集却十分困难，故而颇受王莽器重的严尤上书谏称，匈奴境内多乏水草，无处筹粮，一切均要汉军自带，有无斩获，大军皆需返回，否则大军就要困死在沙漠之中，所以，历来攻打匈奴，没有一次出征超过百日的。而全国各地调集大军，一年尚未集，兵先至者聚居暴露，师老械弊，势不可用，因此，他建议遣精兵北入沙漠，对匈奴"深入霆击"，以创艾胡虏。但王莽不听，动员全国的财力、物力，并下令将"天下丁男及死罪囚吏民奴"发往北方，并以全国吏民三分之一的财产资助军费开支，准备平定匈奴。

新朝的军事制度承袭西汉，但王莽更改官制名称为古称。为了平定叛乱，王莽采取"以军领政"的方式控管地方。他命令原为文官的"七公六卿"都兼称将军，监督地方官吏，以便稳定地方治安。譬如在并州、平州发生民变时，就曾经派著武将军逯并驻守平乱。此后，由于绿林军在荆北作乱，王莽派司命将军孔仁驻守豫州，纳言将军严尤、秩宗将军陈茂平定荆州，此皆为兼称将军的实例。而以军领政的方式还有命中郎将、绣衣执法各五十五人，分别驻守大郡，监督地方的做法。而中郎将不仅涉内政，兼有对外职责。此外，王莽所封的太子四友，就有中郎将廉丹。此外还在内置司命军正，外设军监十二人。至新末民变期间，王莽见四方盗贼多，复欲厌之，又置前后左右中大司马之位，赐诸州牧号为大将军，各郡的卒正、连帅、大尹为偏将军，属令为裨将军，县宰为校尉。然而官军在地方胡作非为，扰乱地方行政，最终以军领政的方式还是失败。

胡马阴山

除了这些措施外，王莽还陆续建立猪突豨勇、理军等新军，但无大用。所谓"猪突豨勇"，是为了平定匈奴，王莽招募天下丁男、死罪囚、吏民奴而编成的，并令公卿以下至郡县黄绶皆保养军马，多少各以秩为差。又招募自称有奇技术可以攻匈奴的人，然而大多夸大其词，但王莽仍拜为"理军"，赐以车马。并设立捕盗都尉以平定三辅盗贼。新末时，王莽还拜将军九人，皆以虎为号，号曰"九虎"，率领北军精兵数万前往关东平乱。

王莽

不过在当时，王莽的大军主要还是以汉制，史载，王莽征发士兵三十万人，大举进攻匈奴。由于战事连年不决，自宣帝以来，"数世不见烟火之警，人民炽盛，牛马布野"的北方边界，又成了"北边虚空，野有暴骨"的悲惨状况；而北地官民也因为战乱而相聚为盗，于是动乱开始形成。

史载王莽为准备对匈奴作战，在征发内地兵员的同时，还向臣服于汉的高句丽征兵，强令高句丽、乌桓出兵，两国皆不愿而叛变，高句丽叛变后侵扰辽地各郡，新朝辽西太守田谭战死，于是始建国四年（公元12年），王莽派严尤出兵，斩其王，从而征服了高句丽，将其改名为下句丽。但高句丽别种濊貊仍旧屡次寇边。直到新朝灭亡时，还入侵右北平、渔阳、上谷等幽西数郡。而乌桓则与鲜卑连和，投奔匈奴。史载新朝灭亡后，匈奴呼都而尸道皋若鞮单于认为有机可乘，扶持九原卢芳与渔阳彭宠，其中卢芳还被封为汉帝，并率军东掠并、燕，西侵凉、朔，对边地官民威胁很大。

由于建国元年（公元9年），王莽称帝后，以"天无二日，土无二王"为由，将西域各国的王改封为侯，从而引起了西域诸国的普遍不满。西域在汉哀帝、汉平帝时，已有五十五国。王莽建立新朝后，西域诸国大多不服统领，故而匈奴反叛之后，其势力也开始进入西域，当时西域已因为诸国互相征伐而大乱，继而亲近匈奴的焉耆就杀西域都护但钦，投附匈奴，在得知攻杀焉耆西域都护的消息后，天凤三年（公元16年），王莽派五威将王骏、李崇与郭钦等人率兵出征西域，但大军却被焉耆率领姑墨、尉犁、危须等联军袭杀，王骏战死，新军几至全军覆没。自此之后，西域与新朝断绝往来。西域北道诸国沦入匈奴势力范围，只有位于西域南道的莎车率领南道诸国抗衡匈奴，此后南道诸国被匈奴所平，于是西域全部被匈奴占领。

此外，由于王莽胁迫羌人"献"出青海湖一带的土地设立西海郡，以便与国内已有的北海郡（国）、南海郡、东海郡合起来凑全"四海"。新末时，西羌迁入境内掠夺，隗嚣招怀其酋豪，陇西数郡都成五溪羌、先零羌的势力范围。同时，位于四川松番一带的武都参狼羌也被蜀地的公孙述煽动，发起叛乱，一时间，边地尽皆糜烂。

就在北方、西方一片叛乱之际，"西南夷"亦对王莽的不满，史载西南夷句町王因对王莽不满，被王莽处死，于是，句町王之弟承便率众起兵，攻杀牂柯太守周韶，此后益州蛮夷也攻杀太守程隆。越巂、遂久、仇牛、同亭、邪豆之属等西南诸夷趁机起而响应。尽管王莽曾派几十万大军一度将句町的反抗镇压，但始终未能平定叛乱，此后新朝屡次派兵讨伐，但皆无功，宁始将军廉丹率领的大军水土不服，进讨未果。而后以益州文齐为太守，其开垦南中，劝降西南夷，方才稳定局面。

在这种内忧外患相交的情况下，王莽的新朝开始走向了末路。

第四章　玉门行

南北分治
——刘秀和匈奴帝国分裂的背后博弈

　　按照史料记载，自王莽篡汉以来，中原大地便陷入到动乱之中，而导致这一动乱的根本，便是王莽的所谓"立新"及改制之举。虽然掌权之初，得到了一些朝中大臣、百姓人民的拥戴，但也遭到了不少人的反对。譬如王莽代汉后，曾派使者召请新都相孔休为国师，但孔休却是"遂呕血托病，杜门自绝，不任新莽官职"。又有大司空彭宣、王崇，光禄大夫龚胜，太中大夫邴汉等也请求乞骸骨，谢官归里。而王莽专权时，大封其亲信，多达三百九十五人，而同时却废黜刘氏宗族诸侯王三十二人、王子侯一百八十一人。这种情况下，刘氏宗族相继起兵反抗也就是必然的了。

　　居摄元年（公元6年），安众侯刘崇率百余人攻宛，因人少而失败。次年九月，东郡太守翟义称呼为国讨贼，以安社稷，起兵十余万，立严乡侯刘信为天子，三辅二十三县十余万人起而响应。王莽闻讯后，大惊，连忙遣关东甲卒前往镇压，一时间，长安周围局势十分紧张，直到第二年二月，大军才将翟义等人的举事镇压下去。居摄三年（公元8年）九月时，更是发生了期门郎张充等六人密谋劫杀王莽而拥立楚王的事情，虽然事发后，张充等人尽皆被诛杀，但直至新朝建立，各类反莽之事仍然层出不穷。始建国元年（公元9年）四月，徐乡侯刘快率数千人起兵。真定人刘都等密谋举兵造反，事泄被诛。

　　不过纵观这些反莽活动，可以看得出，其力量十分微弱，虽然王莽相继将之镇压，但他并没有注意到，刘氏宗族及贵族、富贾与自己的矛盾此时已经开始激化。而与此同时，平民百姓的反抗也开始出现，甚至到了"此伏彼起，层出不穷"的地步。王莽对这类反对自己的"叛乱"

不以为然，因其以新圣自居，故而试图在全国范围内推行"托古改制"的新政，意图恢复儒家歌颂的夏、商、周三代盛世。其改制的内容上从典章制度、法律与教育，下到百姓习俗、经济制度等，十分全面。譬如，他依《周礼》改官名为西周官名，例如改大司农为羲和（后为纳言）、改郡太守为大尹等等。而地方制度也效仿周制，甚至许多地名经过多次改名。由于官员和百姓无所适从，最后还是恢复原名，平白增加无谓的麻烦，此外，他下令天下农田改称"王田"，耕地收为国有，推行王田制，从而无田者按一夫百亩受田，一户不满八人而土地超过一井（900亩）者，分余田给九族或邻里，由于此举限制豪强百姓只能有一定土地大小，故而从根本上来看，此措施与现实状况差异过大，地方豪强不可能因为一道法令而服从；由于土地过小而不能负担一户生活，连百姓都反对这个改革。于是仅仅三年之后，王莽接受区博的建议取消王田制，一时间，闹得民怨沸腾。此外，王莽令将奴婢改称"私属"，禁止买卖，然而既然无意废除奴婢制，却又禁止自由买卖，因此导致豪强在黑市贱卖奴婢，在这种情况下，这一措施自然到最后也废除了。此外，王莽设立五均六筦与赊贷之政，以管理商业，以公权力管制物价、实施平衡，并加强税收，即以五均官掌管工商业的利得税（类似所得税），把盐、铁、酒、币制、山林川泽收归国有，实行国家垄断，此外还屡次改变币制，王莽依据古制，陆续推行刀货、贝货等新币，共有黄金、银货、龟宝、贝货、钱货、布货等，这些货币名目繁多，换算复杂，造成新朝的财政极为混乱。此后，又却有尽数废除，于是也就以致农商失业，经济崩溃。很显然，王莽改制没有解决西汉末年以来的土地兼并以及流民问题，反而因其兴师动众讨伐匈奴，和对东北、西南边境各族频繁征讨，使得百姓的赋税、徭役负担位置加重，于是天下人皆不满其所为。

新朝时，沉重的赋役征发，残酷的刑罚，不仅使百姓怨声载道，加上连年灾荒，成千上万的百姓死于非命，例如征句町时，王莽发吏民二十万，因军粮前后不相及，士卒饥疫，三岁余死者数万人。人祸加上天灾，使土地荒芜，物价腾贵，米价由汉文帝时的每石数十钱涨至二千钱，此后，更达到了每斛价值黄金一斤。天灾人祸迫使百姓流落他乡，人相食的惨状史不绝书。面对这种现象，王莽无计可施，竟然异想天开，派人教流落关中的饥民"煮木为酪"。这种悲惨的生活，怎么能使百姓不铤而走险，揭竿而起。

其实这些问题，并不是没人看出来。史载，自王莽改制革新之初，便不断有大臣进行劝诫，王莽的一系列新政，可谓是乃只求名目复古，常要求恢复周礼，徒增行政困难。实行王田制乃根据周代的"井田制"，但井田制的崩坏乃因为人丁增加，耕地不足以养活各人丁，再实行井田制自不可能成功。又如币制改革不但令货币种类繁多，而且这些货币其实根本无法流通，譬如贝币，乃是古时所用，是因为使用不便才被淘汰的，此时再恢复使用自当引起混乱。但是王莽不听劝阻，一意孤行，于是天下皆反，民众起义之火首先于北方边郡点燃，接着在黄河流域、长江流域也尽皆爆发了农民暴动。

史载，始建国三年（公元11年），各地百姓苦于新莽政权频繁的征发，相继弃城郭流亡为盗贼，其中并州等边尤甚。天凤二年（公元15年），五原、代郡一带百姓不堪北征匈奴士卒的骚扰，数千人起而造反，捕盗将军孔仁经过一年多的围剿，才将盗贼平定下去。天凤四年（公元17年）以后，天下愈愁，盗贼起，各地人民纷纷起而反抗。在这一年，瓜田仪在会稽长洲率众起义，坚持长达数年之久。同年，琅琊海曲妇女吕母为被县宰冤杀的儿子报仇，率众攻破县城，处死县宰，自称将军，出没于海上，其势力迅速发展到数万人。天凤五年，东海人力子都率众起义，队伍迅速发展到数万人，活跃于徐州等地，王莽遣使者发郡国兵击之，不能克。而在北方，也出现数十支起义军，其中较为著名的有铜马部、青犊部、上江部、城头子路部等。在南方，有张霸在南郡的起义、羊牧在江夏的起义、秦丰在南郡的起义、王州公在庐江的起义。这些义军人数不等，少则数千，多则数万、数十万，其活动范围往往跨州连郡，活动频频。在国都附近的"三辅"地区，小股起义也多得不可胜数。地皇二年（公元21年），三辅盗贼麻起，甚至在长安城中也有盗贼出没，王莽不得不置捕盗都尉官，令执法谒者追击长安中，建鸣鼓攻贼幡，而使者随其后。

不过对新朝威胁最大的还当属赤眉、绿林两路义军。史载赤眉军于天凤五年（公元18年）在莒起事，首领为琅琊人樊崇，最初活动在泰山一带，几年之间发展到数万人，乱军由农民组成，大多不识字，因其均将眉毛涂红而得名，赤眉军收编吕母部后，实力大增。新莽地皇二年（公

　　　　　　　　　　　　　　胡马阴山

元21年），王莽以太师牺仲景尚、更始将军护军王党出兵讨伐，但征讨大军被赤眉军击溃。此后王莽再派太师王匡、更始将军廉丹率十万兵东征，所经之路都纵兵掠夺，民众义愤非常，有歌谣唱到"宁逢赤眉，不逢太师，太师尚可，更始（指更始将军廉丹）杀我"，由此可见，百姓的态度。十月，王匡率军进抵无盐，击败据城举兵响应赤眉军的索卢恢部万余人。是时，赤眉别校董宪部正活动在无盐西南的梁地。王匡恃强急战，率大军南下，欲一举击破董宪部。恰在此时，樊崇所率赤眉军主力已进至无盐附近的成昌。莽军出无盐不久，即与赤眉大军相遇于成昌。首次交兵，王匡、廉丹被斩万余，大溃。此后，赤眉军乘胜追至无盐，王匡仓皇逃奔洛阳，廉丹虽然做拼死一搏，但依然大败，史载，赤眉军斩杀廉丹及其部下校尉二十余人，势力扩张到青、徐、豫、兖等州。

而与此同时，因天凤四年（公元17年），新市（今湖北省京山县东北）一带大饥，众多饥民在王匡、王凤率领下举事起义，占绿林山为寇，有数千人。地皇二年（公元21年），新莽荆州军为绿林军所败，王莽遣司命将军孔仁守豫州，派纳言将军严尤、秩宗将军陈茂进入荆州平乱，结果两万征讨大军再次惨败，绿林军部众增至数万人。次年（公元22年），绿林山瘟疫爆发，于是绿林军不得不分兵，王常、成丹率兵向西，转入南郡，称"下江兵"，而王匡、王凤率兵东进新市，称"新市兵"，并北上攻打宛城。途中进攻随县时，有平林人陈牧、廖湛率众加入，即"平林兵"，此后，下江兵被严尤击败后，也北上宛地会合新市兵。时有宛地豪强刘縯、刘秀等人也起兵响应，称"舂陵兵"。

十一月，绿林军新市、平林、舂陵三部合力攻克棘阳等地，但随后，因刘縯率舂陵兵急欲攻宛，却被南阳郡守甄阜、属正梁丘赐率军击败，不得不退保棘阳。此后，甄阜、梁丘赐留辎重于蓝乡，乘胜率精兵十万南渡潢淳水，临近沘水，在两川间扎营，企图一举扑灭义军。是时，由王常等率领的下江兵五千余，已从南郡转战到宜秋。十二月，新市、平林、下江、舂陵四部合兵，一时间，绿林军士气大振，遂对甄阜、梁丘赐所领新莽军展开反扑。义军兵分六部，乘夜攻袭蓝乡，一举劫获甄阜军全部辎重，并堵住其退路，继而从东南、西南两面展开合击，甄阜、梁丘赐见势不妙，遂率军败逃，此后义军追至潢淳水，斩首两万余，杀甄阜、梁丘赐。

史载，新莽地皇三年（公元22年）二月，绿林军大破新莽军甄阜、梁丘赐等将于蓝乡，包围宛城，占领昆阳。此后，绿林诸将拥汉宗室刘玄为更始将军，后又恢复汉朝国号，以刘玄为帝，建元更始，史称更始帝，即玄汉。更始帝以王匡、王凤为上公，刘缜为大司徒，刘秀为太常偏将军，决议争夺天下。

刘玄原乃是汉景帝刘启的后代、刘秀的族兄。其祖父为苍梧太守刘利，父刘子张，母何氏。起初，刘玄的弟弟被人杀害，他便结交宾客准备报仇。可不久之后宾客犯了法，刘玄便跑到平阳躲避官府的追捕。官吏抓走了他的父亲刘子张，而后刘玄诈死，让人把他的灵柩运回舂陵，官吏才释放了他的父亲。但刘玄也自此便避居于外。地皇三年（公元22年）七月，平林人陈牧、廖湛领导千余人起义，号平林兵，以应王匡，正是在这里避难的刘玄参加了平林军，担任安集掾。四年（公元23年）正月，绿林军诸部合兵击破新莽将领甄阜、梁丘赐后，遂号刘玄为更始将军。二月，后因其为刘姓宗室，这才在淯水边拥其为帝，大赦天下，建元更始。

就在刘玄登基后、大封宗室诸将时，消息传到长安，一时间朝野震动，王莽即遣大司空王邑、大司徒王寻发各州郡精兵共四十二万扑向昆阳和宛城一线，力图一举扑灭义军。于是在中国历史上极为著名的、决定着未来历史进程的昆阳大战就此拉开序幕。

王莽以司徒王寻、司空王邑为大将，征集大军四十多万，号称百万。同时征召通晓兵法的六十三家为军吏，并以身长一丈、腰大十围的巨人巨毋霸为垒尉，又驱使诸多猛兽虎、豹、犀、象等助威，其余旌旗、辎重千里不绝。史载"自秦、汉出师之盛，未尝有之"。可谓是倾全国之力，试图一鼓而平天下，而绿林军，仅有刘秀率八九千之众，二者军力悬殊。

刘秀是汉高祖刘邦的九世孙，乃是汉景帝子长沙定王刘发之子舂陵节侯刘买的玄孙，与更始帝有同一个高祖父刘买。史载刘秀的先世因"推恩令"而从列侯递降，至他的父亲刘钦时，不过为南顿令刘钦，母樊娴都。世代居住在南阳郡蔡阳，属地方豪族。建平元年（公元前6年），刘秀出生于济阳，史载他出生的时候，有赤光照耀整个房间，而当年稻禾（嘉禾）一茎九穗，因此而得名"秀"。元始三年（公元3年）时，刘钦去世，故而年仅九岁的刘秀与其兄妹便只能依赖叔父刘良抚养。不过虽然为庶民，但刘秀勤于农事，天凤年间，刘秀还曾到长安，学习《尚书》，故而略通大义。而其兄刘𬙂则好侠养士，经常取笑刘秀，将他比做高祖皇帝刘邦的兄弟刘喜。按照史料中的记载，刘秀在新野县时，听闻南阳豪强世家阴氏有女丽华极为美貌，心悦之。后至长安，见执金吾车骑甚盛，因叹曰："仕宦当作执金吾，娶妻当得阴丽华。"

阴丽华的家族祖先为齐桓公名相管仲，其第七代子孙管修的时候，从齐国迁居楚国，被封为阴大夫，以后便以"阴"氏为姓。秦末汉初，阴家举族迁到了新野，据《后汉书·阴识传》载："其先出自管仲，管仲七世孙修，自齐适楚，为阴大夫，因而氏焉。秦、汉之际，始家新野。"当时阴家"田有七百余顷，舆马仆隶，比于邦君"。所谓"邦君"就是分封的诸侯王。这也就是说，阴家占有巨量的土地，车马和奴仆可以同分封的诸侯王相比。不过在当时，刘秀也就只能发出这样的感慨，而并没有机会迎娶阴丽华，更无法出仕为执金吾。

然而不久之后，因王莽推行的改革盲目崇古，不切实际，又触动了上至豪强、上及平民的利益；加之水、旱等天灾不断，广袤中原赤地千里、哀鸿遍野。终于，在新莽天凤年间，赤眉、绿林、铜马等数十股大小农民军纷纷揭竿而起，大批豪强地主也乘势开始倒莽。顿时，海内分崩，天下大乱。此时，刘秀虽名为皇族后裔，但他这一支属于远支旁庶一脉。故而在刘𬙂和南阳的诸多子弟都欲趁乱起兵时，刘秀却持谨慎的态度以观时局。据《太平御览》卷九十引《东观汉记》载："上深念良久，天变已成，遂市兵弩。"可见刘秀起兵是经过了深思熟虑和谨慎决断的，见天下确已大乱，方才决定起兵。

史载，刘秀为人、与其长兄刘𬙂不同，刘𬙂不事家人居业，倾身破产，交结天下豪杰，欲图大事；而刘秀则为人"多权略"，处事极为谨慎。性格上的不同也决定了日后刘𬙂、刘秀两兄弟截然不同的结局。地皇三年（公元22年），刘秀避吏于新野，因卖谷而至宛，经李通劝说，方才在十一月，"光武遂（从宛）将宾客还舂陵"，会同其兄刘𬙂打着"复高祖之业，定万世之秋"的旗号，于舂陵正式起兵反莽。

因刘秀兄弟和南阳宗室子弟在南阳郡的舂陵乡起兵，故而史称刘秀兄弟的兵马为舂陵军，舂陵军多为南阳的刘氏宗室和本郡的豪杰，但因兵少将寡，所以实力不强。甚至在举义之初，刘秀竟无马，只能骑牛，此后杀新野尉，刘秀方才有了自己的战马。此后为了壮大声势，舂陵兵与新市、平林、下江等绿林军合兵。

当王莽派大司空王邑急赴洛阳，与大司徒王寻调集各州郡兵四十余万南进，号称百万军，企图一举扑灭汉军的时候，其实刘秀手里的兵马并不多。当年五月间，王邑、王寻率军西出洛阳，南下颖川，与严尤、陈茂两部会合，迫使刘秀的所部自阳关撤回昆阳。当时昆阳汉军仅九千人，众恐不敌，欲弃城退守荆州故地。刘秀以"合兵尚能取胜、分散势难保全"为由，说服诸将固守昆阳。此时王莽军已逼近城北，刘秀率十三骑乘夜出城，赴定陵县、郾县调集援兵，后有步兵、骑兵一万七千精兵赴援昆阳。

而新莽军锐气正盛，王邑等人自恃兵力强大，扬言："百万之师，所过当灭，今屠此城，喋血而进，前歌后舞，顾不快耶！"而后督军攻向昆阳城，面对新莽军挖掘地道、制造云车、大军围城的情况，昆阳汉军别无退路，只能坚守危城。此后，王莽军久战疲惫，锐气大减。而刘秀则于六月一日率领步骑万余人驰援昆阳。史载，刘秀亲率千余精锐为前锋，反复猛冲，斩杀王莽军千余人，汉军士气大振。随后刘秀利用王寻、王邑轻敌懈怠的弱点，以精兵三千迂回侧后，偷渡昆水，直攻王邑的中军。面对汉军的乘锐猛击，王邑依旧轻敌，其下令各营勒卒自持，不得擅自出兵，自行和王寻率及万人迎战，结果王邑兵马陷入困境，王寻被杀，诸将未敢出援。昆阳守军见城外汉军取胜，亦出城而战。王莽军大乱，纷纷夺路逃命，互相践踏，积尸遍野。此时突然大风飞瓦，暴雨如注，滍水暴涨，王莽军万余人涉水被淹死，滍水为之不流。

四十万大军覆灭于昆阳城下，王邑仅与数千人逃回洛阳。于是三辅震恐，海内响应，旬月之间遍于天下。王莽在南郊举行"哭天大典"，以求天救。而此时，更始帝遣王匡攻洛阳，申屠建、李松急攻武关，各地豪强纷纷诛杀新朝牧守，用汉年号，遵服更始政令。更始元年九月，绿林军攻入长安，王莽在混乱中被商人杜吴杀死于未央宫的渐台，新朝覆灭。

然而此后当在昆阳之战中立下首功的刘秀忙着马不停蹄的攻城略地之时，因刘缤、刘秀兄弟威望大盛，遭到刘玄的猜忌，不久，时为大司马的刘縯被更始帝借故诛杀，同时被杀的还有同宗刘稷。史载，消息传来，刘秀强忍悲伤，益发谦逊，而且饮食言笑如常。为了不受更始帝的猜忌，他急忙返回宛城向刘玄谢罪，除了不敢为哥哥服丧之外，其还不与刘縯部将接触，而且不表昆阳之功，并且表示兄长犯上，自己也有过错。更始帝本因刘縯一向不服皇威，故而杀之，见刘秀如此谦恭，反而心有所惭，故而拜刘秀为破虏大将军。是月，刘秀在宛城即迎娶了他思慕多年的阴丽华。

新朝亡后，更始帝定都洛阳，但河北（黄河以北）州郡尚未归附，此外赤眉军也声势日益壮大，还有"河北三王"、铜马、尤来、隗嚣、公孙述等，于是更始元年（公元23年）十月，更始帝刘玄遣刘秀行大司马事北渡黄河，镇慰河北州郡。然而刘秀到河北后不久，前西汉赵缪王之子刘林即拥戴王郎在邯郸称帝，广阳王之子刘接也起兵相应刘林。这种情况下，势力单薄的刘秀处境颇为艰难，甚至有南返逃离河北之心，幸得刘植、耿纯所拥，上谷、渔阳两郡的支持也很关键。史载，上谷太守耿况之子耿弇就曾对刘秀言道："渔阳、上谷的突骑足有万骑，发此两郡兵马，邯郸根本不足虑。"而刘秀高兴地指着耿弇道："是我北道主人也。"不过就在刘秀准备在河北招兵买马进攻邯郸的同时，河北三王中拥兵十余万、实力最强的真定王刘杨一直在观望。为了真定府的十万大军为己所用，刘秀遂派部下刘植去真定府游说。最终刘秀亲赴真定王府，以隆重的礼仪迎娶了刘杨的外甥女，以联姻的方式，促成了两家的联合。而此时距刘秀在宛城迎娶阴丽华尚不足一年。

此后，在真定王刘杨的协助下，刘秀率军攻陷邯郸，王郎亡。而眼见刘秀在河北日益壮大，更始帝极为不安，他遣使至河北，封刘秀为萧王，令其交出兵马，回长安领受封赏，同时令尚书令谢躬就地监视刘秀的动向，并安排自己的心腹苗曾做幽州牧，接管幽州的兵马。刘秀以河北未平为由，拒不领命，史称此时刘秀"自是始贰于更始"。不久，刘秀授意手下悍将吴汉将谢躬击杀，其兵马也为刘秀所收编，而更始帝派到河北的幽州牧苗曾与上谷等地的太守韦顺、蔡允等也被吴汉、耿弇等人所收斩。自此，刘秀与更始帝公开决裂。

与此同时，刘秀率吴汉、邓禹等将发幽州十郡突骑平定河北州郡的铜马、尤来河北诸民变军，数十万铜马民军中的精壮之人被刘秀编入军中，因而一时间被关西人号为铜马帝。至更始三年（公元25年）时，刘秀已经是"跨州据土，带甲百万"。是年六月二十二己未日，刘秀在鄗城千秋亭即皇帝位，建元建武。为表重兴汉室之意，刘秀建国仍然使用"汉"的国号，史称后汉（唐末五代之后也根据都城洛阳位于东方而称刘秀所建之汉朝为东汉），刘秀是为汉世祖光武皇帝。

而在此时，更始帝已经迁都至长安，他建国后昏庸无能，滥封诸侯，将政事委托给岳父赵萌，政治混乱，甚至百姓尽皆怀念王莽。当时李轶、朱鲔自立于山东，王匡、张卬横暴三辅。而在汝南、颍川的赤眉军，因为粮食不足，加上更始帝分封不给国邑，而由樊崇和徐宣兵拥兵三十万众，分两路进逼长安。进军途中，赤眉军拥立刘盆子为帝，史称赤眉汉，建元建世。

更始帝得知消息后，遣诸将讨伐，申屠建、陈牧、成丹等将均死，大军死伤甚重，三辅震动。同年九月，赤眉军攻陷长安，更始向赤眉请降，获封为长沙王，后为赤眉缢杀，玄汉亡。而光武帝则乘机南下洛阳，并定都之，此后又改洛阳为"雒阳"。

当赤眉、绿林相互厮杀之，刘秀又以邓禹西入关中，以观时变。时，赤眉汉政治混乱，诸将跋扈，加之三辅大饥，人相食，城郭皆空，白骨蔽野，赤眉数十万大军拥在长安，不日粮草即告匮乏，只得撤出长安西走陇右以补充粮草，结果为割据陇右的隗嚣所败。恰是严冬，"逢大雪，坑谷皆满，士多冻死"，赤眉数十万大军只得东归再次折回长安，并击败了进驻那里的邓禹军，迫使其退出长安，但此时的赤眉军也遭受了极大的消耗。见邓禹的西征军不利，刘秀遣冯异前往关中，代替邓禹指挥西征大军。冯异到后，邓禹联合冯异部与赤眉再战，结果再次大败，冯异只率少数人弃马步行才得脱身归营，而邓禹则败走宜阳。冯异收拢归散的部下，坚壁清野，待机再战。不久，冯异军与赤眉再次大战于崤底（今河南渑池西南），双方均倾众而出，一直大战到太阳偏西。在此之前，冯异提前选精壮之士换上与赤眉军一样的装束，伏于道路两侧，此时见双方皆已力衰，伏兵杀出，赤眉大军惊溃大败，被冯异迫降者八万余。

崤底之战，使得赤眉军再遭重创，加之粮草已尽，不得已再次转向东南方，力图补充粮草和人马，摆脱困境。但刘秀鉴于关中大饥，人相食而隗嚣的重兵又陈于西，故而早已料到赤眉必向东或南方向运动，遂遣破奸将军侯进等屯新安、建威大将军耿弇屯宜阳，以堵截赤眉东归或南下之路。当眉军主力十多万众南下走宜阳时，刘秀乃亲自引大军驰援，六军布阵于宜阳，大司马吴汉精兵于最前，中军在其后，骁骑和甲士分陈于左右两侧。赤眉大军兵士疲敝，粮草缺乏，士气低落，自崤底失败后一路从关中折向南，至宜阳，正迎面撞上刘秀大军，兵困粮乏的赤眉军根本无力再战，而后面又有冯异的大军，再回关中已无可能。在已陷入绝境的情况下，尚有十几万兵马的赤眉大军无奈在宜阳被迫请降，至此，起自新莽天凤五年，纵横山东十余年的赤眉军被平定。此后，刘秀先后荡平张步、隗嚣、公孙述等割据，并于建武十二年十一月十九已卯日（公元36年12月25日）吴汉攻克成都，至此东汉统一天下。

史载，光武帝勤于政事，"每旦视朝，日昃乃罢，数引公卿郎将议论经理，夜分乃寐"。在位期间，多次发布释放奴婢和禁止残害奴婢的诏书。为减少贫民卖身为奴婢，经常发救济粮，减少租徭役，兴修水利，发展农业生产。裁并郡县，精简官员。结果，裁并四百余县，官员十置其一。历史上称其统治时期为光武中兴。其间国势昌隆，号称"建武盛世"。

此外光武帝时，汉帝国开始不设丞相，而是"虽置三公"但"事归台阁"。一方面削弱三公权力，使三公成为虚位，另一方面又扩大尚书台的职权，成为皇帝发号施令的执行机构，所有权力集中于皇帝一身。《后汉书·申屠刚传》说："时内外群官，多帝自选举，加以法理严察，职事过苦，尚书近臣，至乃捶扑牵曳于前，群臣莫敢正言。"又有"自是大臣难居相任"之说。不过，光武帝并没有如同先祖高皇帝刘邦得天下后诛杀功臣，而是分封三百六十多位功臣为列侯，给予他们尊崇的地位，只解其兵权。其实，在统一天下之前，光武帝就开始削弱国防建设，废郡国兵制，罢郡国都尉。削弱地方兵权的同时，导致后来无力抵御外患，而豪强地主的部曲家兵则迅速发展。

史载，当光武帝统一天下后，又厌武事，不言军旅，所谓光武"知天下疲耗，思乐息肩，自陇蜀平后，未尝复言军旅"。建武二十一年（公元45年），有西域鄯善、东师等十六国"皆遣子入侍奉献，愿请都护。但帝以中国初定，未遑外事，乃还其侍子，厚加赏赐"。其后，建武二十七年（公元51年），朗陵侯臧宫、扬虚侯马武上书：请乘匈奴分裂、

光武帝刘秀

北匈奴衰弱之际发兵击之，立"万世刻石之功"。光武下诏："今国无善政，灾变不息，人不自保，而复欲远事边外乎！……不如息民。"而之所以这样，是因为东汉初年，天下方定，针对战乱之后，生产凋敝，人口锐减的情况，光武帝注意实行与民休养生息政策，而首先是薄赋敛，故而在建武六年（公元30年），皇帝下诏恢复西汉前期三十税一的赋制。其次又省刑法，这种情况下偃武修文，不尚边功也就自然的了。

其实更深层次的原因是东汉初年，位于漠北的匈奴日渐强盛，大汉帝国此时也无力与匈奴战，不过在光武帝"不思进取"的时候，建武二十四年时，匈奴国内却是严重的自然灾害，人畜饥疫，死亡大半，而内部为争王位发生动乱。当时呼韩邪单于之孙日逐王比因蒲奴单于被立为单于，而既怀愤恨，于是其秘密派遣汉人郭衡奉匈奴地图，而后匈奴八部族人共立其为单于，与蒲奴单于分庭抗礼，于是匈奴再次分裂，彼此相互残杀。史载，建武二十四年（公元48年）十二月，比自立为呼韩邪单于，匈奴一分为二。后呼韩邪单于率众四万南下，依附东汉而称臣，被汉光武帝安置在河套之地，是为南匈奴，而留居漠北的称为北匈奴。

史载，南匈奴最初建庭于五原，而后迁庭于美稷县，即"南庭"。汉朝置使"匈奴中郎将"率兵保护其安全，并每年给归附的南匈奴一定的粮食、丝帛等物，而南单于则协助东汉共同抵御北匈奴，一时间，北匈奴竟成为了大汉与南匈奴的共同之敌。

良弓利剑
——东汉帝国的攻守之道

匈奴在东汉初年的确实力强大，当初王莽以三十万大军兵分十路出击匈奴，结果战事连年不绝，匈奴乌珠留若鞮单于甚至公开宣称匈奴世代受汉朝恩惠，不能遗忘。王莽不是刘氏子孙，没资格做皇帝，匈奴要为汉朝复仇，并遍告匈奴各王，命令他们南下讨伐王莽。于是新莽军接连战败，雁门、朔方太守先后被杀。但不久乌珠留单于死去。其实自呼韩邪单于归汉以来，匈奴内部就一直存在着亲汉和反汉两股势力。乌珠留死后，国政由亲汉的右骨都侯须卜所把持，此人是王昭君的女婿。而反汉的势力主要是乌珠留的弟弟右贤王舆等人。在右骨都侯须卜的拥立下，乌累若鞮单于掌握了大权，不过虽然乌累若鞮单于的儿子登因为匈奴入侵而被王莽杀死，但其并没有选择为儿子报仇，而是主动向王莽示好，请求和亲。可是在位仅仅数年，乌累若鞮单于便死，于是右贤王舆继立，称呼都而尸道皋若鞮单于。

史载，呼都而尸道皋若鞮单于"性贪婪"，又刚愎自用，其最初也是奉行亲莽政策，但王莽却是不顾大司马严尤的忠告，派和亲侯王歙前往边塞，将右骨都侯须卜夫妇骗到长安，并册立须卜做了所谓的"善于"，准备用须卜取代呼都而尸道皋若鞮单于。虽然须卜不是"挛鞮氏"的成员，但当王莽册立他为"善于"后，其还是得到了很多亲汉的匈奴人支持，于是呼都而尸道皋若鞮单于怒而大举进攻北边。

此后，新朝覆灭，定都长安的更始皇帝刘玄派人送还汉宣帝赐予的玺印，试图修复汉匈关系。但此时匈奴内部的情况已经发生了改变，由于亲汉的须卜此时已死于长安，故而匈奴内部的大权为主战派所掌握。在反汉主战诸王的鼓动下，呼都而尸道皋若鞮单于要求汉朝"当复尊我"。此时，刚好发生了安定三水人卢芳称帝之事。

当初卢芳自称是汉武帝的曾孙刘文伯，与三水县的胡人共同起兵，更始二年（公元24年）时，更始帝刘玄迁都长安，曾以卢芳为骑都尉，命他镇抚安定以西。可当更始三年（公元25年），刘玄败亡后，三水的豪杰拥立自称汉朝皇族的卢芳为上将军、西平王，与西羌、匈奴缔结和约。于是呼都而尸道皋若鞮单于派句林王迎接卢芳、卢禽、卢程入匈奴，拥立卢芳为汉皇帝。

东汉建武四年（公元28年），呼都而尸道皋若鞮单于遣无楼且渠王与割据并州的李兴、闵堪和亲结盟。次年，汉皇帝卢芳返还内地，被李兴、闵堪迎入五原郡九原县为都，割据北方边境五原、朔方、云中、定襄、雁门五郡。但在建武六年（公元30年）时，卢芳诛杀了事为五原郡太守李兴，于是朔方郡太守田飒、云中郡太守桥扈恐惧，反卢芳而降东汉。

此后，东汉大司马吴汉、骠骑大将军杜茂数次讨伐卢芳，但都没有成功。其实，这十余年间卢芳在匈奴的支持下和东汉的几次大战，总体上都是保持着攻势，而东汉朝廷却是疲于应付。不过建武十二年（36年），卢芳当进攻云中郡时，留守九原的部将随育却试图胁迫卢芳降伏大汉，这种情况下卢芳气馁，丢下辎重，只带十余骑逃入匈奴。此后，匈奴听说汉朝以重金求购卢芳，主动把他遣送到高柳，令其归汉。然而卢芳却抢先一步，史载，建武十六年（公元40年），卢芳入居代郡高柳县，以闵堪之兄闵林为使者，向光武帝请降，光武帝封卢芳为代王，闵堪为代相，闵林为代国太傅，负责汉朝与匈奴修好的事务。然而次年，卢芳入朝，在向洛阳途中，光武帝下诏命卢芳延期至明年（建武十八年）入朝。卢芳疑心皇帝猜忌，在代地再反汉朝，与闵堪、闵林在高柳县互相攻伐数月，匈奴派兵将其与妻室接走，卢芳入匈奴十数年病死。

自从卢芳再反之后，匈奴便是频频入口，史载，在呼都而尸道皋若鞮单于的率领下，匈奴于建武二十年（公元44年）至建武二十二年（公元46年）间多次进攻汉朝，逼得东汉不得不频频后退，甚至先后放弃五原等边境郡县。在这个时候，呼都而尸道皋若鞮单于治下的匈奴似乎重回冒顿单于时期，强盛一时，不仅恢复了匈奴旧疆，而且打得汉军节节败退，使得东汉帝国不敢与之争锋。然而让匈奴人始料未及的是，屡战屡败的汉人屡败屡战，不仅不会向匈奴称臣，甚至连和亲都没有，两国之间虽然使节不断前来，可依然是兵戎不断，但纵观而看，匈奴是进攻方，而东汉则是防御方，由于自从统一天下后，光武皇帝"知天下疲耗，思乐息肩，自陇蜀平后，未尝复言军旅"，故而汉军始终没有出兵塞外，甚至在匈奴的频频进犯面前，有些疲于应付。

而匈奴的情况其实并不好，虽然呼都而尸道皋若鞮单于一次又一次出兵进犯，但问题是此时的匈奴实力已经无法和冒顿时期相比了，经过汉武大帝时期的多次进攻，此后的五单于分裂，匈奴早就已经实力衰颓了，而呼都而尸道皋若鞮单于这样的频繁出击，只不过是在"不懈"地消耗着本来就不丰足的国力。不过呼都而尸道皋若鞮单于倒也不是完全无法对大汉形成威胁，其多次进犯对大汉来说，的确是让边地狼烟不断，此外由于原来臣属汉朝的乌桓也因为王莽的举措失宜而重新投入匈奴怀抱，于是乌桓和匈奴一起骚扰汉境，加之乌桓原来居住在代郡一带，距离汉地最近，朝发夕至，危害最大。此外，西域也因王莽的愚蠢，而各国怨恨之，诸国合谋杀了西域都户但钦，重新倒附匈奴。于是，匈奴也就得以从东、中、西三个方向对东汉王朝形成威胁。然而就在此时，建武二十二年（公元46年），呼都而尸道皋若鞮单于却死了。

呼都而尸道皋若鞮单于的死，对于匈奴来说，是件很糟糕的事情，史载，呼都而尸道皋若鞮单掌权后，为了改变兄终弟及的传位制度为父子继承制，便废弟右谷蠡王伊屠知牙斯承袭左贤王位，后来又借故杀了知牙斯。于是引起了日逐王比的不满，史载，日逐王比口出怨言："以兄弟言之，右谷蠡王次当立；以子言之，我前单于长子，我当立。"其实日逐王比的那番话也没说错，如果兄终弟及，应该让伊屠智牙师即位；如果父子相继，他是乌珠留单于的儿子，更有资格继承。于是，呼都而尸道皋若鞮单于知比不服，心疑其有二心，于是遣两骨都侯监领日逐王比所部。

呼都而尸道皋若鞮单于死后，其子左贤王乌达鞮侯立为单于，然而当年乌达鞮侯单于便死，其弟被立为单于，是为蒲奴单于。时值匈奴"连年旱蝗，赤地数千里，草木尽枯，人畜饥疫，死耗大半"，这种情况下，刚刚继位的蒲奴单于束手无策，加之又害怕汉朝趁火打劫，于是遣使至渔阳求和亲。

而在当时，因宣帝时，匈奴归附后，大汉便是将归顺的匈奴人安置在边境八个郡县，保留他们的部族结构，依旧由其自治，称为属国。王莽新朝末期，呼都而尸道皋若鞮单于起兵，汉匈边境再起战火，这些属国便是归顺匈奴，成为匈奴骑兵进攻汉地的先锋。在当时，为便于管理，呼都而尸单于在这里设下八部大人，而以日逐王比统辖，这也就等于是日逐王比的辖区是沿边八郡，拥有着大批所谓"属国"部众。而日逐王早在呼都而尸道皋若鞮单于在世时就已经心怀二心，多次借故不去王庭。而呼都而尸道皋若鞮单于也没有想到，自己当初把南部八郡划给日逐王比管辖，不仅丝毫无助于消解日逐王的不满情绪，反而给其身后留下了巨大的隐患。

日逐王部和汉地接触广泛，很多部众已经放弃游牧，改为定居农牧。故而遭遇天灾后，日逐王首先便是想到的是向汉朝求援。加之和单于有矛盾，于是日逐王决定先下手为强，密遣汉人郭衡奉匈奴地图向西河太守请求内附。负责监视他的两个骨都侯察觉到此事，于是连忙报告单于。蒲奴单于得报之后，大怒，然而其只知动武，缺少智慧，完全没有意料到情况的复杂性，可是大灾之年，匈奴人畜死亡众多，根本派不出多少兵，于是其只带了万人前往讨伐。结果发现日逐王陈兵五万严阵以待，蒲奴自知不是对手，只好撤回单于庭。

这种情况下，八部贵族眼看日逐王与单于为敌，于是共立其为单于，与蒲奴单于分庭抗礼。为了借得祖先的荣光，比的称号也取作"呼韩邪"。公开与蒲奴单于决裂后，呼韩邪单于便遣人至五原塞，向东汉表示愿意"永为藩蔽，捍御北虏"。很显然，呼韩邪单于比称自己的同族为"虏"，这是暗示自己和北匈奴的不同。当然了，事实上，八部匈奴因为长期汉化，已经与北匈奴在生产方式、文化形态上已经存在很大差异，而且在不自觉中，亦是接受了汉人的"夷夏之辨"，他们从心里认为自己已经脱离夷的行列，应该属于大汉的臣民。

此后，呼韩邪单于比又派其子至洛阳当面陈说归附之意，并把儿子留下作为人质。呼韩邪单于比称，当初呼韩邪单于临终之时，遗言让诸子依次做单于，于是其死后，诸子依次继承单于位，呼都而尸道皋若鞮单于为了将单于位传给自己的儿子乌达鞮侯，就把伊屠智邪斯杀死，而伊屠智邪斯是呼韩邪单于第九子，也是最小的儿子，其生母是王昭君，初为匈奴右日逐王，按照匈奴王位继承制度，他应接任左贤王，为单于第一继承人。现在自己内附，便是因为当初呼都而尸道皋若鞮单于无道，故而希望能够向汉朝称臣，这次进献国宝，派遣侍子，为的就是能够重修呼韩邪时期与汉朝的约定。

史载，建武二十五年（公元49年）呼韩邪单于比遣其弟左贤王莫率兵万余人进攻北匈奴，活捉北匈奴单于之弟奥鞮左贤王，又击败北匈奴单于帐下将士，俘获万余人。北匈奴一时间十分震惊，乃至于北部奥鞮骨都侯率部三万余人归顺南匈奴。在这样的情况下，光武帝派中郎将段彬前往，助比在五原塞以西八十里处建立单于庭，又仿照宣帝时对待呼韩邪单于的旧例，颁给金质玺绶、冠带、衣服、车马、锦绣等物及米两万五千斛、牛羊三万六千头。此后，为了便于控制，汉朝又把比的单于庭迁到云中郡。从此，匈奴分裂为南、北二部，而呼韩邪单于比在汉文史籍中开始频繁以"南单于"的身份出现。

显然，匈奴分裂为南、北匈奴，使得匈奴势力再次受到削弱，并成为其走向衰微的新的转折点。而东汉王朝则成为了最大的赢家，此后南单于为表示忠心，此后多次主动出击北匈奴，按《后汉书·南匈奴传》的描述是双方"仇衅既深，互伺便隙，控弦抗戈，觇望风尘，云屯乌散，更相驰突，至于陷溃创伤者，靡岁或宁"。不过南单于第一次出讨北匈奴，就被蒲奴单于率军杀得大败。此后，光武帝下诏，又将其单于庭迁到西河郡的美稷县，并派中郎将段彬及副校尉王郁为之卫护，实则是监视。美稷县地处河套平原，原本是匈奴旧地。

此后，南单于以韩氏骨都侯屯北地郡，右贤王驻朔方郡，当于骨都侯成五原，呼衍骨都侯守云中，郎氏骨都侯、左南将军、栗籍骨都侯分别屯定襄、雁门和代郡，各领部众"为郡县侦罗耳目"。侦罗的对象当然是北匈奴。蒲奴单于十分担忧，连忙将部分被俘汉人送还，并几次遣使请求和亲。然而汉廷为了利用矛盾，坐收渔翁之利，予以回绝，但对南单于的请求却几乎是有求必应。史载，此后数年之间，匈奴之地连续发生灾荒，北单于在无奈之下，连续三次派使节到洛阳，请求和亲或开放互市，但汉朝政府不予接济，却在建武二十八年（公元52年）回赠良弓利剑，令其尽忠孝之义，虽然看起来大汉帝国是要求北匈奴对付西域侵扰，但实则是鼓励匈奴人继续内耗。

很显然，汉廷以"担心南单于误会"为理由，拒绝和亲，并赠给北匈奴良弓利剑，在很大程度上离间了南北匈奴的关系。北匈奴果然迁怒于南匈奴，几次举兵讨伐。建武中元元年（公元56年），南匈奴单于比死，汉廷以中郎将段彬率兵赴吊，祭以酒米，并分兵卫护。比弟左贤王莫立为单于。光武帝刘秀派使者送玺书抚慰，授玺绶，赐新单于衣冠，并赐缯彩给南匈奴贵族。如此厚爱之下，南匈奴自然更是频频进讨北匈奴了。不过，耐人寻味的是，此后七年间，丘浮尤鞮单于、伊伐於虑鞮单于、榾僮尸逐侯鞮单于、丘除车林鞮单于、胡邪尸逐侯鞮单于相继即位，也就是七年之间，南匈奴连续死了五个单于，虽然史籍没有记载他们是怎么死的，但与频繁的征战是显然有一定关系的。

而另一方面，屡次请求和亲、互市得不到回应，北匈奴对汉朝的怨恨也是与日俱增，不时南下侵扰。汉廷在消极应付了多年后，随着国力的恢复，终于开始着手大规模的北征，以重现汉武辉煌。而北匈奴也察觉到风声不对，加之连年遭灾，遂大规模北撤，将单于庭又迁回到漠北。但此时，东汉的大军已经整装待发，不可能撤回，双方的大战一触即发。自王莽篡位后，汉朝在西域的经营成果灰飞烟灭，西域复入匈奴毂中。南匈奴内附后，中线压力基本解除，所以，汉朝的用兵重点选择了西线。双方再次重演旧时的一幕，在西域展开持久的争夺。而此时，已经是汉明帝刘庄在位了。

刘庄之所以能够继皇帝位，很大程度上是因为他的母亲——阴丽华。

史载，更始帝三年（公元25年）刘秀于鄗邑称帝，改元"建武元年"后不久，最迟于同年十月即派傅俊前往南阳接来姐姐湖阳公主刘黄、妹妹宁平公主刘伯姬，以及原配妻子阴丽华，并封她为贵人。而在之前，为了能够与河北三王中拥兵十余万、实力最强的真定王刘杨形成联合，刘秀迎娶了刘杨的外甥女郭圣通。

阴、郭两位贵人中，因阴丽华"雅性宽仁"，故而光武帝欲封其为后，但阴丽华认为不足以担大位，坚决推辞，并称郭氏与刘秀有困厄之情，并生有儿子，因此固辞后位。考虑到国家形势和朝臣们的不安，刘秀最终不再坚持立阴丽华。

建武二年春正月（公元26年），郭圣通的舅舅真定王刘杨私下与绵曼贼交通，有谋反之意，光武帝遣骑都尉陈副、游击将军邓隆讨伐刘杨，刘杨却闭城门不应。光武帝又派遣前真定大将耿纯，持节杖，名义上去幽、冀行使赦令，劳慰当地王侯。实际上秘密下令："刘杨若见，因而收之。"耿纯的母亲是真定宗室之女，故而抵达真定后，其只带百余名兵士，住在传舍，邀刘杨相见。刘杨自恃人众势强，便应邀前往传舍。见到刘杨和刘让兄弟两人后，耿纯趁机诛杀二人。"杨入见纯，纯接以礼敬，因延请其兄弟，皆入，乃闭合悉诛之，因勒兵而出。真定震怖，无敢动者。帝怜杨、让谋未发，并封其子，复故国。"光武帝不计谋逆大罪，复封刘杨之子刘得为真定王，刘让之子为临邑侯。

是年四月，在苏茂杀淮阳太守依附另一位称帝的宗室刘永之后，刘秀开始册封宗室，同年六月，郭圣通被册封为皇后，其子刘彊以"子以母贵"的春秋之义被立为太子，并大赦天下。很显然，真定王的谋反，并未牵连郭氏。而阴丽华以原配名分让出后位，在当时，的确让光武帝很是感慨，因为在当时的形势下，阴丽华的选择显然让新生的东汉帝国避免了一些不必要的麻烦。

建武四年五月甲申，阴丽华在元氏县生下长子刘阳，耐人寻味的是，刘阳出生的时候，刘秀正在率军出征，也不知道其为什么要带怀孕的阴丽华从军，史载，阳在刚一出生时，便得到了父亲的特别喜爱，刘秀见这个孩子颜色红、丰下锐上，认为其像圣君尧，并且以皇朝国运所系的赤色为之命名为刘阳，而阴丽华也因为诞下此子，而被皇帝更加宠爱，其之后又相继生下刘苍、刘荆、刘衡、刘京四子。

建武之初，天下兵戈四起，中原大地治安颇为混乱，建武九年，毗邻京师洛阳的颍川和河东两郡发生变乱，叛军和盗贼四起。此时阴家因为富比王侯而成为了盗贼眼中的目标。阴丽华的母亲邓氏、弟弟被贼人劫持，并在官府的捉拿时，被盗贼杀害。

消息传来，阴丽华甚为悲伤，为了安慰自己的宠妃，光武帝诏大司空曰："吾微贱之时，娶于阴氏，因将兵征伐，遂各别离。幸得安全，俱脱虎口。以贵人有母仪之美，宜立为后，而固辞弗敢当，列于媵妾。朕嘉其义让，许封诸弟。未及爵土，而遭患逢祸，母子同命，愍伤于怀。《小雅》曰：将恐将惧，惟予与汝。将安将乐，汝转弃予。风人之戒，可不慎乎？其追爵谥贵人父陆为宣恩哀侯，弟欣为宣义恭侯，以弟就嗣哀侯后。及尸枢在堂，使太中大夫拜授印绶，如在国列侯礼。魂而有灵，嘉其宠荣！"

其实皇妃家眷遇害，皇帝下诏安抚，也在情理之中，但皇帝的诏书却偏重于强调自己不忘与原配的患难之情。最重要的是，在立郭圣通为后七年之后，光武帝再次旧事重提，诏书很直白地说拥有"母仪之美"的阴丽华才是皇后的最佳人选，而郭皇后能成为皇后，完全是贵人阴丽华"固辞"的结果，很显然，这份诏书的影响是很大的，按照南宋洪迈在《容斋随笔》一书中的说法，光武帝下了这道诏书之后，郭后就无法安于皇后之位了。而且，当时天下未平，很多功臣还没有封地，事实上，皇帝大封功臣外戚是在建武十三年（公元37年），而此时，却以阴丽华曾固辞后位的缘由，给阴家兄弟封爵，西汉时，只有皇后外戚才能封侯，而且也不可以太多，王政君为太后时，因其家封了五个关内侯备受诟病，但此时光武帝却将阴丽华的兄弟先于功臣封侯，显然是极大的恩宠。

建武十四年（公元38年），光武帝对郭后的宠爱渐渐减少，郭后因此屡怀怨言，与此同时，南阳豪强势力渐渐蚕食中央集权。三年之后的建武十七年（公元41年），在四海平定四年之后，光武帝决定废皇后郭氏，立贵人阴丽华为后。而光武帝废去郭后为中山王太后的借口是"怀势怨怼，数违教令，不能抚循他子，训长异室"，也就是说，刘秀认为郭圣通心怀怨恨，并称其性情如鹰鹯无后妃之德，认为她在自己死后不会善待阴丽华母子，而阴丽华是原配，与自己情深意重，应该侍奉宗庙，居国母之位，于是行废立之事，并册立阴丽华为皇后。翌日，进右诩公刘辅为中山王，东海公刘阳为东海王，余子一一由公进王。

建武十九年（公元43年），刘秀决定改立阴丽华的儿子刘阳为太子，史载，"十七年而郭后废，强常戚戚不自安，数因左右及诸王陈其恳诚，愿备蕃国。光武不忍，迟回者数岁，乃许焉。"也就是说，自从建武十七年光武帝废皇后郭氏，立阴丽华为后之后，郭圣通所生的长子刘疆一下子由嫡长子变成了庶长子，而刘阳则由庶子变成了嫡长子。此时嫡庶异位，他在太子位上便名不正言不顺了。故而刘疆不安，多次上书表示要让出太子之位。至建武十九年时，太子刘疆两年以来，一直在辞太子位，而这两年来，东海王刘阳以嫡长子身份在朝堂之上参与政务。由于刘阳在朝堂上具备了足够的资历、声望和参政的经验，可以承担储君的重责。同时，成为了庶子的刘疆也在太子位上愈发感到不安，这种情况下，光武帝同意了刘疆辞掉太子位的请求，于是皇帝下诏:《春秋》之义，立子以贵。东海王阳，皇后之子，宜承大统。皇太子强，崇执谦退，愿备藩国。父子之情，重久违之。其以强为东海王，立阳为皇太子，改名庄。即光武帝立阴后嫡长子刘阳为太子，并改名庄，而封刘疆为东海王。

按照史料里的说法，皇帝对阴丽华极为宠爱，甚至在建武二十八年（公元52年）八月，郭圣通的前四子刘疆、刘辅、刘康、刘延和许美人之子刘英皆就国后，皇帝却将阴丽华诸子都留在洛阳，直到明帝即位后数年，才陆续就国。建武中元二年（公元57年）二月戊戌日，光武帝驾崩于南宫前殿，其后刘庄继位，是为汉明帝。

汉明帝登基后，继续奉行光武帝在位时期为巩固东汉统治而推行的各项政策。对于依仗权势，作威作福的外戚、大臣严加惩处。比如护羌校尉窦林系大司空窦融亲属，既是功臣子弟，又是外戚之家。但在永平二年（公元59年），窦林却"坐欺君罔上、贪赃枉法罪下狱论死"。此外，明帝还以窦融管教子弟不严，数次下诏责罚，将窦融罢官。此后，明帝之弟楚王刘英、广陵王刘荆、司徒虞延、司徒邢穆等，皆以有罪而被赐自尽;河东尹薛昭、司隶校尉王康、驸马都尉韩光等也都先后坐事论死。由此可见明帝对于外戚、大臣以至宗室诸王控御极严，一旦犯法，从严治罪，于是，一时间群臣震恐，朝廷肃然。史载，明帝在位时，颇为注重整顿吏治，时常对地方官吏进行严格的考察和黜陟，并慎重选举官吏，以对吏治进行整顿。而在永平九年（公元66年）时，又"令司隶校尉、部刺史岁上墨绶长吏视事三岁以上理状尤异者各一人，与计偕上;及尤不政理者，亦以闻"。明确规定出对地方官吏的考察黜陟制度，每年进行一次。至于在选官用人方面，明帝还严令杜绝权门请托，乃至馆陶公主为子求郎，不许，而赐钱千万。此外，明帝在位期间多次下诏减免赋税徭役，减轻刑罚，令官吏劝督农桑，治理病虫害;并以公田赐予或赋予贫民，并大力兴修农田水利，其中最大的工程是治理黄河。自西汉末年以来，黄河年久失修，为患益甚，"兖、豫百姓怨叹"。明帝乃令王景和王吴率兵卒数十万人治水，于是自荥阳东至千乘海口千余里，十里立一水门，令更桐洄注，无复溃漏之患。加之提倡节俭，宫廷生活不尚奢侈，一时之间，上行下效。所以，当时民安其业，户口滋殖，大汉帝国开始逐渐强盛起来。

而因为国势强盛，故而明帝时，大汉乃改弦易辙，变光武帝时因无力经营边地，而对匈奴暂时采取的羁縻政策，为开始积极经营边疆，以与北匈奴争夺西域，永平十五年（公元72年），皇帝遣奉车都尉窦固、驸马都尉耿秉率兵驻屯凉州，以为经营西域做准备。

窦固乃是大司空窦融之侄、城门校尉窦友之子。初为黄门侍郎，谦让而有节行操守。好读书，喜兵法。建武中元元年（公元56年）时，其世袭父亲窦友的爵位显亲侯。汉明帝刘庄即位后，窦固迁任中郎将，监护羽林。

所谓中郎将，乃是官名，秦置中郎，至汉时分五官、左、右三中郎署，各置中郎将以统领皇帝的侍卫，属光禄勋。自汉宣帝时，始以中郎将监羽林，东汉立国后，置羽林中郎将，秩比二千石，掌宿卫侍从。至于羽林，乃是汉代的宫廷禁军，汉初，以卫尉率南军，守卫宫城；中尉统北军，屯卫帝都。

汉武帝时，于南军新设两支天子侍卫禁兵，二曰"期门骑"，一曰"建章营骑"，皆属光禄勋。期门，掌执兵宿卫，因皇帝微行，以之"期诸殿门"故称，汉平帝时更名为"虎贲骑"，取"若虎贲兽"，"贲"者奔也，如虎奔驱攫兽而噬，言其猛烈。而"建章营骑"则因其卫守建章宫，故而得名，后更名为"羽林骑"，取其"为国羽翼，如林之盛"之义。对此《汉书》有所记载："武帝太初元年，初置建章营骑，后更名羽林骑，属光禄勋。又取从军死事之子孙，养羽林官，教以五兵，号羽林孤儿。"

东汉时，"南军"名称已不复存在，但是"光禄勋"和"卫尉"仍然存在。"光禄勋"下设七署，其中两署分别为羽林中郎将所属"羽林郎"为皇帝的宿卫侍从，而又有羽林左、右监所属羽林左骑、羽林右骑，担任宿卫侍从和"出充车骑"。《后汉书·百官志》记载："羽林郎，掌宿卫侍从，常选汉阳、陇西、安定、北地、上郡、西河六郡良家补之。"

窦固能够以中郎将之职监护羽林，显然是因其身份显贵，因为窦固的妻子乃是光武帝女儿涅阳公主刘中礼，刘中礼是光武帝刘秀第二女，母为阴丽华。建武十五年（公元39年）赐公主号，因南阳郡涅阳县为其采邑而号为"涅阳公主"。在光武帝刘秀的五个女儿中，只有身为涅阳公主的驸马窦固得以善终，其他四位公主的驸马均因故遭到诛杀，由此可见，窦固除了其乃出身窦氏之外，还有一个原因，便是其为人谨慎，且颇有能力。明帝登基当年，烧当羌侵入陇西郡，陇西郡太守刘盱兵败允街，朝廷深以为患，汉明帝诏命谒者张鸿率兵讨伐，结果于允吾县惨败，全军覆灭，是年十一月，皇帝乃拜马武为捕虏将军，以中郎将王丰为副，并以窦固为监军使者，率领乌桓、黎阳营、三辅招募而来的兵士，及凉州诸郡羌胡兵、解除刑枷的犯人，共四万人出兵讨伐。此战，汉军大破之。

然而窦固的战功和谨慎并不能让其免于家族之祸，史载，永平五年（公元62年）时，窦融长子窦穆，依仗权势，胡作非为，矫阴太后诏，令六安侯刘盱去妇，娶其女为妻，结果被人告发，窦穆等免官，家属受株连而归故郡，只留窦融于京师。而窦固也因为这个荒唐堂兄而受牵连，被罢官，被禁锢在家中十多年。此番出征，其实是皇帝使之复出。

兵出玉门
——东汉帝国的第一次反击

　　明帝以奉车都尉窦固、驸马都尉耿秉率兵驻屯凉州，显然是天下安定之后，皇帝试图效仿汉武之时，征讨匈奴，同时恢复与西域各国的联系，重整大汉之威。事实上，在当时，北匈奴也的确是到了非伐不可的情况。

　　明帝登基之后，留居漠北的北匈奴，连年遭受严重天灾，且又受到南匈奴、乌桓、鲜卑的攻击，加之退居漠北后，各部的社会经济开始萎缩，故而力量大大削弱，这种情况下，北匈奴多次遣使向东汉请求和亲。当然了，匈奴人的所谓和亲请求，目的性是很强的，之所以请求和亲，其一是担忧东汉北伐漠北，亦是想挑拨破坏东汉与南匈奴的关系，还有就是想在西域抬高自己声望，以及试图通过和亲与东汉互市交换所需物资。然而东汉帝国并没有答应和亲，仅同意双方互市，故而这种情况下，北匈奴开始不断入侵东汉渔阳至河西走廊北部边塞。随着东汉的政治稳定和经济得到恢复发展，国力增强，加之明帝登基后，基本上消除了因王莽虐政而引起的周边游牧民族侵扰的威胁，使大汉帝国与其他胡人、夷人的友好得到了恢复和发展，而允北匈奴互市之请，却并未能够消弭北匈奴的寇掠，反而动摇了早已归附的南匈奴。在这种情况下，只得改变光武时期息兵养民的策略，重新对匈奴采取战争手段，当然了，这个时期，汉廷内对北匈奴采取征伐的声音也开始出现。

　　永平十五年（公元72年），谒者仆射耿秉屡次上书请求进攻北匈奴，而后，明帝便让耿秉、窦固和太仆祭肜、虎贲中郎将马廖、下博侯刘张、好畤侯耿忠等人共同商议攻打北匈奴之事。史载耿秉称："昔者匈奴援引弓之类，并左衽之属，故不可得而制。孝武既得河西四郡及居延、朔方，虏失其肥饶畜兵之地，羌、胡分离；唯有西域，俄复内属；故呼韩邪单于请事款塞，其势易乘也。今有南单于，形势相似；然西域尚未内属，北虏未有衅作。臣愚以为当先击白山，得伊吾，破车师，通使乌孙诸国以断其右臂；伊吾亦有匈奴南呼衍一部。破此，复为折其左角，然后匈奴可击也。"汉明帝对他的建议很是赞同。而又有议者以为"今兵出白山，匈奴必并兵相助，又当分其东以离其众"。于是汉明帝对这一建议也很是赞赏，也就在这种情况下，是年十二月，皇帝以奉车都尉显亲侯窦固、驸马都尉耿秉统军，骑都尉耿忠为窦固之副、开阳城门候秦彭为耿秉之副，全都设置从事、司马等属官，出京屯驻凉州。

西方书籍中的汉军

而之所以选择窦固统军，并兵屯凉州，除了因为其曾有战功，且为明帝信赖之外，还因为窦固曾在河西跟随过伯父窦融，熟悉边疆事务，加之窦固对明帝说："塞外水草丰美，此次出征可以不用带战马的粮草。"故而明帝才使之率军出京屯驻凉州酒泉郡，积极部署对北匈奴的征伐事务。

永平十六年（公元73年）二月，汉明帝下诏大发边军，并联合南匈奴、卢水羌胡、乌桓、鲜卑，汉军分四路出击，其中：窦固与耿忠率酒泉、敦煌、张掖三郡郡兵及卢水羌兵万二千骑出酒泉塞；耿秉、秦彭率武威、陇西、天水等三郡募士及羌兵骑兵万人出居延塞；另以太仆祭肜、度辽将军吴棠率河东北地、西河羌兵及南单于兵一万一千骑兵出高阙塞；而骑都尉来苗、护乌桓校尉文穆率太原、雁门、代郡、上谷、渔阳、右北平、定襄七郡郡兵及乌桓、鲜卑兵一万一千骑出平城塞。

从这一部署来看，这次出征，除了汉军之外，还有河西的羌人、胡人和南匈奴单于所部，此外还有乌桓、鲜卑部众，各路大军指向明确，其中谒者仆射祭肜与度辽将军吴棠出高阙后，进袭涿邪山的北匈奴皋林温禺犊王；奉车都尉窦固及骑都尉耿忠出酒泉塞，进击白山；驸马都尉耿秉与开阳城门候秦彭出张掖居延塞，向三木楼山进军；骑都尉来苗与护乌桓校尉文穆出平城塞，向匈奴水进发。

其实按《史记》的记载，匈奴人的先祖是夏王朝遗民，西迁过程中融合了月氏、楼兰、乌孙、呼揭及其旁二十六国的白种人。"匈奴，其先夏后氏之苗裔，曰淳维（獯鬻、熏育）。唐虞以上有山戎、猃允、薰粥，居于北边，随草畜牧而转移"。而《山海经·大荒北经》也称："犬戎与夏人同祖，皆出于黄帝"，《史记索隐》也引张晏曰："淳维（熏育、獯鬻）以殷时奔北边。"意即夏的后裔淳维（獯鬻、熏育）在殷商时逃到北边，子孙繁衍成了匈奴。（夏桀流放三年而死，其子淳维又作熏育、獯鬻、熏粥、荤粥带着父亲留下的妻妾，避居北野，随畜移徙，即是匈奴。）此外部分学者根据《史记》记载的后半段文字，则认为匈奴原是山戎、猃狁、荤粥。譬如王国维在《鬼方昆夷猃狁考》中，把匈奴名称的演变作了系统的概括，认为商朝时的鬼方、混夷、獯鬻，周朝时的猃狁，春秋时的戎、狄，战国时的胡，都是后世所谓的匈奴。此外，根据史料中记载的"以灭夷月氏，尽斩杀降下定之。楼兰、乌孙、呼揭及其旁二十六国皆已为匈奴。诸引弓之民并为一家，北州以定。"故而还有一说，把鬼戎、义渠、燕京、余无、楼烦、大荔等史籍中所见之异民族，统称为匈奴。

不过虽然匈奴普遍被认为是蒙古大漠和草原上的游牧民族，大部分生活在戈壁大漠，最初在蒙古高原建立国家，但其势力却从不局限在戈壁大漠间，在匈奴建国以前，东北亚草原被许多大小不同的氏族部落割据着。那时的部落和部族联盟的情况是"时大时小，别散分离"；是"各分散居溪谷，自幼军长，往往而聚者百有余，然莫能相一"。当时分布在草原东南西喇木伦河和老哈河流域的，是东胡部落联盟；分布在贝加尔湖以西和以南色楞格河流域的，是丁零部落联盟；分布在阴山南北包括河套以南所谓"河南"（鄂尔多斯草原）一带的，是匈奴部落联盟。此外还有部落集团分散在草原各地。后来的匈奴国，就是以匈奴部落联盟为基础，征服了上述诸部落联盟、部落以及其他一些小国而建立起来的。

此番奉车都尉窦固及骑都尉耿忠出酒泉塞，进击白山，几乎就如同当年李广利率军出酒泉，目标依然是天山一带的匈奴。此番，汉军是以在这个方向活动的呼衍王部为目标。

而谒者仆射祭肜与度辽将军吴棠出高阙后，直扑涿邪山，目标是北匈奴的皋林温禺犊王。涿邪山，一作涿涂山，位于高阙塞北千余里，今蒙古国境内满达勒戈壁附近一带。这里历来是匈奴的活动区域，譬如武帝时，曾使因杅将军公孙敖出西河，与强弩都尉路博德会涿邪山。

至于驸马都尉耿秉与开阳城门候秦彭出张掖居延塞，所攻向的三木楼山便是今天的蒙古工则克山，骑都尉来苗与护乌桓校尉文穆出平城塞，向匈奴水进发，平城塞即今天的山西大同，而匈奴水则是今内蒙古翁金河。从这四路大军的出兵地点、攻向所指来看，此时的匈奴活动地域已经不如从前了，武帝之前，匈奴南下多在右北平、辽东、朔方等地，也就是今天的辽宁、北京、河北、山西、陕西一带，而此时，匈奴的活动区域却是在山西、陕西、甘肃以北及新疆地域，可见，自汉孝武、汉孝昭、汉孝宣、汉孝元皇帝以来，匈奴的多次被打击及其内部的五单于争斗及后来的分裂，的确使得其彻底衰落了。

不过虽然四路大军出塞，但汉军进展并不顺利，史载，耿秉和秦彭进攻北匈奴匈林王，横越沙漠六百里，到达三木楼山后，因北匈奴都已逃走，于是不战而还。同样因北匈奴远遁无功而还的还有太仆祭肜、度辽将军吴棠所率大军及骑都尉来苗与护乌桓校尉文穆一路，其中祭肜、吴棠因没有率军至涿邪山，而被贬为庶人。后世史书中，对于祭肜、吴棠此番出征无功而返并因此而被贬黜为庶人，多持有同情之心，尤其是对祭肜的最终结局更是唏嘘不已。

史载，祭肜早年丧父，以孝著称。因堂兄祭遵的缘故，而被拜任为黄门侍郎，常在光武帝左右。后任偃师县令，任职五年，因县内没有强盗，政绩第一，升任为襄贲县令。光武帝建武十七年（公元41年）匈奴与鲜卑、赤山乌桓联合，势力很强大，屡次进入边塞杀抢官民。皇帝担忧此事，于是增加边军，又派众将领分兵屯守要塞。光武帝因祭肜很有才能，遂拜任他为辽东太守。祭肜到任后，厉兵秣马，广设探哨。而根据史料中的记载，"肜有勇力，能贯三百斤弓。虏每犯塞，常为士卒前锋，数破走之。"

建武二十一年秋，鲜卑万余骑寇辽东，祭肜率数千人迎击之，其自披甲陷陈，虏大奔，投水死者过半，祭肜遂穷追出塞，鲜卑人皆弃兵裸身散走，此战斩首三千余级，获马数千匹。自是后鲜卑震怖，畏肜不敢复窥塞。而后，祭肜认为匈奴、鲜卑和乌桓"三虏连和，卒为边害"，于是在二十五年正月，派使者招抚鲜卑，并示以财利。鲜卑大都护偏何遣使进贡，表示希望能够允许他们归顺，于是祭肜慰纳赏赐，使得鲜卑稍复亲附。而后，鲜卑渐渐恢复归顺。满离、高句丽等异族"遂骆驿款塞，上貂裘好马"，光武帝则辄倍其赏赐，于是这些胡虏陆续归降，其后偏何邑落诸豪并归义，全都归顺，并表示愿意为大汉效力，祭肜却说："审欲立功，当归击匈奴，斩送头首乃信耳。"这话的意思，如果确实想立功，就该回去攻打匈奴，杀了人头送来才是真的。于是偏何等皆仰天指心曰："必自效！"随后便是出兵进击匈奴左伊秩訾部，斩首二千余级，持头诣郡。其后，鲜卑等部年年相攻匈奴，辄送首级受赏赐。从此匈奴衰弱，边无寇警，鲜卑、乌桓并入朝贡。

由于祭肜为人质朴厚道，庄重刚毅，且体魄相貌超群，加之抚慰夷狄讲恩惠信用，故而夷狄都很畏惧他，但又很爱戴他，"故得其死力"。当初，赤山乌桓屡次入犯上谷，是为边害，光武帝下诏书设立悬赏，严令州郡采取行动，但却是"不能禁"。于是祭肜乃率励偏何，遣往讨之，也就是利用偏何去讨伐乌桓人，永平元年（公元58年）偏何率军大败乌桓人，斩杀其首领，持首来见祭肜，一时间塞外震慑，乃至于祭肜的威望名声畅于北方，西起武威郡，东到玄菟郡以及乐浪郡，各异族部落纷纷皆来归附，自此边疆不再有烽烟，朝廷乃悉罢缘边屯兵。

永平十二年，祭肜受召为太仆，然而祭肜在辽东将近三十年，极为廉洁，乃至于"衣无兼副"，于是明帝"既嘉其功，又美肜清约"，在拜其为太仆的那日，皇帝赐钱百万，马三匹，衣被刀剑下至居室什物，大小无不悉备。此后，明帝每次见到祭肜，常叹息以为可属以重任。后祭彤随明帝东巡，经过鲁地，坐孔子讲堂，汉明帝"指子路室谓左右曰：此太仆之室。太仆，吾之御侮也。"

很显然，汉明帝是对祭彤寄予很大希望的，也对其颇为欣赏。然而这次祭彤与度辽将军吴棠率河东北地、西河羌兵及南单于率兵一万一千骑兵出高阙塞，攻伐北匈奴，却成了祭彤的人生转折点。史载，十六年，使彤以太仆将万余骑与南单于左贤王信伐北匈奴，期至涿邪山。然而因为左贤王信当初和祭彤有仇，故而出高阙塞九百余里，见到一座小山，乃妄言以为涿邪山。而祭彤率军至此后，不见匈奴人的影踪，遂率军而还。于是坐逗留畏懦下狱免官。由于祭彤性格深沉刚毅内心持重，故而自恨见诈无功，出狱几天后，便是吐血而死，临终时，其谓其子曰："吾蒙国厚恩，奉使不称，微绩不立，身死诚惭恨。义不可以无功受赏，死后，若悉簿上所得赐物，身自诣兵屯，效死前行，以副吾心。"也就是说，我蒙受国家深厚的恩德，接受使命没有完成，一点功劳都没有建立，即使人死了心中也实在惭愧遗憾。按道义不能没有功接受奖赏，我死后，你把我所得到的赏赐的东西全部登记交给朝廷，你自己到部队去，效力前线，来满足我的心愿。

史载，祭彤死后，其子祭逢上疏陈述父亲的遗言，明帝一向很器重祭彤，正打算重新任用，却听到其已死的消息，于是"闻之大惊"，乃召见祭逢询问祭彤病情疾状，"嗟叹者良久焉。"而辽东乌桓、鲜卑人更是思念祭彤不止，每次到京城朝拜，常过冢拜谒，仰天号泣乃去，而辽东吏人更为祭彤建庙立祠，四时奉祭，追思这位曾经的太守。也正是如此，《后汉书·卷二十·铫期王霸祭遵列传第十》中才对祭彤有如此评价：武节刚方，动用安重，虽条侯、穰苴之伦，不能过也。且临守偏海，政移犷俗，徼人请符以立信，胡貊数级于效下，至乃卧鼓边亭，灭烽幽障者将三十年。古所谓"必世而后仁"，岂不然哉！而一眚之故，以致感愤，惜哉，畏法之敝也……史料中说，在将祭彤安葬之后，其子祭参便是按照父亲的遗愿去见奉车都尉窦固，此后随军攻打车师有功，而升迁至辽东太守。

祭彤的一生和其在此次出征中的遭遇及最终的结局颇为让人感慨，但其所率一路汉军未有斩获也是事实。事实上，四路大军出塞，三路皆无获，唯有窦固和耿忠一路大军有所斩获。史载，二人率酒泉、敦煌、张掖甲卒及卢水羌胡万二千骑出塞后，长驱天山，大破北匈奴呼衍王部，斩杀千余人，随后又追击至蒲类海，攻占伊吾卢城并设置宜禾都尉，留驻吏卒屯田，然后返回。

伊吾卢也就是今天的哈密地区，这里古称"昆莫"，汉称"伊吾卢"，西汉神爵二年（公元前60年）西汉设西域都护府，伊吾卢和蒲类国归西域都护府管辖。在占据伊吾卢城后，窦固又以班超为假司马，使之出使西域，招降西域诸国。此后，班超成功劝说鄯善国归顺朝廷归来后，向窦固讲述了出使经过，窦固十分高兴，将班超的功劳上报，并请求再派使者出使西域。明帝任命班超为军司马，让他继续出使西域，终使西域三十六国重新再次归顺。

由于四路大军唯窦固有功，故而窦固被加位特进，祭肜、吴棠因没到涿邪山，被贬为庶人。次年（永平十七年，公元74年）十一月，汉军再次出动，明帝以窦固与耿秉、刘张率军出敦煌郡昆仑塞，征讨西域，同时命耿秉、刘张都交出调兵符，归属窦固。汉军各部共一万四千众，其后大军出玉门，先在蒲类海边击败了盘踞在白山的北匈奴，而后又进军攻打车师。

永平十七年（公元74年），窦固、耿秉率军再出玉门后，车师人很是紧张，当时车师有后王、前王，前王即后王之子，两个王庭相距五百多里。窦固认为汉军距后王所在不仅路远，而且山谷深险，若是攻后部，则士卒会因为苦寒而士气低落的，故而欲攻前王，然而耿秉却认为应当先去打后王，所谓"并力根本，则前王自服"。而后，在窦固"计未决"的情况下，耿秉便奋然起身"请行前"。乃上马引兵北入，众军不得已，于是并进，此战斩首数千级。

耿秉乃是建威大将军耿弇的侄子，大司农耿国的长子，史载其博通书籍，善说《司马兵法》，尤其喜好将帅用兵谋略。初任郎官，因屡次上书谈论军事，常称"中国虚费，边陲不宁，其患专在匈奴"，并认为"以战去战，盛王之道"，而当时汉明帝已经有心北伐，因此永平年间，汉明帝征召耿秉到宫中，询问他前后所上便宜方略，而后拜任为谒者仆射，自此耿秉深得皇帝的亲近宠幸，史载每次公卿集会议事，汉明帝常带耿秉上殿，访以边疆之事，而起又大多很对汉明帝的心思，因此皇帝对其颇为信赖。

此番率军突进，且斩首数千，自然使得汉军声威大震，而车师后王安得则是震怖不已，于是率数百骑出迎耿秉，但窦固的司马苏安想把全部功劳都归窦固，故而驰谓安得称"大汉最为尊贵的将领唯有奉车都尉窦固，其乃天子姊婿，爵为通侯，应先向他投降"。于是安得乃还，改派其部下诸将前来迎接耿秉，结果耿秉大怒，披甲上马，率其麾下精骑径入窦固军中，称"车师王降，迄今不至，请往枭其首。"窦固听闻大惊曰："且止，将败事！"耿秉厉声到："受降如受敌。"遂驰而赴之。安得惶恐，便走到城门，脱帽抱马足而降。耿秉便带着他去拜见窦固。车师前王也随之投降。自此，汉军遂定车师而还。

此后窦固于是上书建议重新设置西域都护及戊己校尉，明帝下诏，拜陈睦为西域都护，又命耿恭、关宠为戊己校尉，各自统领数百人，分驻车师后王部金蒲城及前王部柳中城。次年二月，朝廷下诏命窦固罢兵返回洛阳，自此东汉逐渐恢复对西域的控制。

当然了，东汉能够逐渐恢复西域的控制，与此时班超在西域的经营是有着莫大的关系的。

以夷制夷
——班超的"代理人战争"

自汉武帝时，张骞始通西域，而经过长期经营，至孝宣皇帝时期，西域诸国已经臣服汉朝，于是宣帝以郑吉为西域都护，汉之号令颁行于西域。至哀帝、平帝时，虽然帝国因自身内部日益尖锐的社会矛盾，加之朝政混乱，对西域的经营已经是无暇顾及了，但西域诸国在这个时期还是臣服于大汉的。但而后王莽当政、篡位之后，开始对西域施行错误的方略，不再平等对待匈奴和西域各国，甚至苛刻待之，新朝始建国元年（公元9年），王莽又将包括西域各国在内的所谓"蛮夷之国"的诸王称号降为"侯"，从而引起了诸国的极大不满。始建国二年（公元10年），车师叛汉，降入匈奴。戊己校尉刁护遣吏属陈良、终带，扼守要害，免得匈奴车师串同入寇。结果陈良、终带及司马丞韩玄、右曲候任商等见西域颇背叛，闻匈奴欲大侵，恐并死，即谋劫掠吏卒数百人，共杀刁护，而后遣人告知匈奴南犁汗王南将军，匈奴南将军两千骑入西域来迎，于是陈良、终带等尽胁略戊己校尉吏士男女两千余人去投入匈奴。史载，司马丞韩玄、右曲候任商留南将军所，而陈良、终带则径至单于庭，被单于封为乌桓都将军。

始建国五年（公元13年），地近匈奴的焉耆国亦叛，杀西域都护但钦。天凤三年（公元16年），王莽令击焉耆，汉军兵分两路，一路以王骏为西域大使、五威左率都尉，与西域都护李崇率兵经鄯善至尉犁，会莎车、龟兹、尉犁等西域诸国兵，共七千人，于次年击焉耆；另一路是佐帅何封、戊己校尉郭钦所率五千兵，经车师趋西南击焉耆。

结果焉耆诈降，王骏将兵分数部入焉耆，姑墨、尉犁、危须国兵倒戈，共击王骏，全军皆没，王骏大败，李崇退保龟兹。而何封、郭钦部军后至，时焉耆兵还未完全撤走，郭钦率兵击杀其老弱后，还兵退守车师。焉耆与匈奴联兵攻车师，何封与郭钦孤军奋战，终因粮尽不能坚守，遂撤回玉门关塞内。此后新莽覆灭，困守孤城多年的李崇全军覆灭，其被杀，自此西域与中原帝国彻底终断联系。

1928年，考古学家黄文弼先生在新疆新和县玉其喀特城的于废墟中，发现了一枚铜印——李崇之印。不久，另外一枚印卧羊造型的"汉归义羌长印"也从这里出土。李崇是两千多年前西汉帝国管理西域各国的最后一任西域都护，而"汉归义羌长印"的主人则显然是汉廷所册封的羌族首领，虽然姓甚名谁虽无可考证，然而却能够印证史籍中李崇当年困守龟兹时，时曾有羌人助战的记载。

李崇所部覆灭之后，中原大地正是狼烟纷起之时，东汉王朝建立后，中原帝国才开始与西域恢复联系。史载，莎车王康派使者至河西，表示思慕汉廷。建武五年（公元29年），光武帝刘秀立莎车王康为西域大都尉。建武十七年，莎车王贤（康之子）遣使至汉请派都护，光武帝初从窦融建议，封莎车王贤为都护，但而后又因为敦煌太守裴遵劝阻，皇帝又收回都护之印，而是改授贤汉大将军印，莎车王贤因此怨恨汉朝，并诈称为汉都护，奴役西域各国。

建武二十一年（公元45年），鄯善、车师、焉耆等十八国遣子入侍，请东汉帝国在西域设置都护，但当时东汉方立，光武帝正忙于巩固帝位，根本无暇顾及西域，故遣还侍子。莎车王贤见汉朝不派都护，即攻伐西域各国，于是西域大乱。北匈奴趁机而入，于是西域大部遂为北匈奴所得。

明帝中期时，匈奴频频入寇边地，一时"河西郡县，城门昼闭"，为彻底解除边患，明帝永平十五年（公元72年）十二月，明帝任命耿秉为驸马都尉，窦固为奉车都尉，翌年春，二将与太仆祭肜、骑都尉来苗，率汉军及羌胡、乌桓、鲜卑、南匈奴等军，兵分四道出击北匈奴，也就这次出征中，班超开始崭露头角。

史载，班超，字仲升，汉扶风平陵（今陕西咸阳东北）人，出生在文仕，乃是当时的儒学大师、史学家班彪的幼子，其长兄班固、妹妹班昭也是著名的史学家。班超虽然自幼有大志，不修细节，但却孝顺恭谨，居家操持很勤苦，而且他也很有口才，能言善辩，博学多闻，史书上说他自幼熟读典籍，常拿着《公羊春秋》阅读。

汉明帝永平五年（公元62年），班固被召入京任校书郎，班超和其母随之迁居至洛阳。因家贫，班超常给官府抄写文书来供养母亲、维持生计。据《东观汉记》载，班超长期伏案挥毫，有一天，他对抄书感到厌烦，便停止抄写，投笔并感叹道："大丈夫无它志略，犹当效傅介子、张骞立功异域，以取封侯，安能久事笔砚间乎？"旁人听了都嘲笑他，班超却说："小子安知壮士志哉！"

后来，他去找相面的人看相，相面的人说："祭酒，布衣诸生耳，而当封侯万里之外！"班超问其故，相面的人说："生燕颔虎颈，飞而食肉，此万里侯相也！"

后班固因其父班彪死，而回乡服丧，在整理父亲的遗物时，班固发现班彪的《续史记》手稿，于是继续修史，却不想被人告发"私修国史"，故而班固因此被下狱于洛阳，班超得知其兄班固被诬后，上书喊冤，称班固修史书不是"私修国史"，而是要"颂扬汉德"、使人视古鉴今，汉明帝看到班超的陈情之后，下令释放班固，并使班固官复原职，并准以续修史书。某日，汉明帝问班固："卿弟（班超）安在？"班固答称："班超现正于洛阳官府抄书以奉养老母。"明帝遂以班超为兰台令史，掌管奏章和文书。然而没多久，班超就因受牵连被免官。

永平十六年（公元73年），汉军分四道北攻北匈奴，其中奉车都尉窦固率军出酒泉塞，大军进向天山。班超随从窦固北征，在军中任假司马（代理司马）之职。班超方至军旅中，就初显其能。在率兵进攻伊吾（今新疆哈密西四堡），蒲类海（今新疆巴里昆湖）之战中，其斩俘颇多，于是窦固很赏识他的才干，故而派他和从事郭恂一起出使西域，由此开始了他的西域之行，使之留名于青史。

相较于父亲、兄长的文学成就，班超选择了不同的道路，其以读书人投身军旅，并为汉朝稳固边疆做出了不可磨灭的贡献，不仅成为了"投笔从戎"这一成语的语源，而且还成了此后历朝历代投笔从戎者的榜样。而在当时，班超出使西域，所具有的意义是极大的，西域诸国当时与东汉王朝几乎没有联系，而且被北匈奴所控。而北匈奴得到西域的人力、物力后，实力大增，屡次进犯河西诸郡，使得边地军民不堪其苦。所以此番出讨匈奴时，能够与西域诸国建立联系也很是重要。

经过准备之后，班超和郭恂率领部下向西域进发，他们先到鄯善（今新疆罗布泊西南），当时匈奴也在极力争取鄯善王。班超使团初至鄯善国时，鄯善王广对班超等人先是礼敬备至，但不久后却是突然改变态度，变得粗疏怠慢。班超估计必有原因，于是对部下说："你们不觉得鄯善王的礼意淡薄了吗？这一定是因为有北匈奴的使臣来，鄯善王犹疑不决，不知是否应该归顺。头脑清醒的人能够预见到还未发生的事情，何况现在已经很明显了？"

班超认识到"必有匈奴使者来"而导致了鄯善王犹疑后，于是便把接待他们的鄯善侍者找来，诈问他道："匈奴使者已经来数日了，现在住在哪里？"侍者很是惶恐，仓促间难以回答，只好把情况照实说了。班超把侍者关押起来，以防泄露消息。接着，立即召集部下三十六人，饮酒高会。饮到酣处，班超故意激怒大家："我等在绝域，欲立大功；而匈奴使者仅来了几天，鄯善王广就开始不再礼敬我们。若将我们送与匈奴，将难于活命，甚至我们的尸骸终究被豺狼吞食，若如此该怎么办？"众人都说："现在在危亡之地，是生是死，皆由司马你决定吧。"于是班超说："不入虎穴，不得虎子。当今之计，唯有趁夜以火攻匈奴使者，使其不知我有多少兵力，必定震惊害怕，可以全部诛杀他们。只要斩杀匈奴使者，则鄯善破胆，功成事立矣。"有部下说："当与从事议之。"也就是和从事郭恂商议一番，结果班超大怒，说："吉凶决于今日。从事是个文官俗吏，听说了此时必定恐惧而泄密，不明不白地就死了，不是壮士所为！"部下一致称是。

当夜，班超率手下直奔匈奴使者驻地，时忽起大风，于是班超命将士十人持鼓藏在匈奴人驻地之后，约好一见火起，便猛敲战鼓，大声呐喊，而又以其他人持拿刀戈弓弩埋伏在营门两边，之后，班超顺风纵火，一时间三十六人前后鼓噪，声势喧天。匈奴人惊吓之下，乱作一团，逃遁无门。班超亲手击杀了三个匈奴人，吏兵斩杀三十多人，其余匈奴百余人均被烧死。

次日，班超才将此事告知郭恂，郭恂先是吃惊，接着脸色有所变化，班超知其心思，明白此人心存嫉妒，便对他说："从事你虽未去，但我又怎么会独占功劳呢？"于是郭恂脸露喜色。此后班超请来了鄯善王广，将匈奴使者首级给他看，鄯善王大惊失色，举国震恐，班超好言抚慰，于是鄯善王表示愿意归附大汉，并派王子作质子，自此鄯善国遂归顺汉室，而班超也因此而留下了"不入虎穴，焉得虎子"的千古名句。

在完成使命后，班超率众回师，并把情况向窦固做了说明，窦固大喜，上表奏明班超出使经过和所取得的成就，并请明帝选派使者再度出使西域，然而皇帝很欣赏班超的勇敢韬略，认为他是难得的人才，便下诏给窦固说："有班超这样的官吏，为什么不派遣他，而要另选别人呢？可以提拔班超担任军司马，令其继续完成出使的任务。"于是班超拜受使命。而窦固以为班超属下人马较少，试图为之增员，但为班超所拒绝，其称"愿领原先所率之三十余众足矣。若有不测，人多反而累赘。有不虞，多益为累"。

此后，班超继续他的西域之行，其率众从鄯善前往于阗国，于阗国是当时西域强国，当时于阗王广德刚刚攻破莎车国，杀其国王，于天山南道称雄。加之这时匈奴人正派使者驻在于阗监护其国，名曰监护，实则掌握着于阗的大权。也因此班超至，广德对其不甚礼遇，态度也颇为冷淡，因该国信巫，故而巫风兴盛，有巫师对阗王广德说："神怒何故欲归汉，汉使有騧马，需取之祠于神"。于是广德派宰相私来比向班超索马，班超暗中早已清楚事情原委，故而声称同意，但却称需巫师来取。待巫师到来后，班超怒斩之，将首级送与广德，并说明利害，以道义责之。于阗王广德早已是耳闻班超在鄯善击杀匈奴使者之事，故而大为惶恐，因而当即攻杀匈奴使者而降汉。班超重赏了于阗国王及其臣子们，自此成功镇抚于阗。

此后，班超又带领自己为数不多的手下开始了新的征程。当时，龟兹国王建为匈奴人所立，其倚仗匈奴的势力在天山道肆无忌惮，甚至占据西域北道，并派兵攻破疏勒国，杀死国王，另立龟兹人兜题为疏勒王，也因此疏勒国实际掌握在龟兹人手中。

永平十七年（公元74年）春，班超率所属从小道到疏勒国，行至距离兜题居住的架橐城九十里之处，班超以属下吏员田虑去招降兜题，并对田虑说："兜题本非疏勒种，国人必不用命。若不即降，便可执之。"

也就是说，兜题并不是疏勒人，疏勒国民一定不会为他尽忠效命的，他如果不肯投降，就将他扣押起来。田虑到后，兜题见田虑只身来见，势单力薄，故而不肯归降。田虑乘其不备，疾步上前，劫缚兜题。事出突然，兜题的部下们意想不到，皆惊惧奔逃，于是田虑派人乘马疾驰，急报班超。班超当即来到架橐城，召集疏勒全部将吏，向众人说以龟兹无道之状，并立原来被杀掉的疏勒国君的哥哥之子忠为疏勒新王，疏勒人大悦。此后疏勒王忠及官属皆请杀兜题，班超却表示了不同意，他从大局出发，试图宣示汉王朝的威德信义，故而称"杀他无益于大事，应该让龟兹知道大汉的恩威"。于是说服众人，释放了兜题，遂平疏勒，但疏勒自此之后却与龟兹结怨。

至此，班超两次出使，凭借智勇，先后平定鄯善、于阗、疏勒三国。永平十七年（公元74年）冬十一月，明帝再命窦固、耿秉率骑兵一万四千众出敦煌昆仑塞，攻西域。汉军先在蒲类海大败匈奴于白山，而后攻车师国。当时车师分前后二部二王，前部在南、后部在北，两王王庭相距五百余里，车师前王是后王之子。耿秉力排众议，先攻位于北方的车师后王安得，迫使后王投降，前王闻之震恐，亦归降，汉军遂平车师。这种情况下，窦固奏请天子重设西域都护和戊己校尉。明帝准奏，以陈睦为都护，以耿恭为戊校尉，驻守后王部的金蒲城，并以关宠为己校尉，驻守前王部的柳中城。

然而仅仅一年之后，永平十八年（公元75年），秋八月，汉明帝驾崩，太子（即汉章帝）即位。焉耆国趁汉朝大丧之际起兵攻汉，龟兹等也发兵攻打疏勒，汉西域都护陈睦被杀，北匈奴围困己校尉关宠于柳中城，车师国亦反叛，与匈奴合围耿恭。此时孤立无援的班超与疏勒王忠互为犄角，首尾呼应，在盘橐城据守。

汉廷认为陈睦已死，西域大势已去，班超独处边陲，难以支持，遂下诏罢都护官及戊、己校尉，放弃西域，并命班超回国。班超受命将归，疏勒举国忧恐，因为他们知道班超此次一走，疏勒又要陷入被攻伐、臣服于匈奴的处境中了。时有疏勒都尉黎弇说抽出长刀，满面流泪，对天长叹："汉使弃我，我必复为龟兹所灭耳。诚不忍见汉使去。与其后日死亡，不如今日魂随汉使，送其尔归。"说罢，自刎而死。班超虽也不忍，但王命在身，只能继续东行。

此后，班超率部至于阗，于阗王侯百姓皆都放声大哭，称："依汉使如父母，诚不可去。"甚至有人伏地抱着班超的马腿，班超不得前行。班超见状，自知于阗父老绝不会让他东归。而他也想完成他立功异域的宏愿，便毅然决定不再返汉，而是重返疏勒。

而在班超返回疏勒之后，才知在自己东归之后，疏勒有两座城已经重新归降了龟兹，并且与尉头国联合，意图造成大乱。班超当即遣人捉捕反叛首领捕杀，并率军击破尉头国，杀六百余人，使疏勒复安。

汉章帝建初三年（公元78年），班超又率疏勒、康居、于阗、拘弥等国士兵一万众，攻破姑墨国，斩首七百，自此龟兹遂孤立。

龟兹为西域北道诸国之一，当时是西域诸国中最为强大，《汉书》中记载："龟兹国，王治延城，去长安七千四百八十里。户六千九百七十，口八万一千三百一十七，胜兵二万一千七十六人……南与精绝、东南与且末、西南与扜弥、北与乌孙、西与姑墨接。能铸冶、有铅。东至都护所乌垒城三百五十里。"

汉武帝通西域后，龟兹夹在汉与匈奴之间，多次反复，袭杀汉使。汉昭帝元凤中（公元前78年左右），汉使傅介子出使大宛，途经龟兹，责问其王。龟兹王向傅介子谢罪。待傅介子从大宛返回，龟兹王告诉他，匈奴使乌孙的使者返回也住在龟兹。傅介子率随从吏卒，袭杀匈奴使者。后汉昭帝采纳桑弘羊的建议，任命入汉为质的扜弥太子赖丹为校尉，屯田轮台。

之前武帝时，贰师将军李广利破大宛回军途经扜弥，恰逢赖丹要去龟兹为质。李广利派人责问龟兹王，不许他入质别国王子，并将赖丹带回长安。这次汉使赖丹率军屯田轮台，龟兹贵人姑翼向其王进言：赖丹受汉官，逼近龟兹屯田，一定会对龟兹造成威胁。龟兹王听从姑翼之议，派兵攻杀赖丹，后又害怕，遂上书谢罪，故而大汉没有立即出兵龟兹。

宣帝本始三年（公元前71年），长罗侯常惠监护乌孙发兵五万大破匈奴后，回朝途中，上书请击龟兹，以偿杀赖丹之罪。大将军霍光令其见机行事。于是，常惠调集龟兹以西诸兵两万，又遣副使调集龟兹东面诸国兵两万人，令乌孙发兵七千，从三面进击龟兹。龟兹王极为惊恐，急忙相告，杀赖丹是前王听信贵人姑翼所干，与己无关，并执姑翼来见常惠。常惠斩姑翼，罢兵。其后龟兹王绛宾娶乌孙汉解忧公主之女为夫人。绛宾及其后于元康元年（公元前65年）来朝，王及夫人皆赐印绶。夫人号称公主，赐车骑旗鼓，歌吹数十人，绮绣杂缯琦珍凡数千万。后数来朝贺，学习汉朝衣服制度，归国后，按汉朝制度治理宫室。汉成帝、汉哀帝时，龟兹与汉亲，诚心臣服于西汉。然而光武帝建武二十二年（公元46年）时，因莎车王贤杀龟兹王，将龟兹分为龟兹、乌垒国，并封则罗为龟兹王，封驷鞬为乌垒王。几年后，龟兹国人杀则罗、驷鞬，遣使匈奴，请立新王。匈奴立龟兹贵人身毒为龟兹王，于是龟兹属匈奴。

建初五年（公元80年），班超在四面受敌的疏勒孤守五年后，上书给章帝，分析西域各国形势，并提出了趁机平定西域各国的主张，其称："窃见先帝欲开西城，故北击匈奴，西使外国，鄯善、于寘即时向化。今拘弥、莎车、疏勒、月氏、乌孙、康居复愿归附，欲共并力破灭龟兹，平通汉道。若得龟兹，则西域未服者百分之一耳……今西域诸国，自日之所入，莫不向化，大小欣欣，贡奉不绝，惟焉耆、龟兹独未服从。臣前与官属三十六人奉使绝域，备遭艰厄。自孤守疏勒，于今五载，胡夷情数，臣颇识之。问其城郭大小，皆言'倚汉与依天等'。以是效之，则葱岭可通，葱岭通则龟兹可伐。今宜拜龟兹侍子白霸为其国王，以步骑数百送之，与诸国连兵，岁月之间，龟兹可禽。以夷狄攻夷狄，计之善者也。臣见莎车、疏勒田地肥广，草牧饶衍，不比敦煌、鄯善间也，兵可不费中国而粮食自足。且姑墨、温宿二王，特为龟兹所置，既非其种，更相厌苦，其势必有降反。若二国来降，则龟兹自破。愿下臣章，参考行事。"

由于北道诸国多为匈奴控制，而南道诸国，只有龟兹一国与汉为敌。故班超提出"若得龟兹，则西域未服者百分之一耳"。并分析西域各国同龟兹的矛盾，认为"以夷狄攻夷狄，计之善者也"后，汉章帝览表，知班超功业可成，于是汉廷发兵千人就班超。平陵人徐干也有平定西域之志，主动上书请求奋身异域，辅佐班超，朝廷当即任命他为代理司马，派他众前去增援班超。

就在汉军出塞时，莎车以为汉兵不会来，于是降于龟兹，疏勒都尉番辰也又反叛，正好徐干率兵到疏勒，班超就与徐干一起，杀掉了番辰，斩首千余级，平息了叛乱。而班超在攻破番辰之后，欲图龟兹。因乌孙国兵力强盛，故而班超认为可以借助乌孙之力，于是上书："乌孙大国，控弦十万，故武帝妻以公主，至孝宣皇帝，卒得其用。今可遣使招慰，与共合力"。章帝采纳了其建议，建初八年（公元83年），天子拜班超为将兵长史，借其乐队、旗帜和仪仗。升徐干为军司马，另遣卫侯李邑护送乌孙使者，赐大小昆弥以下锦帛。

李邑初到于阗，正逢龟兹进攻疏勒，其竟因惊恐而不敢再向前行，而为了掩饰自己的怯懦，他居然上书给朝廷，称平定西域劳而无功，又说班超"拥爱妻，抱爱子，安乐外国，无内顾心"。班超闻之，叹息不已，称："身非曾参而有三至之谗，恐见疑于当时矣。"于是，毅然让妻子离开，以自明。章帝深知班超公忠体国，故而下诏书切责李邑："纵超拥爱妻，抱爱子，思归之士千余人，何能尽与超同心乎？"并命李邑至班超处，接受其节制调度，并让班超根据情况决定是否让李邑留在西域。

班超当即让李邑带着乌孙侍子回京，虽然徐干劝班超："邑前亲毁君，欲败西域，今何不缘诏书留之，更遣他吏送侍子乎？"可班超说："是何言之陋也！以邑毁超，故今遣之。内省不疚，何恤人言！快意留之，非忠臣也。"

次年（元和元年，公元84年），大汉帝国又以和恭为假司马，率兵八百，增援班超。于是班超调集疏勒、于阗的兵马进攻莎车。莎车派人私下联系疏勒王忠，用重利贿赂，于是忠背叛班超、归顺莎车，西保乌即城。班超遂改立疏勒府丞成大为疏勒王，调集兵力攻忠。此后，康居国派精兵助忠，班超久攻不下。当时月氏刚和康居通婚，互相亲近，班超便派使者以锦帛厚利月氏王，使之对康居王晓以利害，康居王于是罢兵，扣押了忠，并将他带回国中，于是乌即城降于班超。

元和三年（公元86年），前疏勒王忠在说服康居王后，借来了一些兵马，据守在损中，与龟兹勾结密谋，并派人向班超诈降，班超早洞见其计，于是将计就计，佯装答应他投降。忠大喜，轻装简从来见班超。班超秘设伏兵以待之，并为之设宴奏乐。酒宴中，班超喝令属下绑缚忠，随即斩杀之，并趁机进军击败其兵众，杀七百余人，于是西域南道

胡马阴山

遂通。

元和四年（公元87年）班超调发于阗等国士卒二万五千众，再攻莎车。龟兹王遣左将军发温宿、姑墨、尉头合兵五万救援莎车。班超召集将校和于阗国王商议军情，其故意说："现在兵少不能克敌，为今之计不如各自散去，于阗王从此东归，我也西归。可等到夜鼓声响起就动身。"然而班超暗地里故意放松对龟兹俘虏的看管，让他们逃回去报信。龟兹王闻之大喜，亲率万骑于西边截杀班超，并派温宿王率领八千骑在东边阻击于阗王。班超侦知其等已经出兵，于是迅速命令诸部率领兵马，在鸡鸣时分直扑莎车。胡人惊恐，四处逃散，班超追斩五千余人，大获其马畜财物。莎车国遂降，龟兹王等也自散而去。班超由此威震西域。

此后，因当初大月氏曾经帮助汉朝攻伐车师有功，故而章和元年（公元87年），月氏王派遣使者来到班超的驻地，向汉朝进贡珍宝、狮子等物，欲要娶汉朝公主为妻。班超拒绝了这个要求，月氏王由是怨恨。

永元二年（公元90年）夏，大月氏派其副王谢率兵七万，东越葱岭，攻打班超。班超兵少，众人都很恐慌。班超却向部下解释说："月氏兵虽多，但逾葱岭数千里远来，没有后勤运输，何足担忧？只需收好粮食，坚守不出，其因饥饿困苦自会投降，不过数十日就可以见分晓。"而后，大月氏副王谢统军攻班超，无法攻克，加之抢掠粮草又无所得，疲惫不堪。班超估其粮草将尽，必派人到龟兹求救，故而预先以兵数百在东边埋伏拦截，谢果然派兵带金银珠宝去贿赂龟兹以求援。班超伏兵大出，杀死了使者，谢大惊，进退无据，只好遣使向班超请罪，希望能够投降，于是班超放他们回国，大月氏由是大震，与汉朝和好如初，并且每年向汉朝朝贡。

北匈奴和大月氏的失败，使西域诸国皆为惊恐。次年（永元三年，公元91年），龟兹、姑墨、温宿等国尽皆归降。是年冬十二月，汉廷拜班超为西域都护，徐干为长史，并拜白霸为龟兹王，派司马姚光送其就国。班超和姚光胁迫龟兹废掉原来的国王尤利多，而扶立白霸为王，之后姚光又把尤里多带回了京师。此后班超率众驻扎在龟兹它乾城，徐干驻在疏勒，并复戊己校尉，领兵五百驻车师前部高昌壁，同时设置了戊部侯，驻守在车师后部的候城，与戊己校尉相距五百余里。

此时，西域诸国，只剩焉耆、危须、尉犁三国，因为曾杀害西域都护陈睦，心怀恐惧，尚未归汉。其余各国，均已平定。永元六年（公元94年）秋，班超调发龟兹、鄯善等八国兵共七万众，并汉军将士及商贾一千四百人，征伐焉耆、危须、尉犁。大军行到尉犁，班超派使者通告三国国王："都护来者，欲镇抚三国。即欲改过向善，宜遣大人来迎，当赏赐王侯已下，事毕即还。今赐王彩五百匹。"

听闻消息之后，焉耆王广派左将北鞬支送来牛酒，迎接班超。班超指责他说："汝虽匈奴侍子，而今秉国之权。都护自来，王不以时迎，皆汝罪也。"班超部下有人劝他杀了北鞬支，班超不同意，其说："这不是你们能考虑到的。此人权重于王，今未入其国而杀之，遂令自疑，设备守险，岂得到其城下哉？"于是班超送给北鞬支不少礼物，放他回国。焉耆王广见北鞬支无事，就亲率众臣在尉犁迎接班超，奉献珍奇礼物。但他并非真想让班超进入其国境。焉耆国有一处险要之地叫苇桥，焉耆王一从班超那里返回，立即下令毁掉苇桥。然而班超却从别的道路涉水而进，于七月最后一天到焉耆，在距王城二十里的大泽中安营。焉耆王见班超率军而来，出乎意料，大惊，想驱其部众逃入山中。焉耆国左侯元孟，过去曾入质京师，于是悄悄派使者向班超报信。班超为了稳定焉耆国贵族，斩杀了元孟的使者。并约定时间宴请诸国国王，声言届时将厚加赏赐。于是焉耆王广、尉犁王泛及北鞬支等三十多人信以为真，相继来到班超处。而焉耆国相腹久等十七人害怕被杀，都逃到海中，危须王也没有来。

宴会开始后，众人坐定，班超突然变色，责问焉耆王道："危须王为何不到？腹久等为何逃亡？"喝令武士将广、泛等抓获，并在当年陈睦所驻的故城，把他们全部斩杀，传首京师。接着又纵兵抢掠，斩首五千余级，俘获一万五千人，马畜牛羊三十余万头。之后班超另立元孟为焉耆国王，为稳定局势，班超在那里停留了半年安抚之。至此，西域五十多个国家都遣使送人质归附了东汉王朝。

永元七年（公元95年），朝廷为了表彰班超的功勋，下诏封他为定远侯，食邑千户，班超时年六十三岁。后人称之为"班定远"。班超的封地在今陕西汉中镇巴县，该县在清朝以前隶属于西乡县时曾设"定远厅"即源于此。

永元九年（公元97年），班超遣副使甘英出使大秦（即罗马帝国），甘英率领使团一行从龟兹（今新疆库车）出发，经条支（今伊拉克境内）、安息（即波斯帕提亚王国，今伊朗境内）诸国，到达了安息西界的西海（今波斯湾）沿岸，一说是地中海沿岸。而后因安息人抵谓英："海水广大，往来者逢善风三月乃得度，若遇迟风，亦有二岁者，故入海人皆赍三岁粮。海中善使人思土恋慕，数有死亡者。"甘英遂止步而回，这次出使虽未到大秦，但这是有历史记录的中原帝国官吏到达的最西之处。

而就在这次出使之后，班超感觉久居在偏远的异地，尤其是其年老以后，逐渐开始思念故国，永元十二年（公元100年），因年老思乡，班超上书请求汉和帝准许其卸任并回到中原，信中称"臣不敢望到酒泉郡，但愿生入玉门关"。而他的妹妹班昭也上书请求皇帝能够将班超召回国，奏章送达后，和帝被感动，于是召班超回朝。班超在西域共三十一年。两年后的八月，班超回到洛阳后，拜官射声校尉。然而班超的胸肋本来就有病，在回国后，病情加剧，和帝派遣中黄门慰问，并赐给他医药，但皇帝的恩宠并没有挽回他的生命，同年九月，班超病死，享年七十一岁。皇帝很是怜悯，特派使者专门吊唁致祭，赏赐极为优厚，并以其长子班雄嗣位。

关于班超的一生，正如范晔在《后汉书》中所称的那样：祭肜、耿秉启匈奴之权，班超、梁懂奋西域之略，卒能成功立名，享受爵位，荐功祖庙，勒勋于后，亦一时之士也。

史载班超自永元十四年（公元102年）东归后，朝廷以戊己校尉任尚继任为西域都护，班超临行前，交代工作的时候，任尚对班超说："君侯您在外国三十多年，而我惭愧地在您之后，责任重大，智虑浅短，您应该可以教我一些事情吧。"班超说："我年纪大了，变得愚笨了，您出任要职，我班超怎能比得上呢？逼不得已，愿意说几句甚大高明的话。塞外官吏士卒，本来就不是孝子顺孙，都是因为有罪才被迁徙去充边的屯兵。而蛮夷又怀着禽兽心肠，很难收养而容易坏事。现在您秉性严厉而又有些急躁。水清了就没有大鱼，严于监察就不得下面的欢心。您应该宽容冷静，简易行事，小过失从宽处理，紧紧抓住重要的环节就行了。"

　　然而虽然班超告诫任尚"水清无大鱼",为政应松弛简易、"宽小过总大纲",但任尚不以为然,甚至班超走后,任尚还私下对他的亲信说:"我还以为班君有什么奇策,现在他所说的不过平常言论罢了。"其后,任尚为西域都护才数年,西域相继反叛,任尚也因有罪被召还。

　　史载,汉殇帝延平元年(公元106年),西域反叛诸国围攻任尚于疏勒,任尚上书求救。时朝廷以梁慬为西域副校尉,将河西四郡羌胡兵五千骑救之,未至而围解。朝廷遂罢还任尚,以段禧为西域都护,以赵博为西域长史。时段禧、赵博驻龟兹国它乾城,梁慬以为城小不坚,于是说服了龟兹王白霸,允许他们率汉军进驻龟兹王城。龟兹王属下不满,于是叛变,联合温宿、姑墨,合兵数万,围困汉军于龟兹王城。梁慬等率汉军八九千人守城并出战,持续数月,最后汉军斩敌万余、俘虏数千,联军败走,龟兹乃平。段禧等虽保龟兹,但道路阻隔,檄书经年不通,且朝臣多有徒费兵饷之论。汉安帝永初元年(公元107年)六月,朝廷下诏罢西域都护,并罢伊吾、柳中屯田,段禧、赵博、梁慬等将士俱还关内。此时距班超之死,仅五年。

　　其实,任尚不明白的是,班超在西域共达三十一年,不仅善于用武力镇抚各国,更善于用外交手段,充分利用远交近攻之术,也正是如此,在班超的努力下,西域诸国才得以平定,再现了一百年前,汉孝宣皇帝时的辉煌。任尚对此不能理解,他无视班超离开时留给他的"宜荡佚简易,宽小过,总大纲"的劝告,自然引来西域大乱了。

　　其实西域的这种反复,从车师国的历史便能够"一斑窥全豹",史载永平十七年(公元74年),窦固等征讨车师,前、后王俱降,汉朝遂重设戊己校尉,分屯车师前、后国。不久,北匈奴围攻汉军屯田军卒,于是汉章帝建初元年(公元76年),汉放弃车师。汉和帝永元二年(公元90年),窦宪击破北匈奴,车师前、后王重新归降汉朝。永元八年(公元96年),车师后王击破前王,次年,汉朝派兵斩车师后王,车师遂定。汉安帝永初元年(公元107年),汉朝再度放弃西域。元初六年(119年),汉敦煌太守以索班屯驻伊吾,车师前王复降汉。永宁元年(公元120年),车师后王引北匈奴攻杀索班,击走前王。延光三年(公元124年),汉西域长史班勇击败北匈奴,次年,班勇进击车师后国,斩其王军就，再次年立加特奴为后王，屯田于柳中。汉顺帝永和二年（公元137年），敦煌太守裴岑出伊吾攻杀北匈奴的呼衍王，安定了车师局势。其后车师仍然存在了数百年。车师前国于北魏太平真君十一年（公元450年），被高昌的沮渠安周引柔然兵攻破而灭亡，王族逃入北魏，至此，这个国家才消亡了。而在这之后的两百年后，西域又将面对统一后的中原，而大唐帝国也将在这片土地上重现汉家荣光。

归玉门
——东汉与匈奴在西域的反复拉锯

永平十八年（公元75年）秋八月，汉明帝驾崩，太子即位，是为汉章帝，也就在这一年，一封来自于驻屯于柳中城的汉西域都护府戊己校尉关宠的紧急求援文书送到了刚刚继任皇位的汉章帝手里。情况大概是这年的三月，匈奴单于派左鹿蠡王率两万骑入寇西域，匈奴大军势如破竹，攻破了归附汉帝国的车师后国，招降了西域北部焉耆等小国。

西域的情况到底怎么样？几乎没有人知道那里现在的情况到底如何，因为汉廷收到这封求救信的时候，已经是当年年底了，而匈奴寇入西域，焉耆和龟兹攻伐陈睦，则是六月，毕竟关宠部、耿恭部之汉军合计只有千余人，面对两万匈奴铁骑，显然不能守，所以似乎已经没有必要派兵救援西域的汉军了。

事实上，匈奴人的这次反击时机选得的确很好，前一年，窦固平定车师之后，奏请明帝重新设置西域都护及戊、己校尉，于是皇帝下诏以陈睦为都护、司马耿恭为戊校尉，屯后王部金蒲城（今新疆维吾尔自治区奇台附近）；又以谒者关宠为校尉，屯前王部柳中城（今新疆吐鲁番市附近），各领兵数百人，永平十八年（公元75年），明帝诏令窦固等罢兵回京，然而也就在汉军回师后，匈奴大军便南下了。

其实此时，西域的汉军正在耿恭的率领下，还在坚守。史载，耿恭，字伯宗，乃是扶风茂陵人，为建威大将军好畤侯耿弇之弟耿广的儿子。当初光武帝起事后，乃赖其麾下众人用事，得以一统天下、中兴汉室，而后至永平三年（公元60年）时，汉明帝刘庄图画开国诸勋于洛阳南宫云台阁，计二十八人，史称"云台二十八将"，范晔的《后汉书》为二十八将立传，称"咸能感会风云，奋其智勇，称为佐命，亦各志能

汉明帝

之士也"。也就是说，这二十八人是汉光武帝在建立东汉的过程中战功卓著的将领。而耿弇则为云台二十八将第四位。耿弇自从更始元年（23年）投奔刘秀后，随光武帝南征北战，战功赫赫，建武元年（25年）拜建威大将军，而其父亲喻糜侯耿况、弟弟耿舒、耿国、耿广、耿举、耿霸，皆为汉之名臣，史称："弇兄弟六人皆垂青紫，省侍医药，当代以为荣。"

翻开东汉的历史来看，耿氏一族在东汉其实是豪门大家，其子弟两人当上了大将军，九人当上了将军，位列九卿的有十三人，娶公主为妻的有三人，列侯达十九人，担任过中郎将、护羌校尉及刺史、二千石级别官员的有数百人。自耿弇始，耿氏一家三世用兵，仍立功勋，之前远征西域平定车师的耿秉便是耿氏的第三代名将，其乃是耿国之子、耿弇之侄，史载其为度辽将军，巡视边塞七年，匈奴人感念其恩德。后命其为执金吾，越发倚重。章帝到各地出巡，耿秉常领禁兵随从，死后和帝赐朱棺、玉衣，命五营骑士三百余人为其送葬。匈奴闻秉去世，"举国号哭，或至黔面流血。"

耿恭虽然此时名声还不如耿秉显赫，但其领兵能力却不下于自己的伯父、堂兄弟。史载，耿恭的父亲耿广很早便已去世了，于是耿恭年少时就成为了孤儿。但其慷慨多谋略，有将帅才能。永平十七年（公元74年），担任司马，跟随骑都尉刘张、奉车都尉窦固、堂弟驸马都尉耿秉等出征西域，大破车师，此后汉廷在西域恢复西域都护、戊己校尉，耿恭为戊己校尉，屯兵后王部金蒲城。耿恭到达任所后，送移檄乌孙，示汉威德，乌孙大昆弥以下皆欢喜，遣使献名马，并献上汉宣帝时赐给公主的赌具，希望派乌孙王子入朝侍奉。于是耿恭派使者赠赍金帛，迎其王子入朝侍奉。

永平十八年（公元75年）三月，北匈奴单于派左鹿蠡王率领两万骑攻伐车师，耿恭遣司马率三百兵救之，结果半途与匈奴大军遭遇，全军覆没。此后匈奴攻杀车师后王安得，进而包围金蒲城。耿恭登城搏战，并用毒药涂于箭矢之上，传语匈奴说："汉家箭神，中箭者其创口必有异。"遂发强弩射之，匈奴中箭者，伤口皆烂，于是怪力乱神下，竟十分恐惧。正当此时，暴风雨大作，耿恭率部随雨击之，杀伤甚多；匈奴震怖，以为汉家神兵，于是相谓曰："汉兵神，真可畏也！"即撤兵。

五月，耿恭因疏勒城（今新疆喀什）边有溪流可以倚险固守，便引兵转而占据该城。其实之所以率军转至疏勒城，还有一个原因，那就是疏勒城正当山南山北之间的要道，驻军于此，可以与柳中城相互呼应，以绝匈奴攻略山南西域诸国之念。匈奴人很快发现了耿恭部的意图，七月，北匈奴再次前来，耿恭招募先锋几千人直奔北匈奴，北匈奴骑兵逃散，其后匈奴大军复来，将疏勒城围困，并在城下堵绝溪流，使汉军断水。失去水源，耿恭不得不在疏勒城中挖井，然而汉军城中掘井十五丈，仍不出水，吏士渴乏已极，不得不"笮马粪汁而饮之"。耿恭深知无饮水，便只有死或降两条道路，在这样的情况下，耿恭仰天长叹说："闻昔贰师将军拔佩刀刺山，飞泉涌出；今汉德神明，岂有穷哉。"于是重整衣冠，向枯井虔诚再拜，"为吏士祷"。奇迹发生了，转眼工夫，井中竟水泉涌出，众人齐呼万岁，于是耿恭命人在城上扬水示威，以示水源充足，匈奴见状，大惊，以为有神明在帮助汉军，不得不暂且退去，但却依然试图想要困死汉军。

然而就在此时，永平十八年（公元75年）六月，西域的焉耆和龟兹两国率军攻打西域都护陈睦，陈睦全军覆没，其身死。很显然，焉耆的叛乱对于耿恭等汉军来说，是极为致命的。焉耆是西域三十六古国之一，其位于天山中部的焉耆盆地（今新疆焉耆回族自治县）中，环抱在天山、霍拉山和库鲁克塔格山间，东临博斯腾湖、东通高昌、西临龟兹，盛时领地包括今焉耆、库尔勒、博湖、和硕、和静、尉犁等县市。都员渠城，又称河南城（今博格达沁古城，一说今焉耆县城）。

西汉时，焉耆有人口三万二千余，因为在汉开西域之前，匈奴曾为漠北、西域霸主，故而焉耆隶属于匈奴。《汉书》卷96《西域传》记："西域诸国……故皆役属匈奴。匈奴西边日逐王置僮仆都尉，使领西域，常居焉耆、危须、尉黎间，赋税诸国，取富给焉。"也就是说，焉耆的地理位置最接近匈奴在西域的日逐王的王庭，故而日逐王设置的控制西域的僮仆都尉，经常驻扎在焉耆、危须、尉犁间，将诸国置于匈奴的严密控制之下，并向各国征收赋税，转输匈奴。汉武帝初开西域时，主要是争取控制丝路南道，即所谓羌中道，张骞凿空、贰师将军李广利西征，其实走的都是这条路线，此后李广利征大宛之后，汉遣扜弥国太子赖丹率一介偏师，屯田渠犁。史料记载，赖丹为扜弥国太子，扜弥国东北与龟兹接壤。李广利伐大宛还军经扜弥时，闻太子赖丹质于龟兹，派人责问龟兹，并将赖丹带至京城长安。后赖丹被委以重任返回西域领护屯田，不过由于赖丹主持轮台屯田时，西汉在塔里木盆地的势力经营还不稳定，而亲匈奴的龟兹贵族害怕汉朝势力进入其国，因此抵制赖丹屯田，并将赖丹杀害。

本始二年（公元前72年），宣帝遣常惠以校尉出任乌孙监军，发兵攻匈奴，又遣将田广明、赵充国、范明友、韩增、田顺等五路出兵，东西夹击，车师降汉，夺取了碛口。次年常惠使乌孙还，又征诸国兵围龟兹，责以前杀赖丹事，龟兹王将杀害赖丹的贵族姑翼交给常惠，常惠斩之，自此汉朝控制了龟兹。其后，宣帝又派遣曾随常惠屯田赤谷的辛庆忌，屯田焉耆，初置校尉。《汉书·辛庆忌传》记："辛庆忌字子真，少以父任为右校丞，随长罗侯常惠屯田乌孙赤谷城，与歙侯战，陷陈却敌。惠奏其功，拜为侍郎。迁校尉，将吏士屯焉耆国。"从这里可见焉耆归汉，应该与常惠平龟兹差不多时间，也就是本始三四年间。

至地节元年（公元前69年）时，宣帝侍郎郑吉、校尉司马憙所率的一支汉军又进入昔日赖丹驻兵的渠犁，再次经营屯田，此后根据《汉书·外戚传》中记车师降汉后，匈奴发动反攻，召车师王交出太子军宿入匈奴为质，军宿乃焉耆外孙，遂逃亡焉耆避难，车师王也逃亡乌孙，车师另立乌贵为太子，复臣于匈奴。说明车师降汉后又有所反复，而焉耆则已坚定地附汉。其后焉耆又随郑吉所率的西域诸国大军，参加攻讨车师战役，逐乌贵，复立军宿。但在地节二年（公元前68年）时，汉军又在匈奴的大举反攻下放弃车师，郑吉返师渠犁，军宿也率领一部分车师人随同西迁，并在此屯田积谷，积蓄实力。

其后，西域形势的演变逐渐对汉有利，当时匈奴国中大乱，五单于争立，主政西域的日逐王先贤掸也卷入了这场政争，神爵二年（公元前60年）时，日逐王失势，有意降汉，为郑吉护送入汉，自此，匈奴势力全面退出了西域，僮仆都尉罢废。

神爵二年（公元前60年），汉始置西域都护，郑吉被册拜为首任西域都护，驻焉耆西南乌垒城，监护北道诸国，在当时，西域诸国尽弃匈奴符契，改换汉朝印绶，颁行汉朝历法，郑吉还代表汉廷授予西域诸国王汉朝封号，自此包括焉耆在内的西域诸国为汉所有。根据《汉书》卷96《西域传》的记载，当时"焉耆国，王治员渠城，去长安七千三百里。户四千，口三万二千一百，胜兵六千人"这就是汉文史料中对焉耆最初的记载，而焉耆国在降汉之后，还新设了"击胡侯、却胡侯、辅国侯、左右将、左右都尉、击胡左右君、击车师君、归义车师君各一人，击胡都尉、击胡君各二人，译长三人"等建置，可以说，此时的焉耆不仅是西域大国，而且其对汉颇为亲近。

王莽代汉后，其政策乖戾，举措失宜，与匈奴绝和亲，于是匈奴攻西域，此后焉耆首先响应，攻杀西域都护但钦，一时间西域诸国皆反，天凤三年（公元16年），王莽遣五威将军王骏、西域都护李崇讨焉耆，焉耆诈降，袭杀王骏，不久李崇也殁于龟兹。而戊己校尉郭钦初战小胜，擢为西域都护，后亦败于焉耆，郭钦战殁，西域汉军几乎全部覆灭，自此西汉在西域的一切军政建置全部罢废。唯莎车一国仍与匈奴相抗。

东汉初，焉耆受制于莎车王贤，建武二十一年（公元45年），焉耆率车师、鄯善等十八国同遣使入朝，要求重设西域都护，以削弱莎车在西域的影响，但在焉耆向汉遣子入侍并献珍宝，请都护时，汉光武帝刘秀却不出兵，于是侍子留敦煌，后逃归。此后莎车在同于阗的交攻中衰落下来以后，匈奴势力重新支配西域，而焉耆则以西域亲匈奴派势力的角色遂代之而兴。

可以说，此时的焉耆是北匈奴的忠实追随者，也是东汉开西域的主要阻力。自永平十六年（公元73年）来，汉明帝两次派遣大将窦固出师，征讨匈奴呼衍王，十六年汉攻匈奴，取伊吾庐，创置宜禾都尉。十七年，汉军又平定车师前后部，重置西域都护、戊己校尉，同时遣班超为使，绕行南道，招降于阗，转入中道，平定疏勒，并以此二国为始重树汉帜。然而仅仅一年之后，西域的局势逆转，北匈奴包围了天山北麓的汉军，与此相呼应，"焉耆与龟兹共攻没都护陈睦、副校尉郭恂，杀吏士二千余人。"归属匈奴，而在天山南麓汉兵全军覆没后，匈奴率其攻于阗，可见焉耆王广已成为天山北麓城邦诸国亲匈奴的代表人物。

就在西域都护陈睦、副校尉郭恂被焉耆所杀时，北匈奴还在柳中城包围关宠所部，就在关宠向朝廷发出求援信后的不久，柳中汉军全军覆灭。至此时，除耿恭外，大汉在西域仅存孤立无援的班超，可以说，自耿恭、班超所守之处外，西域虽大，却没有大汉的立足之地。

祸不单行，是年八月，汉明帝驾崩，朝廷正是大丧之机，新皇登基，朝事不稳，故而没有理会西域，更没有派出救兵，于是这种情况下，车师再度反叛，和北匈奴合兵攻耿恭，形势十分险恶。这时耿恭仅有的支持来自车师后部王的寡妻，她是远嫁塞外的汉人的后裔，因重耿恭为人，见汉军久久被围，故而想尽办法派人将汉军急需的给养粮饷送到疏勒，又多次将匈奴兵的动向暗中告知耿恭，因此汉军得以多支撑了一些时日。就这样，困守数月之久，城中汉军不断有人战死、病死、饿死，最终只剩下了数十人，但就算是这样，也没有人想要投降匈奴。

被困日久，城中汉军粮食耗尽，便用水煮铠甲弓弩，在生牛皮制成的铠甲与弩弦煮熟之后，耿恭和汉军将士便是以兽筋皮革为食，吞嚼充饥。北匈奴单于知道耿恭已身陷绝境，故而使人招降耿恭，并称可以封他为王，史载"单于知恭已困，欲必降之，遣使招恭曰：若降者，当封为白屋王。妻以女子。"结果耿恭引诱使者登城，亲手将他杀死，然后就在城上，对着匈奴的大军，将尸体的肉割来烤着吃，匈奴单于大怒，又增派援兵围困耿恭，但仍不能攻破疏勒城。关于这段历史，《资治通鉴·卷四十五》对此记载"恭乃诱其使上城，手击杀之，炙诸城上。虏官属望见，号哭而去。单于大怒，更益兵围恭，不能下"。

而就在这样的情况下，关宠向朝廷请求救援的上书到了汉廷，面对西域而来的求援文书，刚刚登基的章帝让公卿们讨论这事。司空第五伦等朝臣认为不宜救，他们的理由很简单，贸然派军前去，很容易为匈奴击破，而且此时已经是冬季，塞外天气恶劣，路途遥远，加之后勤艰难，此时耿恭等汉军将士也许已经覆灭，故而在西域的失去已经不可避免的情况下，何必再去徒劳无功？西域失去，可以日后再行恢复，如果救援大军被击破，则汉军显然白白蒙受损失，很显然，在这些重臣们的眼里，耿恭等汉军将士是可以被牺牲的。

然而也有不同的声音，譬如司徒鲍昱就坚决主张救援西域汉军，其称："今使人于危难之地，急而弃之，外则纵蛮夷之暴，内则伤死难之臣。诚令权时，后无边事可也，匈奴如复犯塞为寇，陛下将何以使将？又二部兵人裁各数十，匈奴围之，历旬不下，是其寡弱尽力之效也。"这意思便是如果不救的话，冷了将士之心，而后匈奴得志于西域之后，再来入寇边塞，陛下还能盼望将士们奋力抗敌吗？还有就是耿恭、关宠二部兵不过百，匈奴围之，几个月都不能够攻下，可见他们的确实力不济。鲍昱又称"可令敦煌、酒泉太守各将精骑二千，多其幡帜，倍道兼行，以赴其急。匈奴疲极之兵，必不敢当，四十日间，足还入塞。"

于是汉章帝采纳司徒鲍昱的建议，派耿恭的堂兄耿秉屯守酒泉，行太守事，自永平十八年（公元75年）八月，汉章帝即位后，任命耿秉为征西将军，使之巡视凉州边境，慰劳赏赐城堡营寨的羌人、胡人。此番，汉章帝在以耿秉屯驻酒泉郡，又派酒泉太守秦彭（一作段彭）与谒者王蒙、皇甫援征发张掖、酒泉、敦煌三郡郡兵及鄯善兵，共七千余人，前往救援耿恭。

就这样，汉军在风雪中西出玉门关，去找寻那也许已经覆灭的汉军将士。

建初元年（公元76年）正月，酒泉太守秦彭等人率军向柳中而行，大军首先进击车师，攻交河城，斩首三千八百级，获俘虏三千余人，驼、驴、马、牛、羊三万七千头，北匈奴惊慌而逃，车师复降。然而长途跋涉的秦彭大军未至柳中时，就已经听闻关宠已全军覆没，诸将认为更加艰难的耿恭部更不可能存在了，于是秦彭、王蒙、皇甫援等认为不能冒险把全军置于危险之地，故而决议回师。但此时，耿恭的一位军吏范羌当时正在王蒙军中，他坚持要求去援救耿恭。之所以范羌会在军中，是因为头年秋，耿恭派范羌至敦煌为所部领取冬装。王蒙出塞后，范羌就随军返回西域。

虽然范羌一再请求不要放弃固守疏勒的耿恭，可在当时的情况下，没有哪个将军会冒险而行，毕竟在四面受敌的情况下，前去救援也许已经不存在的汉军，毕竟是不怎么现实的。关宠已全军覆没，而耿恭距离柳中还有一段路途，也更是深入险境，在那种情况下，肯定是凶多吉少。但在范羌的坚持下，王蒙决定分兵两千，由范羌率领，接应耿恭。

范羌经由山北之路去接耿恭，时天降大雪，天山北坡雪深丈余，范羌所部放弃了辎重，日夜兼程赶往疏勒，不过虽然援军筋疲力尽，但依然勉强到达。耿恭等人夜间在城中听到兵马之声，以为北匈奴来了援军，大为震惊，仅存数十人登城而战，而后范羌隔山涧大呼：“我范羌也，汉遣军迎校尉耳！”于是城中立时高呼万岁，城门大开，众人互相拥抱，痛哭流涕。

次日耿恭率部东归，匈奴一路追杀，汉军边战边走。官兵饥饿已久，从疏勒城出发时，还有二十六人，沿途不断死亡，不时有饥饿困顿的军士倒地不起，死于路边，当年三月，至玉门时，只剩下了十三人。这十三人史书留名的有：耿恭、范羌、石修、张封，他们无一不是衣衫褴褛，鞋履洞穿，面容憔悴，形销骨立。时人以为耿恭守疏勒，“节过苏武”。史载，中郎将郑重在玉门关迎候耿恭，亲自为耿恭及其部众“洗沐易衣冠”，并倡言，处在“万死无一生之望”的绝境，“恭之节义，古今未有”。此后，郑重上书朝廷，称“恭以单兵守孤城，当匈奴数万之众，连月逾年，心力困尽，凿山为井，煮弩为粮，前后杀伤丑虏数百千计，卒全忠勇，不为大汉耻，宜蒙显爵，以厉将帅”。的确，在当时，耿恭等人坚守疏勒城的意义的确很大，因为正是他们的努力，才牵制了北匈奴在西域的扩张，也正是如此，《后汉书》作者范晔，才在史书中称耿恭事迹为"后览耿恭疏勒之事，喟然不觉涕之无从"，甚至赞以"义重于生"之语。

史载，此后耿恭到达洛阳后，鲍昱上奏称耿恭的节操超过苏武，应当封爵受赏。皇帝拜耿恭为骑都尉，任命耿恭的司马石修为洛阳市丞，张封为雍营司马，军吏范羌为共县丞，剩下九人都授予羽林之职。耿恭母亲在此之前就已去世，等耿恭回来，补行丧礼，汉章帝下诏派五官中郎将馈赠牛和酒解除丧服，可谓是荣誉一时。

建初二年（公元77年），耿恭升任长水校尉，同年八月，金城、陇西的羌人反叛。耿恭上书言方略，谈征羌人之策，汉章帝召耿恭入宫询问详情，此后，皇帝遣耿恭率五校士三千人，与副车骑将军马防讨西羌。史载耿恭屯守于袍罕，屡次和羌人交战。次年秋，羌人烧当部落首领布桥为马防所败，遂降汉，于是汉章帝诏马防回朝，而留耿恭继续击讨其他没有归附的羌人部落。此后耿恭斩首千余，获牛、羊四万余头，于是勒姐、烧何等等十三个部落共数万羌人尽皆向耿恭归降。但由于当初耿恭出陇西时，曾上书奏事，称"故安丰侯窦融昔在西州，甚得羌胡腹心。今大鸿胪固，即其子孙。前击白山，功冠三军。宜奉大使，镇抚凉部。令车骑将军防屯军汉阳，以为威重"。因而得罪了马防，故而马防被诏还京师后，监营谒者李谭按马防之意，劾奏耿恭不忧军事，接受诏书时心有怨望，于是耿恭获罪，坐征下狱，并被罢免其官职遣送本郡原籍，后卒于家中。

其实耿恭率众归玉门后，西域的事情并没有就此结束，自永平十八年，明帝死，焉耆与龟兹攻杀都护陈睦及吏士二千余人，归属匈奴，匈奴率其攻于阗后，西域其实一直处于混乱之中，当苦守金蒲城、疏勒城的耿恭也为前来接应的汉军迎还内地后，西域汉军唯剩班超一部，不过虽然班超远在今新疆西端，却凭借于阗、疏勒二国，而一直坚守于西域，使得汉帜不倒。

建初三年（公元78年）班超上书章帝，请求汉廷派遣援军，并重置西域都护。并率领人数并不众多的汉军相继击败了莎车，并驱逐了中亚强国大月氏的入侵，此后使得大汉开始重新在西域恢复支配地位，永元三年（公元91年），龟兹、姑墨、温宿等北道诸国都向汉朝归降，班超被拜为西域都护，移驻它乾城，此时唯焉耆、危须、尉犁三国不肯降。三年后，永元六年秋，班超亲率汉军，并发龟兹、鄯善等国兵七万人，吏土、商客一千四百余人，讨焉耆等国，史载"到焉耆，去城二十里，营大泽中。广出不意，大恐，乃欲悉驱其人共入山保"。此后，班超斩焉耆王广、尉黎王等，"更立焉耆左候元孟为焉耆王。超留焉耆半岁，慰抚之，于是西域五十余国悉皆纳质内属焉。"根据史书中记载的俘获人丁一万五千余人，马畜牛羊三十余万头，可见当时焉耆的国势强盛。

而后，班超主政西域长达三十年，直至七十以上的高龄才重返故乡。班超返汉以后，汉安帝永初元年（公元106年），西域复乱，焉耆王元孟也叛降匈奴。元初六年（公元119年）敦煌太守曹宗率先派长史索班率千余人出屯伊吾，车师前王和鄯善王皆降，但时仅数月后，索班就为北匈奴挟同车师后部王攻杀，进而北匈奴又击走车师前王。鄯善王危急，向曹宗求救，于是曹宗上表朝廷力主重开西域，起先各公卿多以为宜闭玉门关，遂弃西域，而班超之子班勇却认为不可。

于是朝廷从班勇之议，复敦煌郡营兵三百人，置西域副校尉居敦煌。不过此番东汉王朝虽然"虽复羁縻西域，然亦未能出屯"，其后匈奴果然多次与车师合兵共犯边地，以至于河西大受其害。这种情况下，延光二年（公元123年），四月，汉朝委班勇出任西域长史，率兵五百出塞，屯柳中。次年，班勇至楼兰，鄯善、龟兹、温宿相继附汉，班勇进而发诸国步骑兵万余攻车师前王庭，大败匈奴伊蠡王于伊和谷，收得车师前部五千余人，于是车师前国重新与汉朝建立联系，此后班勇还师屯田柳中。

延光四年（公元125年）七月，班勇率敦煌、张掖、酒泉六千余骑，及鄯善、疏勒、车师前部兵，进击车师后国国王军就，破车师后部，斩首俘获八千多人，马畜五万多头，并将其王军就、匈奴持节使者生擒，带至索班战死处斩之，传首京师。

永建元年（公元126年）十一月，班勇以汉廷名义册立车师后部故王子加特奴为王，又派遣部将斩杀东且弥王，并另立其本族人为王。于是，车师等西域六国，全都归附汉朝。这年冬，班勇又发西域诸国兵大破匈奴呼衍王，降其众二万余，此战中，班勇还使加特奴亲手斩杀生得的单于从兄，以使车师、匈奴之间从此结下仇恨。不久之后，北单于亲率万余骑来攻车师后部，抵金且谷，班勇遣其将假司马曹俊率军迎战，单于率军后撤，曹俊追击，并斩杀其贵人骨都侯。此后，呼衍王部迁到枯梧河畔，自此，西域平定。而这时，西域城郭诸国都已降汉，唯焉耆王元孟未降。

永建二年（公元127年）六月，班勇上奏朝廷，请求出兵攻打焉耆。汉廷遣敦煌太守张朗率河西四郡之兵三千，配合班勇，而班勇则发诸国兵四万余人，分两道进击焉耆，班勇率军走南道，而张朗三千汉军则走北道，约期俱至焉耆。此后，而张朗因先前有罪，急于求功，为自己赎罪，就赶在约定日期之前，抵达爵离关，并派遣司马率军提前进攻，斩首两千余人，元孟害怕被杀，于是派使者请求投降。张朗便直接进入焉耆城，受降而回。结果，张朗得以免除诛杀，而班勇因迟到而被征回京都洛阳，下狱免官。不久，班勇得到赦免，后来老死家中。

虽然元孟向张朗请降时，"元孟竟不肯面缚，惟遣子诣阙贡献"。但焉耆再次归附于汉。后顺帝继立以后，汉朝的势力再次退出西域，此后，因疏勒发生反汉叛乱，建宁三年（公元170年），凉州刺史孟佗使从事任涉率敦煌兵五百人，与戊己校尉曹宽、西域长史张晏等合西域龟兹、车师前、后部兵共三万余人，进讨疏勒，焉耆也参与了这次征讨。但疏勒王和得率军坚守桢中域（今地不详），汉军连攻四十余日，城不能下，撤军还。其后疏勒王连相杀害，朝廷也不能复治。这种情况下，焉耆也再度叛汉，而这时已进入东汉末世了。

第五章　铜驼街

汉匈联军
——窦氏外戚对北匈奴的毁灭性打击

永平十八年（公元75年），汉明帝刘庄驾崩于雒阳东宫前殿，年四十八岁。其在位的十八年间，基本上消除了因王莽虐政而引起的周边蛮夷侵扰的威胁，使汉跟周边蛮夷的友好关系得到了恢复和发展。但与此同时，明帝也一改光武时期息兵养民的策略，重新对匈奴开战，永平十六年（公元73年），命窦固、耿忠征伐北匈奴。汉军进抵天山，击呼衍王，斩首千余级，追至蒲类海（今新疆巴里坤湖），取伊吾卢地。其后，窦固又以班超出使西域，由是西域诸国皆遣子入侍，次年，又复置西域都护，于是自王莽地皇四年（公元23年）以来，西域与中原断绝关系五十年后又恢复了正常交往。

而根据史料记载，佛教也在这时自西域流入中原，并于大汉帝国得到了发展。通常认为佛教是在西汉末，新莽时和东汉前期时由天竺经西域传入的，如《魏略·西戎传》《魏书·释老志》等史料中就有记载，汉哀帝元寿元年（公元前2年）博士弟子景卢出使大月氏，其王使人口授《浮屠经》，但在佛教史上，多以汉明帝时，天竺僧人迦叶摩腾与竺法兰以白马驮经像至洛阳，是为佛教传入中国之始。

史载，永平七年（公元64年），明帝夜宿南宫，夜梦金人身长丈六，项佩日轮，飞空而至，光明赫奕照于殿庭。次日晨，汉明帝召集群臣，令占所梦，博士傅毅进奏对称"臣闻昔西方有神，其名为佛。陛下所见，将必是乎？"汉明帝听罢遂"感梦求法"，以郎中蔡愔、中郎将秦景、博士王遵等一行十八人，出使西域，赴天竺（古代印度）求佛法。在大月氏国（今阿富汗境至中亚一带），汉使与来自天竺的僧人摄摩腾和竺法兰相遇，得佛经佛像，遂恳请二位高僧东赴中原弘法布教。永平十年

（公元67年），摄摩腾、竺法兰与汉使"相偕同行，以白马驮经"，自西域归洛阳，明帝见到佛经、佛像后，十分高兴，对二位高僧极为礼重，亲自予以接待，并安排他们在"鸿胪寺"暂住。此后，为了给两位高僧一个居住和译经之所，永平十一年（公元68年），汉明帝敕令在洛阳西雍门外三里御道北兴建僧院，以僧人们暂住的"鸿胪寺"的"寺"字称之，并念白马驮经之功，故而取名"白马寺"，是为中国第一座佛教庙宇，而摄摩腾和竺法兰则在此译出《四十二章经》，为现存中国第一部汉译佛典。而这次出使西域、赴天竺求佛经及沙门之行，便是历史上著名的"永平求法"。也因此，后世通常以这一年作为佛教传入中国之年。譬如韩愈就在上唐宪宗的《论佛骨表》中称"佛者……自后汉时流入中国……汉明帝时始有佛法。"

根据《后汉书·卷八十八·列传·西域传·第七十八》中记载的"世传明帝梦见金人，长大，顶有光明，以问群臣。或曰：'西方有神，名曰佛，其形长丈六尺而黄金色。'帝于是遣使天竺问佛道法，遂于中国图画形像焉。楚王英始信其术，中国因此颇有奉其道者。"以及永平八年（公元65年），刘英"学为浮屠斋戒祭祀"，从汉明帝在给刘英的诏书

今日的白马寺

中褒奖他"尚浮屠之仁祠，絜斋三月，与神为誓"来看，就在"永平求法"汉使归来之前，楚王刘英就开始信奉自西域流入的佛教，而这位皇室亲贵也是目前中国已知的最早的佛教信徒。不过这位虔诚的佛教徒的结果并不怎么好，刘英乃为光武帝和许美人所生，建武十五年（公元39年）封为楚公，十七年（公元41年）晋爵为楚王，二十八年（公元52年）就国。因为生母许氏无宠，所以在诸兄弟中刘英的封国最为贫小。三十年（公元54年），临淮郡的取虑县和须昌县（一说是昌阳县）归于楚国。明帝为太子时，刘英常独自依附太子，也因此明帝即位后，刘英数受赏赐。永平元年（公元58年），特封刘英舅舅之子许昌为龙舒侯。然而永平十三年（公元70年），刘英却坐意图谋反之罪而被废楚王，徙丹阳郡泾县，赐汤沐邑五百户，遣大鸿胪持节护送。子女为列侯、翁主的，保留食邑如故。其母楚太后许氏仍保留玺绶，留住楚宫。次年，刘英抵达丹阳后，自杀。汉明帝下诏遣光禄大夫持节吊祠，赠帽如法，加赐列侯印绶，以诸侯礼葬于泾县。

后世普遍对汉明帝评价颇高，史载"乙更尽乃寐，先五更起，率常如此"。可见其颇为勤政，明帝之世，吏治非常清明，境内安定。加以多次下诏招抚流民，以郡国公田赐贫人、贷种食，并兴修水利，其用王景治黄河，直到东汉末黄河也没决口，故此举甚是"有惠于民"。史书记载，明帝时"民安其业，户口滋殖"，大汉帝国重新焕发出了勃勃生机。

明帝驾崩之后，其子刘炟即位，是为章帝。章帝乃是明帝第五子，建武中元二年（公元57年）二月，其父刘庄即位，同年，刘炟出生，为汉明帝刘庄第五子。生母贾氏，被册为贵人，因当时明帝宠爱的马贵人无子，于是明帝将刘炟交给马贵人抚养。同时，刘炟生母贾贵人也是马贵人同父异母姐姐的女儿。马贵人尽心抚育刘炟，操劳超过其亲生。刘炟亦"孝性淳笃，恩性天至"。养母养子之间关系融洽，始终没有嫌隙。永平三年（公元60年）春，马贵人被立为皇后，同年二月十九日，刘炟被立为皇太子，时年三岁。史载，刘炟年少宽容，爱好儒术，很受明帝的器重。刘炟即皇帝位时，年十九岁。其登基之后，尊嫡母皇后马氏（明德皇后）为皇太后。同年八月十六日，葬汉明帝于显节陵。十月初二日，大赦天下。

应该说，汉章帝登基的时候，大汉帝国的情况并不算好，当时西域大乱，北匈奴围西域汉军，都护陈睦死，而国内则灾情不断，京师洛阳及兖州、豫州、徐州大旱成灾，以至于章帝不得不下诏免除三州田租、刍稾，并以国家存粮赈给贫民。次年，建初元年（公元76年）三月，山阳、东平等地地震，五月，章帝诏将止林禁苑之地赋予贫民。

当章帝以汉军镇压国内叛乱之时，也就在同时，班超初步平定西域，而与此同时，建初元年（公元76年），北匈奴皋林温禺犊王率众还居涿邪山，结果南匈奴单于闻讯后，派轻骑与缘边郡及乌桓兵出塞，共击北匈奴还居者，斩首数百级，于是北匈奴还居者三四千人投降。很显然，在经过登基时的初步混乱之后，章帝已经完成了自己从皇太子向皇帝的转变，而在他的统治下，汉帝国开始在和匈奴对西域的争夺中，处于上风。

事实上，此时北匈奴的确到了无力与大汉争夺西域的地步了，东汉建初五年（公元80年），班超上疏请兵，谓诸国多愿附汉，欲合力骨定龟兹，开通汉道。在奏书中班超提出，只要消灭了龟兹，就可以稳定西域，斩断匈奴右臂，他称"以夷狄攻夷狄，计之善者也"，而这个"以夷制夷"的主张显然让皇帝很是欣赏，于是章帝以徐干为假司马，率千人前往西域，增援班超。就在班超在西域展开行动的同时，匈奴却是逐渐衰败，在和大汉争夺西域的期间，北匈奴却又几次发生灾荒，天灾人祸，极度困难。单于无奈，再次请求和亲，汉廷不许，此后鲜卑又兴兵击败北匈奴，而南匈奴单于也趁机上书汉廷，希望借此机会北伐，但皇帝不许。不过这不等于是大汉帝国不使南匈奴北上击讨北匈奴，汉帝国

东汉战争石刻

采取的策略是，在允许和北匈奴进行互市的同时，又指使南匈奴派兵至匈奴牧地抢掠牛马，从而使得南北匈奴之间征战不断。

在这种情况下，北匈奴不得不转向经营西域，匈奴一度纠集龟兹等十五国兵三万余攻于阗，于阗王被迫投降，纳质子，贡方物。同年，莎车国附于匈奴，一时间，匈奴在西域倒也是攻势连连。然而就仿佛是上天也彻底抛弃了匈奴人那样，就在匈奴人苦苦挣扎的时候，上天却又再一次降下灾难。一场蝗灾席卷，以至于草谷无收，北匈奴部众无以为食，只好大量向南匈奴逃亡乞食，史载，短短数年之间，北匈奴人大批南下附汉，而加上南匈奴的频频进击，一时间北匈奴实力大大削弱，此时蒲奴单于又死，优留单于即位。

然而优留不思整顿国内经济，反而把单于庭西迁到鄂尔浑河以西，希望通过压榨西域各国来渡过难关。这引起了左地贵族的不满，于是北匈奴再次发生分裂。这个时候，鲜卑开始趁势崛起。

关于鲜卑，《后汉书》《三国志》《晋书》和《十六国春秋》均说鲜卑就是东胡的余部，晋代王沈编纂的《魏书》与司马彪的《续汉书》等史籍也提到，鲜卑与东胡有密切的渊源关系。《史记索隐》引东汉胡广云："鲜卑，东胡别种"，也似乎证明鲜卑来源于东胡。而"鲜卑"的族名来源，史料中记载"鲜卑"族名是"依鲜卑山，以山为号"，而《魏书》记载为"大鲜卑山"，这两者的区别为，鲜卑山即为今日内蒙古自治区兴安盟科右中旗的蒙格罕山，而大鲜卑山则位于发现有嘎仙洞的内蒙古自治区鄂伦春自治旗境内的大兴安岭北段。不过关于"鲜卑"一词，王国维、白鸟库吉均认为鲜卑即"犀毗"，亦称"师比"，指胡人的带钩而言。此带钩初出自东胡，战国时传入赵国等。《史记索隐》引张晏云："鲜卑郭落带，瑞兽名也，东胡好服之。""郭落"为兽之义，"鲜卑"意为祥瑞或神，合之为瑞兽或神兽。东胡人以鹿等瑞兽状铸镂带钩上，即所谓"鲜卑郭落带"，译言瑞兽带或神兽带。另外，有的学者认为"鲜卑"是祥瑞之意，以鲜卑作为族名，符合古代游牧民族命名的习惯方式；还有的学者认为"鲜卑"包含有动物含义，是作为部落图腾的动物或是神兽。

史学界普遍认为，西汉初期，东胡被匈奴击败后，鲜卑退保鲜卑山，世属匈奴奴役。汉武帝时，汉军击败匈奴，将乌桓迁到上谷、渔阳、右北平、辽西、辽东五郡塞外，鲜卑也开始南下到乌桓故地饶乐水（今西拉木伦河）流域。此前，鲜卑由于在乌桓北方，一直没有同汉帝国产生联系。直到东汉光武帝建武二十一年（公元45年），鲜卑跟随匈奴侵犯汉境，鲜卑才开始被中原王朝所知，正式登上历史舞台。

早期鲜卑保持有游牧民族的习俗特性。因为鲜卑同乌桓同源，又受到匈奴奴役，所以习俗与乌桓、匈奴类似。《后汉书》记载："鲜卑者，亦东胡之支也，别依鲜卑山，故因号焉。其言语习俗与乌桓同。唯婚姻先髡头，以季春月大会于饶乐水上，饮燕毕，然后配合。又禽兽异于中国者，野马、原羊、角端牛，以角为弓，俗谓之角端弓者。又有貂、豽、鼲子，皮毛柔蠕，故天下以为名裘。"其社会组织为邑落组织，分为部、邑、落，由小到大组成。光武帝时，鲜卑首领偏何归附汉帝国，此后，鲜卑首领满头、於仇贲还曾率部到洛阳朝贺，被东汉封为王侯，管辖鲜卑、乌桓各部。此后，随着匈奴分裂，鲜卑逐渐摆脱匈奴的控制。这个时期，由于当时的汉辽东太守祭肜收降了部分鲜卑部众。为缓解来自匈奴的压力，祭肜以鲜卑进攻匈奴，并根据斩获的首级数量予以奖赏，而鲜卑若想强大，则也需要击破匈奴，故而连年出兵攻击北匈奴。

元和二年（公元85年）正月，北匈奴大人车利、涿兵等共七十二批入塞降汉。当时北匈奴衰耗，党众叛离，南匈奴攻其前，丁零寇其后，鲜卑人击其左，西域侵其右，实力日趋衰败。也就在元和二年这一年，鲜卑联合乌桓、丁零、南匈奴和西域各国大败北匈奴，北匈奴由此更是势力衰落。而当时南匈奴伊屠于闾鞮单于立，故而此年冬天，南匈奴单于遣兵千余人猎至涿邪山，与北匈奴温禺犊王相遇，双方发生冲突，南匈奴斩获而还。武威太守孟云奏言，北匈奴前与汉朝和亲，仍不断受到南匈奴抄掠，北单于以为受汉朝欺骗，想入塞侵扰。因此，建议放还南匈奴所掠北匈奴俘虏，以抚慰北匈奴。汉章帝将此事下公卿朝臣议论。太尉郑弘和司空第五伦认为不能放还北匈奴俘虏，司徒桓虞、太仆袁安意见相左。最后，章帝采纳桓、袁建议，诏令度辽及领中郎将庞奋加倍偿还北匈奴所失俘虏。但是对南匈奴抄掠斩获俘虏，仍照常制度计功受赏。

很显然，大汉帝国的这种态度进一步鼓励了鲜卑、南匈奴，于是两年后，东汉章和元年（公元87年），鲜卑攻击北匈奴并大败之，还杀死了北匈奴优留单于，并"取其皮而还"。北匈奴大乱。在大乱中立其异母兄为单于，是为"北单于"。史载，优留单于死，北单于初立，北匈奴大乱，漠北又发生蝗灾，部众饥馑，内部冲突不断，可谓是危机连连。民众惊慌失措，于是大批南迁，譬如有屈兰等五十八部二十多万人口来降。

面对大好形势，南匈奴趁机向汉朝提出以北匈奴起兵为主，大举进攻、统一匈奴，对此汉廷内部意见不一，尚书宋意清醒地看到鲜卑人的发展前景，认为其将来必然会成为汉朝的心腹大患，所以坚决反对出击北匈奴，认为应该保留北匈奴，既给鲜卑人保留一个强劲的对手，又能防止南匈奴坐大，尾大不掉。应该说，宋意的建议和当年班超以夷制夷的主张是一致的，但此时，汉章帝驾崩，临朝称制的章德皇后想的却是借这个机会给自己不争气的哥哥窦宪一个立功赎罪的机会。于是就有了汉军大军出塞征讨北匈奴之事。

应该说，汉章帝在位时，励精图治，注重农桑，兴修水利，减轻徭役，衣食朴素，实行"与民休息"，从而使得大汉经济、文化在此时得到很大的发展。此时政治清明，经济繁荣。因为明、章两代大体承继光武之施政方针，励精图治，使文治、武功都有很大的成就，故史称"明章之治"。但由于过分抬高儒教，致使一些官员求虚丢实。而且因章帝忠厚仁义，笃于亲系，故而章帝时，政令刑罚的颇为宽疏。譬如除去以往一人犯谋逆等大罪则亲属皆受牵连的禁令，罪人可减刑迁到边地，并禁用酷刑，以尚书陈宠之议，除刑罚残酷的条文五十余条。但一些政令刑罚的宽厚，却也有弊端，例如依东汉制，官员贪污则禁锢三世，即三代人都不准为官，但章帝废除这项制度。此外，汉章帝对官员和勋贵的赏赐，也往往超过规定的限额。

不过这还不是最重要的，章帝对外戚过于宽容，甚至是过于放纵外戚，当初明帝时，一切遵奉光武制度，明帝虽然也热心提倡儒学，但注重刑名文法，为政苛察，总揽权柄，权不借下，他严令后妃之家不得封侯与政，对贵戚功臣也多方防范，可章帝却一改明帝时严禁外戚和宦官参与朝政的政策，宠爱皇后窦氏，重用窦后之兄窦宪，又优待宦官，使外戚和宦官这两股腐朽势力从此登上东汉王朝的政治舞台，导致了和帝登基后外戚专权的情况出现，也种下日后外戚专权和宦官专政的远因。

　　　　　　　　　　　　　　　　　　　　　　　　　　胡马阴山

东汉王朝的开明政治，也从章帝时，逐渐结束，转而进入腐败和黑暗，汉家天下也从此由盛世走向衰退。

史载，章德皇后窦氏是大司空窦融的曾孙女。祖父窦穆、父窦勋，皆坐事死。窦勋娶东海恭王刘彊之女泚阳公主，生长女窦氏。幼年时，众人见窦氏，皆言当大尊贵，并非为人臣妾之容貌。窦氏六岁能书写，家人皆称奇。建初二年（公元77年），窦氏与其妹俱以选例入见长乐宫，进止有序，风容甚盛。汉章帝先前听闻窦氏有才色，数问诸位宫人。召见时，章帝觉得优雅而美，马太后亦觉其不凡，因而前往掖庭，于北宫章德殿面见窦氏。窦氏性机敏，倾心承接，称誉日闻。第二年，遂立窦氏为皇后，妹为贵人。建初七年（公元82年），追谥窦皇后之父窦勋为安成思侯。窦皇后宠幸殊特，专固后宫。

当初宋贵人生皇三子刘庆，梁贵人生皇四子刘肇。建初四年（公元79年），立刘庆为皇太子。窦皇后无子，疾忌宋、梁二位贵人。后汉章帝宠幸宋贵人而冷落窦皇后，渐渐变成嫌隙。同年，马太后病逝，窦皇后将刘肇养为己子，与其家人谋立废去刘庆，改立刘肇为皇太子，进而控制朝政。窦皇后在建初七年（公元82年）诬告宋贵人挟邪媚道，宋贵人遂自杀，废刘庆为清河王。建初八年（公元83年），又作匿名信以陷害梁竦，梁竦因罪被诛，梁贵人姊妹一同因忧伤而逝。自此后宫皆惧，窦皇后所宠日隆。

窦宪乃是章德皇后兄，章帝建初三年（公元78年），其妹被立为皇后之后，窦宪初为郎，后任侍中、虎贲中郎将。其弟窦笃任黄门侍郎。兄弟二人，同蒙亲幸，并侍宫省，宠贵日盛，王公侧目，所谓"赏赐累积，宠贵日盛，自王、主及阴、马诸家，莫不畏惮"。窦宪于是恃宠欺人，竟至于用低价强买沁水公主的园田。公主畏惮窦宪的势焰，不敢与其相争。一日，章帝车驾经过此地，指问园田，窦宪语塞，不知道怎么回答，同时也暗中呵禁左右不准回答。后来，汉章帝了解到此事经过，大怒，召来窦宪，深加责备。窦宪非常害怕。还是皇后毁服（降低服式等级以示自责）谢罪，一再代为求情，章帝才渐息盛怒，命他把园田归还公主。这次虽然没有治他的罪，但此后章帝对他再不授予重权。

章和二年（公元88年），汉章帝驾崩，皇太子刘肇即位，是为汉和帝。刘肇尊窦皇后为皇太后。皇太后临朝称制，尊母泚阳公主为长公主，赐汤沐邑三千户，兄窦宪，弟窦笃、窦景，皆显贵，窦宪以侍中的身份，内主机密，外宣诏命。加上章帝遗诏，任命窦宪的弟弟窦笃为中郎将，窦景、窦瑰为中常侍，于是，窦宪兄弟都在亲要之地，威权一时无两。

然而窦宪虽然权倾朝野，但其却牵朋引类，因见太尉邓彪为人谦和礼让，委随不争，故而窦宪对其很是尊崇，"以为太傅，令百官总己以听"。此后窦宪"其所施为"，辄外令邓彪上奏，而内白太后，因此，事无不从。此外，屯骑校尉桓郁，虽累世帝师，但性情恬退自守，故而窦宪"上书荐之，令授经禁中"。于是"内外协附，莫生疑异"。

史载，窦宪睚眦之怨莫不报复。谒者韩纡当年曾经审判过窦宪的父亲窦勋的案件，窦宪居然"令客斩纡子，以首祭勋冢"，都乡侯刘畅来吊章帝之丧，刘畅素行邪僻，其与步兵校尉邓叠亲属数往来京师，因邓叠母元自通长乐宫，故而得幸太后，数蒙召见，窦宪担心刘畅分宫省之权，竟然遣刺客杀刘畅于屯卫之中，而归罪于刘畅的弟弟利侯刘刚，并使侍御史与青州刺史审问刘刚。后来真相败露，太后大怒，把窦宪禁闭内宫之中。

窦宪自知忤怒太后，恐难保全，于是请求出击北匈奴以赎死。此时正逢南匈奴单于请兵北伐，朝廷于是乃拜窦宪为车骑将军，金印紫绶，官属依司空，以执金吾耿秉为副，征调北军屯骑、越骑、步兵、长水、射声五校兵和黎阳营、雍营、边疆十二郡的骑兵，以及南匈奴、乌桓、羌胡兵三万余出征。

永元元年（公元89年）六月，窦宪、耿秉从朔方郡鸡鹿塞，窦宪与耿秉各率四千骑、南匈奴左谷蠡王师子率万骑从朔方鸡鹿塞（今内蒙古磴口县西北哈萨格峡谷口）出兵；南单于屯屠河率领万余骑从满夷谷（今内蒙古固阳县）出兵；度辽将军邓鸿及羌胡八千骑、左贤王安国万骑从翩阳塞（固阳县境）出兵。三路大军预定在涿邪山（今蒙古西部、阿尔泰山东脉）会师。

大军出塞之后，窦宪遣副校尉阎盘、司马耿夔等率精骑万余大破北匈奴于稽落山（今额布根山），匈奴溃散，单于逃走。窦宪整军乘胜追击，深入瀚海沙漠三千里，直到私渠比鞮海（乌布苏诺尔湖）。此役，共斩杀名王以下一万三千多人，生擒者甚多，俘获马、牛、羊、驼百余万头，来降者八十一部，前后二十多万人。此后，窦宪、耿秉遂登燕然山，去塞三千余里，刻石勒功，纪汉威德，并令中护军班固作"封燕然山铭"，其辞曰："铄王师兮征荒裔，剿凶虐兮截海外，夐其邈兮亘地界，封神丘兮建隆崭，熙帝载兮振万世。"

燕然山大捷后，因北单于已逃到远处，窦宪以司马吴汜、梁讽携带金帛追寻北单于，企图招降他，同时率军班师回国，驻扎五原。当时，北匈奴人心离散，吴汜、梁讽所到之处，宣明国威，前后有万余人归降。至北海西北的西海，吴汜、梁讽见到了北单于，劝说他仿效当年呼韩邪单于归汉的先例，以求保国安人。北单于喜悦，率领他的部下与梁讽一起回到私渠海。此后听说汉王朝大军已入塞，就派他的弟弟右温禺疑王随梁讽到洛阳，向汉朝廷进贡，并留侍汉和帝。窦宪见北匈奴单于没有亲来洛阳，认为他尚乏诚意，便奏请朝廷遣归右温禺鞮王，同时准备再次出征。因在漠北时，因南单于送给窦宪一只古鼎，能容五斗，上有"仲山甫鼎，其万年子子孙孙永保用"的铭文，窦宪将之献上朝廷。

和帝永元元年（公元89年）九月，皇帝下诏，命中郎将持节到五原任命窦宪为大将军，并封其爵为武阳侯，食邑二万户。耿秉也因功而被封为美阳侯，食邑三千户。然而此时，窦宪却坚决辞去封爵，这是因为旧大将军位在三公之下，置官属依太尉。然而此时，窦宪权震朝廷，故而公卿迎和其意，遂奏请朝廷，使窦宪位次太傅之下，而在三公之上，太傅之下，其长史、司马秩中二千石，从事中郎二人六百石，自下各有增。于是窦宪这才率军"振旅还京师"。大军返还之后，朝廷大开仓府，劳赐士吏，随窦宪出征的诸郡二千石官员的子弟，尽皆升为太子舍人。

是时，窦宪兄弟，窦笃为卫尉、窦景和窦瑰则为侍中、奉车、驸马都尉，一时间窦氏显赫，而其兄弟四人更是大修宅第，争竞豪奢，穷极工巧。次年永元二年（公元90年）六月，朝廷下诏封窦氏四兄弟侯爵，诏曰："大将军宪，前岁出征，克灭北狄，朝加封赏，固让不受。舅氏旧典，并蒙爵士。其封宪冠军侯。邑二万户；笃郾侯，景汝阳侯，瑰夏阳侯，各六千户。"但唯有窦宪拒不受封，当年七月，其将兵出镇凉州，以侍中邓叠行征西将军事为副。很显然，朝廷拜其为大将军，位高三公，加之燕然山大捷，都使窦宪坚定了其消灭北匈奴的决心。

此时的北匈奴的确处境不妙，当初北单于因为汉王朝遣还他的弟弟，又派车携储王等人居延塞见窦宪，请求向汉称臣，并想入京朝见。

窦宪上表请示后，派班固、梁讽前往迎接。这时，南单于上书汉廷，建议乘机消灭北单于，然后，南北匈奴合并归汉。汉廷同意，于是这一年春，汉与南匈奴兵分二路北击，在黑夜中包围北单于的帐营。北单于大为惊慌，率领精兵千余人迎战。激战之下，北单于身上多处创伤，坠落马下后又再次骑上马，方才率轻骑兵数十人暗夜逃走。其玉玺，阏氏及男女五人为汉所得，汉与匈奴斩首八千人首级，俘虏数千人后返师。

窦宪认为北单于势力微弱，想乘机将其彻底消灭，于是在永元三年（公元91年），派右校尉耿夔、司马任尚、赵博等率兵出居延塞，汉军出塞五千里于金微山大破北单于（今阿尔泰山），斩首五千余级，北单于遁逃，不知去向，其国遂亡。此战之后，耿夔因功被封为粟邑侯。

史载，窦宪既破匈奴，权震朝廷，于是以耿夔、任尚为爪牙，以邓叠、郭璜为心腹，以班固、傅毅皆置幕府，以典文章，把揽朝政，占据要津。

此后窦氏一族更密谋不轨，阴图篡汉，和帝得知了他们的阴谋，但无法与外臣接触。素知中常侍钩盾令郑众，谨敏而有心机，不事豪党，于是便招来郑众，定计除灭叛党。因虑窦宪驻扎在外，忧其兴兵为乱，故而皇帝谋定后忍而未发。适逢窦宪和邓叠平定匈奴后班师回京，和帝大喜，下诏让大鸿胪持节到郊外迎接，并按等级赏赐军中将士，以安其心。永元四年六月二十三日，和帝亲临北宫，命将屯卫南、北宫，关闭城门，逮捕邓叠、邓磊、郭举、郭璜等人，并下狱诛死。此后又派人收回窦宪的大将军印绶，改封为冠军侯，同时让他和窦笃、窦景、窦瑰皆回封地。窦宪、窦笃、窦景到封地后，都被迫令自杀。永元十年（公元98年），窦瑰也被梁棠所逼自杀。而此案受株连而免官还乡者众多，就连正在编撰《汉书》的史家班固也受窦宪牵连，而死于狱中。至于窦太后则未遭贬黜，但却因此失权，永元九年（公元97年），窦太后死，未及下葬，当年忧死的梁贵人姐姐梁嫕便上书陈述梁贵人枉殁之状。太尉张酺、司徒刘方、司空张奋上奏，依汉光武帝废黜吕雉的事例，欲贬去窦太后尊号，不宜归葬先帝。百官亦多附和上言，然而汉和帝却下诏曰："窦氏虽不遵法度，而太后常自减损。朕奉事十年，深惟大义，礼，臣子无贬尊上之文。恩不忍离，义不忍亏。案前世上官太后亦无降黜，其勿复议。"于是窦皇后得以与汉章帝合葬敬陵。

虽然窦宪伏诛之后，其被公认为是东汉外戚专权的祸首，因而倍受贬斥，以至于他的历史功绩也几乎被其罪过所掩盖，但其实他的历史功绩却是显赫的。范晔在《后汉书》总对窦宪有较高的评价，认为他的功绩是超过了卫青、霍去病，所谓"卫青、霍去病资强汉之众，连年以事匈奴，国耗太半矣，而猾虏未之胜，所世犹传其良将，岂非以身名自终邪！窦宪率羌胡边杂之师，一举而空朔庭，至乃追奔稽落之表，饮马比鞮之曲，铭石负鼎，荐告清庙。列其功庸，兼茂于前多矣，而后世莫称者，章末衅以降其实也。是以下流，君子所甚恶焉。夫二三子是之不过房幄之间，非复搜扬仄陋，选举而登也。当青病奴仆之时，窦将军念咎之日，乃庸力之不暇，思鸣之无晨，何意裂膏腴，享崇号乎？东方朔称'用之则为虎，不用则为鼠'，信矣。以此言之，士有怀琬琰以就煨尘者，亦何可支哉！"

事实上，也正是经过窦宪对北匈奴的两次征讨，才使得北匈奴的主力被彻底歼灭，至于其残部的去向，《后汉书》说是"不知所终"。而按照英国历史学家爱德华·吉本在《罗马帝国衰亡史》中的说法，当时"这些从获胜的敌人面前逃跑的匈奴人"，采取了"转而向西方进军"的战略。他们先是长途奔袭到欧洲的黑海和多瑙河一带，接着又同这里的原住民哥特人等一起，继续向西侵袭，直到兵临罗马城下，最终导致了这个古老帝国"在众多'蛮族'的强大军事压力下"，一朝覆亡。从这个角度不妨说，窦宪对北匈奴的作战不仅影响了中国历史，也间接推动了欧洲的历史进程。

浑水摸鱼
——南匈奴的汉化

公元3世纪末，一个草原民族突然出现在东欧大陆之上，他们东征西讨，从而建立了一个庞大的帝国，而这个草原游牧民族在欧洲文献里被称为Hun，中文译"匈人"或者"匈奴人"。

匈人在西方史书第一次出现是伴随着阿兰国的灭亡这一历史事件而产生的。阿兰，又称奄蔡、阖苏，为古代中亚印欧语系游牧民族，根据《史记·大宛列传》中的记载，西汉时，奄蔡在锡尔河与阿姆河之间的中亚河中地区的锡尔河以北的康居西北、里海北部游牧。而范晔的《后汉书·西域传》中也有所记载，《魏略·西戎传》中称"又有奄蔡国一名阿兰，皆与康居同俗。"

东汉时，北匈奴西迁，而奄蔡也随之逐渐西迁，在伏尔加河与顿河之间，在公元350年时，阿兰国在东欧大陆上已经堪称强国了，然而当其倾全国之兵与匈人军战于顿河之畔时，却是惨败，阿兰王被杀，阿兰国灭，阿兰余部最终臣服于匈人，一时间当时的罗马帝国为之而震动。灭亡阿兰国后，匈人在顿河流域附近逗留了几年，然后继续向西。

马背上的匈人对日耳曼人和东罗马帝国不断征伐，而在他们的骚扰之下，日耳曼人不得不南迁，并成为了此后西罗马帝国覆灭的直接因素。不过西罗马帝国在公元476年9月4日灭亡之前，其实就已经在匈人帝国的频繁征讨下，面临崩溃了。4世纪时，在被称之为"上帝之鞭"的阿提拉的率领下，匈人帝国强极一时，他们频频入侵东罗马帝国及西罗马帝国，史载，阿提拉曾经两次率领大军侵巴尔干半岛，包围君士坦丁堡，还曾远征至高卢（今法国）的奥尔良，虽然最终在沙隆之战被遏止了向西进军的脚步，但此后，他却转而攻向意大利半岛，并于公元452年攻陷了西罗马帝国的首都拉文纳，逐走皇帝瓦伦丁尼安三世，从而使西罗马帝国名存实亡。虽然阿提拉被欧洲人视作是残暴、死神、掠夺者的象征，但不可否认的是，他是一个伟大的皇帝，正是在他的带领下，匈人帝国的疆土盛极一时，其领土包括了如今德国大部分、中欧、巴尔干和乌克兰等处，所谓"东起自咸海，西部和西南部和西罗马帝国接壤，东南方与东罗马帝国相邻，而自多瑙河河谷到波罗的海海滨，皆为匈人帝国所有"。也就是说，阿提拉控制着中亚大草原到相当于如今的弗兰德尔这一大片土地，而在这一广大区域内的国家、部落，无论是国王还是酋长，皆是平时向阿提拉称臣纳贡，而战时则需出兵参战。不过当阿提拉在公元453年暴毙之后，在帝国内部围绕着领导权与继承权的激烈斗争下，这个庞大的帝国开始解体，十六年后，曾经让欧洲颤抖不已的匈人帝国土崩瓦解，彻底灭亡。

尽管很多人认为匈人帝国也许就是当初西迁的匈奴人，但从史料中的记载来看，关于北匈奴在被东汉大军击败之后西迁，其后是否成了入侵欧洲的匈人，目前尚无定论。东汉永元三年（公元91年）时，汉军于金微山（今阿尔泰山）大败北匈奴之后，北单于率残部西逃乌孙与康居，活动在伊犁河流域。关于康居，按照史料中记载，这个古西域国地处大宛西北，大月氏（即月氏）之北，乌孙以西，奄蔡之东，丁令、坚昆以南，约在今巴尔喀什湖和咸海之间，王都卑阗城，北部多游牧，南部则以农耕为主，故而自锡尔河下游，至吉尔吉斯平原，乃是康居疆域的中心地带。而也由于南部为农耕之地，故而城廓较多，有五小王分治。康居也和一般草原游牧民一样，随季节的变化而迁移牧地，冬季南下栖息于锡尔河一带"乐越匿地"，夏季北上至"蕃内"，两地相距数千里。

其实张骞通西域以前，汉朝已传闻遥远的西方有康居人，因为司马相如告巴蜀民的檄文和董仲舒的对策中都曾言及康居。张骞从西域而归后称康居虽然部众不少，但仍然南羁事月氏，东羁事匈奴。事实上，康居的确乃是强国，史载，汉初时，康居有控弦之士八九万，及武帝年间，人口已达六十万，胜兵十二万。汉武帝太初二年（公元前103年）出兵伐大宛时，康居曾有意援助大宛，未遑。宣帝神爵四年（公元前58年）始，匈奴内乱，五单于纷争。至五凤二年（公元前56年），呼屠吾斯自立为郅支单于，与其弟呼韩邪单于对立。呼韩邪南迁归汉，郅支则率部众向西北迁徙，先设王庭于坚昆（柯尔克孜草原），后应康居王之请，西南移至康居领域内，在都赖水（怛逻斯河）上兴建了郅支城（今哈萨克斯坦塔拉斯），扩张势力。

汉元帝永光元年（公元前43年），康居王迎匈奴郅支单于居康居东部合力对抗乌孙。元帝建昭三年（公元前36年），西域都护甘延寿、副校尉陈汤率兵西越葱岭进击郅支，杀郅支单于于郅支城，从而稳定了西域形势。但自此之后，康居与汉愈发不和。东汉时，康居强盛，曾威胁其南邻大月氏，但随着贵霜统一大月氏，国势转盛，故而康居则渐趋衰败。康居国一直以来对汉的态度来看，北单于率残部西逃康居之地，的确是个理想的选择。耐人寻味的是，康居在晋武帝泰始中（公元265—274年），曾遣使献善马，此后曾经役属于嚈哒，也就是所谓的白匈奴。至三世纪时，康居人似仍游牧于锡尔河中游，其后益弱，势力远不如两汉时代，前秦还和康居有过来往，但其后便是如同楼兰一样神秘消失。

按照史料中的记载，北单于率残部西逃，在伊犁河流域立足后，仍然出没于天山南北，实施掠夺。而在他率部西窜之后，他的弟弟右谷蠡王於除鞬自立为北匈奴单于。其后，於除鞬率右温禺鞬王、骨都侯以下的八部两万众（一作数千人）在蒲类海（今新疆巴里坤哈萨克自治县巴里坤湖）安定下来，并派使者前往洛阳，请求归顺东汉。于是大将军窦宪上书朝廷，请立於除鞬为北匈奴单于，朝廷从之。永元四年（公元92年）正月，汉廷遣耿夔即授玺绶，赐玉剑四具，羽盖一驷，使中郎将任尚持节卫护屯伊吾，如南单于故事。然而就在於除鞬方欲辅归北庭之时，窦宪失势被诛，耿夔受到牵连被罢免官职、削夺爵位。次年，於除鞬率部自畔还北，汉和帝遣将兵长史王辅率千余骑与任尚共追，诱将还斩之，破灭其众。自此北匈奴彻底败亡。

而史料中关于北匈奴此后的记载，是汉安帝永初元年（公元107年），汉朝再度放弃西域后，十二年后，元初六年（公元119年），汉敦煌太守曹宗以索班屯驻伊吾，车师前王和鄯善王复降汉，然而次年，永宁元年（公元120年），车师后王引北匈奴攻杀索班，击走前王。于是北匈奴在西域复起，此后，匈奴人多次与车师合兵共犯边地，以至于河西大被其害。延光二年（公元123年），四月，汉朝委班勇出任西域长史，率兵五百出塞，屯柳中。次年，班勇至楼兰，鄯善、龟兹、温宿相继附汉，班勇进而发诸国步骑兵万余攻车师前王庭，大败匈奴伊蠡王于伊和谷，延光四年（公元125年）七月，班勇率敦煌、张掖、酒泉六千余骑，及鄯善、疏勒、车师前部兵，进击车师后国国王军就，破车师后部，斩首俘获八千多人，马畜五万多头，斩其王军就、匈奴持节使者，传首京师。永建元年（公元126年）十一月，班勇又发西域诸国兵大破匈奴呼衍王，降其众二万余，杀单于从兄，单于亲率万余骑来攻车师后部，抵金且谷，班勇遣其将假司马曹俊率军迎战，单于率军后撤，曹俊追击，并斩杀其贵人骨都侯。此后，呼衍王部迁到枯梧河畔。

阳嘉三年（公元134年）夏，车师后部司马率加特奴等千五百人，掩击北匈奴於闔吾陆谷，坏其庐落，斩数百级，获单于母、季母及妇女数百人，牛羊十余万头，车千余两，兵器什物甚众。次年春，北匈奴呼衍王率兵进攻车师后部。顺帝以车师六国（车师前部、车师后部、东且弥、卑陆、蒲类、移支）地近北匈奴，为西域国屏障，乃令敦煌太守征发西域诸国兵，及玉门关候、伊吾司马，共六千三百骑往救车师，掩击北虏於勒山，汉军不利。当年秋，呼衍王又率兵二千攻破车师后部，破之。汉顺帝永和二年（公元137年），敦煌太守裴岑率本郡兵马三千出伊吾大破北匈奴，斩呼衍王。此后桓帝元嘉元年（公元151年），北匈奴新的呼衍王率三千余骑寇伊吾，伊吾司马毛恺遣吏兵五百人于蒲类海东与呼衍王战，全军覆灭，呼衍王遂攻伊吾屯城。同年夏，汉廷遣敦煌太守司马达率敦煌、酒泉、张掖属国吏士四千余人前往救之，出塞至蒲类海，呼衍王闻而引去，汉军无功而还。此后，北匈奴继续西迁，自此之后，匈奴人的活动情况因为缺乏史料记载，就不得而知了。

而当北匈奴远去之后，依附汉朝的南匈奴却是开始内部纷争不断，当初南匈奴被汉朝安置在河套之地，其借着汉朝的军力多次大败北匈奴。和帝年间，南匈奴与窦先所率汉军合兵击破北匈奴后，趁机接纳大量降众，势力大增，但也因此而导致部族成分复杂，故而单于难以驾驭控制部众，为了防止南匈奴趁机做大，汉朝又利用各种方式分化其部，从而造成内部不稳，时有叛乱。史载，自北匈奴西走之后，南匈奴多次入寇，杀官吏，还与鲜卑多次袭掠边地，而这期间，更有多位南单于被部属所杀。而最早被杀的单于，那是安国单于。

安国单于是为南匈奴醢落尸逐鞮单于之子、休兰尸逐侯鞮单于的弟弟，单于屯屠何死后由他继位，时年为和帝永元五年（公元93年），然而安国单于继位后，因与左贤王师子失和，故而匈奴内乱再起，不久安国即被杀。安国单于死后，师子自立为单于，然而其为单于之后，新降的北匈奴部众却对单于师子不服，于是永元六年（公元94年），匈奴十五部二十几万人皆叛变，胁迫前南匈奴单于屯屠何之子奥鞬日逐王逢侯为单于。自此匈奴再次分裂，东汉派遣大军以及乌桓、鲜卑兵共四万人大败逢侯，逢侯遂率众出塞，汉军追赶不及。

史载，成为北匈奴单于的逢侯在永初元年（公元107年）趁汉帝国再度放弃西域后的机会，控制西域，对各国进压榨勒索，并胁迫诸国共同骚扰汉之边地十余年，此后在安帝元初五年（公元118年），因为被鲜卑击败，故而逢侯率百余人至朔方郡，请降于汉，汉廷为了防止他再次反叛，将至徙居到远离边塞的豫州颍川郡居住。

事实上，逢侯之所以在北地不能生存，主要就是因为鲜卑势大，自从章帝年间，鲜卑联合乌桓、丁零、南匈奴和西域各国大败北匈奴，北匈奴势弱之后，鲜卑便逐渐强大起来，而后，汉与南匈奴合兵大破北匈奴，使北匈奴被迫西迁后，鲜卑更是趁势占据蒙古草原，吞并匈奴余种十余万落，自此，鲜卑大盛。和帝年间，塞外鲜卑逐渐向辽东、辽西、代郡、上谷四郡内迁居，并与原居其地的乌桓杂居，以便与汉朝进行互市。不过虽然汉廷在乌桓校尉治所宁城筑有南北部质馆，允许鲜卑人在此与汉互市，但自此之后，鲜卑与汉、乌桓、匈奴之间，时有冲突发生。

由于当时，汉朝的政策是依恃乌桓，联合匈奴，共同攻击鲜卑，加之鲜卑内部不统一，故而经常出现"此和彼战"的情况。汉安帝永初年间，鲜卑大人燕荔阳诣阙朝贺，邓太后赐燕荔阳王印缓，令至宁城通互市，"因筑南北两部质馆，鲜卑邑落百二十部，各遣入质"。永宁元年（公元120年）时，辽西鲜卑大人乌伦、其至鞬率众至度辽将军邓遵处归附，汉封乌伦为率众王，其至鞬为率义侯。未几，其至鞬复叛，不断扰边，于是双方又展开连续十余年的征战。也就在这个时候，鲜卑部落的一代著名统领檀石槐登上了历史舞台。

史载，檀石槐的父亲投鹿侯，起初在匈奴从军三年，而就在此时，他的妻子在家中生了孩子。投鹿侯回来后，感到奇怪，想杀掉孩子。其妻说她曾经在大白天走路，听到雷响，就抬头朝天上看，刚好有冰雹掉进嘴里，她就吞了下去，接着就怀了孕，十个月后，便是生下孩子，并称这个孩子是上天赐予的，其必定有过人的地方，不如暂且抚养他长大。投鹿侯不听，将之弃于野外，后为外祖母家收养。因其少时有勇有谋，长大后，"施法禁，平曲直，无敢犯者"，故而被推举为部落大人。

东汉桓帝时（公元146—167年），檀石槐建庭于高柳（今山西省阳高县）北三百里之弹汗山（今内蒙古商都县附近）歠仇水（今东洋河），兵强马壮，才智过人，东西部大人皆归附。曾东败夫余，西击乌孙，北逐丁零，南扰汉边，尽有匈奴故地，"东西万二千余里，南北七千余里，网罗山川、水泽、盐池甚广"。

在统一鲜卑各部后，其分地为东、中、西三部约六十邑，各置大人为首领，归其统辖。史载，各大人"割地统御，各有分界"，皆统属于檀石槐，拥兵十万，较匈奴尤盛。正如蔡邕在上疏中所云那样："自匈奴遁逃，鲜卑强盛，据其故地。称兵十万，才力劲健，意智益生。加以关塞不严，禁网多漏，精金良铁，皆为'贼'有。汉人逋逃，为之谋生，兵利马疾，过于匈奴。"事实上，鲜卑在当时的确威胁很大，东汉桓帝永寿、延熹年间，鲜卑连年侵扰东汉边地，自永寿二年（公元156年），檀石槐率军入寇云中郡始，延熹元年（158年）后，更是对联合南匈奴、乌桓多次分道入扰东汉缘边九郡，继而又与上郡沈氏、安定先零羌共攻武威、张掖等处。延熹九年（166年），又招结南匈奴、乌桓、东羌、氐等分骑数万入缘边九郡杀掠居民，汉桓帝忧患，欲封檀石槐为王，并试图与之和亲。檀石槐拒受封王号及和亲之议。灵帝后，更是连年扰掠幽、并、凉三州缘边诸郡，"杀略不可胜数"。

熹平六年（177年），鲜卑再扰三边，汉军出兵三万，分三道出击，以护乌桓校尉夏育、破鲜卑中郎将田晏、匈奴中郎将臧旻各率骑兵万余人，分别从高柳、云中郡、雁门郡出塞，汉军深入鲜卑境内两千余里，檀石槐命东、中、西三部大人率众分头迎战，结果汉军惨败，辎重全都丧失，汉兵死者十之七八。

光和四年（181年），檀石槐去世，时年四十五岁，其子和连继位，然而和连既无才力，性又贪淫，断法不平，人众叛者居半。灵帝末年，和连在钞略北地郡时被人射死。其子骞曼年小，兄子蒲头代立。后骞曼长大，与蒲头争国，部众离散。蒲头死，弟步度根立，是时代郡以西的鲜卑都已叛离，代郡以东的中东部鲜卑也分裂为三个势力集团，其大人一为步度根，其部众分布在并州的太原、雁门等地；二为轲比能，其部众分布在幽州的代郡、上谷等地；三为东部鲜卑素利、弥加、阙机，部众分布在幽州的辽西、右北平、渔阳塞外。

鲜卑的分裂和内乱使得南匈奴和大汉帝国都松了一口气，然而此时，东汉王朝和南匈奴也已是四分五裂了。其实自从汉安帝年间，大汉帝国、鲜卑、匈奴三者之间的恩怨便是已经纠缠不休了。史载安帝永初三年（公元109年）三月，京师洛阳一带大饥，并州、凉州也出现大饥荒，以致人相食。也就在这一年夏天，渔阳乌桓与右北平胡千余人寇掠代郡、上谷、涿郡等地。此年秋天，雁门乌桓率众王无何、鲜卑大人丘伦以及南匈奴骨都侯等合兵七千骑又寇掠五原郡，与五原太守战于九原高渠谷，汉兵大败，郡长吏被杀。汉廷以车骑将军何熙、度辽将军梁慬率军进讨。乌桓、鲜卑军大败。无何请求投降，鲜卑人逃出塞外。此后，乌桓又稍亲附汉朝，汉朝廷复拜其大人戎朱庑为亲汉都尉。

同年，汉人韩琮随南匈奴单于入朝。既还，韩琮探知关东水灾，百姓饥饿而死，就挑唆单于进攻汉朝。南单于听信其言，遂起兵反汉，围中郎将耿种于美稷。同年冬季，安帝以大司农何熙为车骑将军，副中郎将庞雄，率五营及边郡兵二万余，又诏令辽东太守耿夔率鲜卑及诸郡兵共击南匈奴。自从窦宪失势被诛，耿夔受到牵连，被罢免官职、削夺爵位，但不久便被起用，先任长水校尉，又拜为五原太守，其后升任辽东太守。元兴元年（公元105年）春天，高句丽王高宫领兵侵入辽东郡（治所襄平，今辽宁沈阳）六县，耿夔率军大破其等。九月，貊人侵犯辽东郡地界，耿夔率军追击，杀死貊人头领。同月，耿夔又率军讨伐高句丽，破其军。此番出征南匈奴，车骑将军农何熙在以耿夔为先锋，并以司马耿溥、刘祉率领两千兵和耿夔一道进军。

这时的南匈奴单于乃为万氏尸逐侯鞮单于栾提檀，其乃为南匈奴湖斜尸逐侯鞮单于之子，单于师子死后由他继位，时年为东汉永元十年（公元98年）。听闻汉军前来后，万氏尸逐侯鞮单于大惊，因为至永初四年（公元110年）正月，其所率的南匈奴大军已经围困耿种所部汉军已达数月，但仍未能下，其颇是焦急。而后当耿夔与代理度辽将军梁慬，率军在原先属国都尉治所的旧城与南匈奴军接触之后，万氏尸逐侯鞮单于以奠鞬日逐王三千部众前拦击汉军，史载，梁慬、耿夔击斩其别将于属国故城。南单于亲自率军迎战，结果大败，退守虎泽，又派千余骑寇常山、中山。三月，庞雄与梁慬、耿种率步军一万六千人进攻虎泽，几路军连营向前。南单于见汉军诸路并进，自知不敌，遣使乞降。汉朝赦免了南单于，待遇不变。于是南单于归还所抄掠及从羌人处转卖入匈奴的汉族男女共万余人。后因何熙去世，朝廷乃拜梁慬为度辽将军，而使庞雄入朝迁大鸿胪。然而此战之中，耿夔虽然率军斩首千余，并杀南匈奴名王六人，缴获毡帐辎重一千多辆，马畜牲口很多，但其后，因鲜卑反叛，耿夔不能独自进军，故而被贬任为云中太守。直至永初五年（公元111年），才得以接替梁慬担任代理度辽将军。

史载，耿夔"勇而有气"，因其数冒犯使匈奴中郎将郑戬，故而在元初元年（公元114年），坐征下狱，并被免去度辽将军之职。不过此后虽然以减死论，但却被笞二百。耿夔被免职之后，乌桓校尉邓遵为度辽将军。但在建光元年（公元121年），"邓遵免，复以耿夔代为度辽将军"，也就在耿夔再度出任度辽将军的这一年八月，鲜卑首领其至鞬寇犯居庸关，九月，云中郡太守成严率军击之，兵败，虽然功曹杨穆"以身捍严"，但二人还是一同战死，于是鲜卑围乌桓校尉徐常于马城。耿夔与幽州刺史庞参征发广阳、渔阳、涿郡三郡甲卒前往救之，鲜卑军解围离去，此后，耿夔与庞参"追虏出塞而还"。

延光元年（公元122年）七月，羌族虔人部落与上郡的胡人皆反，攻谷罗城，耿夔率军讨破之。然而在延光三年（公元124年）时，因鲜卑屡次寇边，故而耿夔与南匈奴温禺犊王呼尤徽率"新降者"连年出塞征讨并击之，而大军返回后，则又使之屯列冲要，也就是驻守到各边地要塞，故而"新降者"皆因耿夔征发频繁且很辛苦，而怨恨不已，这种情况下，其大人阿族等遂反。由此，耿夔被免官，最终这位当年平定北匈奴的一代名将死于家中。同年，南匈奴的万氏尸逐侯鞮单于死。

万氏尸逐侯鞮单于死后，其弟栾提拔继位，是为乌稽侯尸逐鞮单于，乌稽侯尸逐鞮单于在位仅四年，而其在位的这四年间，因为鲜卑势大，而不得不选择依附于汉。顺帝永建四年（公元128年）在位仅四年的乌稽侯尸逐鞮单于死，其弟栾提休利为匈奴，是为去特若尸逐就单于。

去特若尸逐就单于在位期间，南匈奴出现了一次大规模内乱，史载，南匈奴左部句龙王吾斯、车纽等人叛汉，率三千余名骑兵攻略西河郡，又招引南匈奴右贤王，合兵七八千骑围攻美稷，杀朔方郡、代郡长史。度辽将军马续与护匈奴中郎将梁并、乌桓校尉王元等人征发缘边诸郡兵及乌桓、鲜卑、羌胡等共二万余人，进兵击破南匈奴。吾斯等人退走，进扰他处。而右贤王抑鞮因度辽将军马续奉命招降匈奴反者，于是率一万三千余人降汉。

这一年五月，因左部句龙王吾斯等人叛汉，故而顺帝使人责备南匈奴去特若尸逐就单于栾提休利，并命其招降反者。休利未参与反叛，于是脱帽避帐，向匈奴中郎将梁并谢罪。时梁并因病免职，继任者五原太守、护匈奴中郎将陈龟以南单于不能制下为由，屡次严词逼迫。南单于休利被逼无奈，与其弟左贤王等自杀，其为南匈奴单于不过十三年。

史载，汉代设置匈奴中郎将或使匈奴中郎将，拥节，秩比二千石，主护南单于，故后世又称护匈奴中郎将，而且督幽、并、凉三州及度辽、乌桓二营。其地位当在度辽将军、乌桓校尉之上，行督率之责。其部属还有从事和掾若干人。而陈龟本是上党郡泫氏人，其家世边将，便习弓马，颇有志气。汉顺帝永建年间举孝廉，迁五原郡太守。永和五年，拜使匈奴中郎将，此番，南匈奴内部出现了混乱局面。陈龟认为，元所以形成这种混乱局面，是由于南匈奴单于无方御下，引起内部不满。因而，他指责单于的无能，在未征得汉廷同意的情况下，就逼迫南匈奴单于自杀，以平定内乱。然而很显然，陈龟的此举却是贸然的，也就自然引起了皇帝及朝中众臣的不满。于是，陈龟因逼死休利事，被免官下狱。

事实上，去特若尸逐就单于栾提休利之死，反而使得情况变得一度失控，永和五年（公元140年）秋，左部句龙王吾斯以单于休利已死，遂改立句龙王车纽为南匈奴单于，并联合乌桓、羌、戎等族数万人，再次攻略汉地。不久，攻破京兆虎牙营，杀上郡都尉等人，随之攻略并、凉、幽、冀四州。十月，顺帝以南匈奴势盛，命徙西河等郡郡治以避之，西河郡治由平定（今内蒙古东胜）徙至离石（今属山西）、上郡郡治由肤施（今陕西榆林东南）徙至夏阳（今陕西韩城南）、朔方郡治由临戎（今内蒙古磴口北）徙至五原。此后又在当年冬天，遣匈奴中郎将张耽率幽州、乌桓诸郡营兵讨伐南匈奴。双方战于马邑，汉军大胜，斩首三千级，俘获大批人口及兵器，牛羊等无数。车纽等人降汉，吾斯退走，率其部下与乌桓联合，继续抄掠它处。

南匈奴的内乱平定之后，南匈奴却出现了单于空位的现象，直到三年之后的汉安二年（公元143年）六月，才由汉顺帝册封栾提兜楼储为呼兰若尸逐就单于。史载兜楼储原为匈奴守义王，久在京洛阳，策立之日，顺帝赐以青盖驾驷、鼓车、安车、驸马骑、玉具刀剑等物，又赐彩布二千匹。之后命行中郎持节送兜楼储归南匈奴王庭。当年冬十一月，使匈奴中郎将马寔招募勇士将屡次叛汉的南匈奴左部句龙王吾斯刺杀，传首京师。次年四月，马寔率军击破吾斯余党，斩首一千二百级。于是，乌桓、胡羌等七十余万口皆降汉，而匈奴也得以安定。四年之后，呼兰若尸逐就单于死，居车儿继位，是为伊陵尸逐就单于。

然而伊陵尸逐就单于栾提居车儿在位时，因鲜卑屡次南侵，护匈奴中郎将张奂认为伊陵尸逐就单于不能统理国事，上书请求将之废黜，汉桓帝不但没有同意，然而下诏曰："《春秋》大居正，居车儿一心向化，何罪而黜！其遣还庭。"

事实上，张奂之所以会上疏请废伊陵尸逐就单于，是因为居车儿在位时，匈奴的情况的确很糟糕。永寿元年时，（公元155年）年，张奂任安定属国都尉，所谓安定属国都尉，乃是汉代管理内附匈奴人之职。西汉元狩二年（公元前121年），汉武帝下令将降附的匈奴族安置在沿边的陇西、北地、上郡、朔方、云中五郡，各依本族之风俗而归属于汉，故统称五属国，由汉廷分别派将军治理，称属国都尉。最初，北地属国都尉即设在今宁夏同心县下马关乡北境之红城水古城。元鼎三年（公元前114年），汉武帝将北地郡西部析出另置安定郡，又在属国都尉驻地置三水县隶安定郡，从此改称安定属国都尉，并延续至东汉。

张奂到职不久，南匈奴左薁鞬台耆与且渠伯德等七千余人起兵反汉，并入寇单于庭所在的美稷，混乱之中，东羌也出兵响应，攻打张奂。时张奂营垒中只有二百多人，听到消息后，其当即勒兵而出，敌众我寡，故而一些军吏以为力不敌众，故而叩头争止之，张奂不听，便率兵进屯长城，并收集兵士，而后遣将王卫招诱东羌，此时，诸豪相继率众降张奂，与汉兵共击薁鞬等所率南匈奴叛军，连战破之。且渠伯德十分惶恐，遂率其众降于汉军，于是郡界以宁。

延熹元年（公元158年），张奂任使匈奴中郎将，驻南单于庭美稷，时休屠各及朔方乌桓并同反叛，甚至烧度辽将军门，后又引屯赤坑，张奂率领的汉军，烟火相望。一时间，兵众大恐，各欲逃去，但此时张奂却安坐帷中，与弟子讲诵自若，于是军士稍安，此后，张奂暗中引诱乌桓，与其讲和，然后使乌桓等军袭杀休屠渠帅，又袭破其众，于是皆降汉。也就在这种情况下，张奂以南匈奴单于居车儿不能统理国事，请改立南匈奴左谷蠡王为单于。但皇帝不许，仍以居车儿为南单于。当年冬十二月，鲜卑寇边，张奂率南匈奴单于等军出塞进讨，大破鲜卑，斩首数百级。

此后，张奂为度辽将军，数年间幽、并二州，清静无事，延熹九年（公元166年），其入朝为大司农，鲜卑人得悉，便勾结南匈奴、乌桓等数道入塞，五六千骑，或三四千骑，寇掠缘边九郡，杀掠百姓。同年秋，鲜卑又率八九千骑入塞，并联结东羌、上郡沈氐、安定先零诸种，共寇武威、张掖，一时间边地大被其毒。这种情况下，朝廷以为忧，遂复拜张奂为护匈奴中郎将，并以九卿秩督幽、并、凉三州及度辽、乌桓二营，兼察刺史、二千石能否，匈奴、乌桓闻张奂至，相率还降，张奂诛其首恶，而余皆慰纳之，于是匈奴、乌桓平定，唯鲜卑出塞退走。

建宁五年（公元172年），伊陵尸逐就单于死，其子屠特若尸逐就单于继位，而此时，鲜卑势大，于是在熹平六年（公元177年）八月，灵帝以鲜卑连年入塞抄掠边郡，命护乌桓校尉夏育，破鲜卑中郎将田晏、匈奴中郎将臧旻各率骑兵万余人，分别从高柳、云中郡、雁门郡出塞，分三路进攻鲜卑檀石槐，屠特若尸逐就单于率军从臧旻自雁门出征，结果汉军出塞二千余里，鲜卑首领檀石槐命东、中、西三部大人率众分头迎战，大败汉军。夏育等军辎重尽失，战士死者十之七八，三人各率数十骑逃回，皆以败军之罪免为庶人。此后，鲜卑兵势更盛，连年犯汉边境。

就在这次兵败之后的第二年，屠特若尸逐就单于死，其子呼征单于继位，但仅一年之后的光和二年（公元179年）七月，呼征单于便因为与护匈奴中郎将张修不和，被张修所杀。史载张修杀呼征单于后，另立右贤王羌渠为单于。后以擅杀之罪，下狱死。

汉中平五年（公元188年），南匈奴发生内讧，国人有十万人反叛，

　　　　　　　　　　　　　　　　　　　　胡马阴山

攻杀羌渠，其子左贤王於夫罗即位。国人担心会遭报复，遂不认可於夫罗为新单于，而拥立须卜骨都侯为单于。然而次年，须卜骨都侯便死，故而南庭再次虚位，由老王主持国事。而不被承认的於夫罗则率众赴汉申诉苦情，但很显然，此时的他注定了会是一无所获，因为这个时候的大汉帝国正陷入在异常的混乱之中。

芒刺在背

——东汉外戚和宦官集团的撕咬

其实东汉帝国，自光武、明帝、章帝之后，便开始衰落。光武中兴之后，明、章两帝承继了光武之施政方针，励精图治，使得东汉帝国迅速进入繁荣之世，不过虽然和"文景之治"一样，"明章之治"均属王朝初后不久出现的"治世"，但文景之治之后却有"汉武盛世""昭宣之治"的接踵而来，而"明章之治"虽然前承"光武之治"，使得东汉进入鼎盛时期，然而其后再无盛世之再现，政治即趋向紊乱。虽然究其因是与西汉时社会之弊病并未得到解决有关，而在土地兼并、吏治败坏颇为严重的情况下，太后称制、外戚干政、宦官擅权等等弊病接连出现，以至于幼年继位的幼君多需借助宦官才能亲政，于是在所谓的"戚宦之争"下，朝政日益腐败，帝国的黄金时代稍纵即逝，为时极短即转入中衰。

其实穷究"戚宦之争"的起因，应该是汉章帝时对外戚的大肆任用。所谓"外戚"又称"外家""戚畹"，即帝王的母族、妻族。其实自汉以来，帝王年幼时，外戚往往干政擅权，甚至有改朝篡位者，如西汉末的王莽。汉孝武、汉孝宣皇帝都曾对外戚势力实施遏止，但最终西汉王朝还是亡于外戚。

至于宦官，其本是宫廷内侍，先秦和西汉时，宦官并非全是阉人。虽然西周时开始有使用阉人的记载，如《周礼》内有"宫者使守内，以其人道绝也"。而在当时的阉人主被用来作"寺人""内竖""阍人"等职，人数不多且地位低下，只是负责杂役、传令等，此后至秦时，因受宫刑的人大量增加，于是宦官多由这些处以宫刑的罪人充任，始皇帝统一六国后，宦官由少府统管，西汉初年，高祖皇帝刘邦鉴于赵高乱秦的教训，间用文士充中常侍，以抑制宦官势力。直到元帝以后，宦官势力才开始复萌，自东汉开始，规定宦官全部要用阉人，故而从那时起，宦官又多被称为寺人、奄（阉）人、俺人、奄官……

其实所谓"宦"者，本是星座之名，宦者四星在帝座之西，故而用以为帝王近幸者的名称。按照典制，本是负责宫廷杂事的宦官，是不得参与国家政务，但宦官却因与皇室朝夕相处，故而也就能博取信赖或有可乘之机，加之东汉时，侍从皇帝的中常侍专由宦官充任，所谓中常侍，本是西汉时皇帝近臣，给事左右，职掌顾问应对。中常侍是仅有虚衔的加官。西汉前期只有常侍之名，或称常侍郎，为郎官之一，获此号者多为皇帝爱幸之臣，武帝时东方朔曾为常侍郎。中常侍之名出现于西汉晚期，元帝时有中常侍许嘉，成帝时有中常侍班伯（东汉史学家班彪的大伯、班固的伯祖）、班稚（班彪的父亲、班固的祖父）。光武中兴后，中常侍已非加官，而成为有具体执掌的官职。其秩为千石，后又增为比二千石，本无员数，明帝时定为四人。东汉初改变西汉制度，多以宦者担任此职，如章帝、和帝时，郑众、蔡伦都从小黄门迁为中常侍。安帝时，和熹邓皇后临朝，中常侍都任用宦官，并授以重任。从此以后，居此位的宦官竟可权倾人主，员数也从四人增加到十人，东汉末增加到十二人，于是宦官势力也就逐渐形成。

皇帝幼长深宫，势单力薄，关系最密切者，莫过于宦官，正如《后汉书·宦者列传》所说："内外臣僚，莫由亲接，所与居者，唯阉宦而已。"故而在外戚势大、太后称制的情况下，皇帝也就不得不常常利用宦官来牵制外戚。由于在政治博弈中，一些宦官拥立皇帝有功，或者是诛杀外戚得力，而"遂享土地之封，超登公卿之位"，一旦权力和地位得到提升，也就往往有了宦官专政的出现，于是东汉中后期，宦官们不仅传达诏令，掌理文书，而且左右皇帝视听，利用自己乃是天子身边亲近之人的优势，掌握国家政务大权，

当然了，之所以东汉中后期，会出现"戚宦之争"，还与光武帝时的整治措施有关，其实一直以来，贯穿于中国官僚制度发展史的一条主线，就是要解决君权与相权之间的矛盾问题。东汉建立后，刘秀采取了种种措施，来加强皇权，其鉴于西汉时期权臣干政、外戚篡国以及地方权重等历史教训，首先致力于整顿吏治，加强中央集权，防范功臣、宗

室诸王及外戚专权。而虽封功臣为侯，赐予优厚的爵禄，但禁止他们干预政事。对诸侯王和外戚的权势也多方限制。此外，光武帝虽然以"柔道治国"为主理念，并未如汉高祖那样诛杀功臣，但却采取了"退功臣、进文吏"的方式来使得大多数开国将帅皆以列侯归乡享受优厚待遇，而不参与政治。当时功臣能够参议大政的仅邓禹、李通、贾复三人。这几个人也深知刘秀心迹，"并剺（消除）甲兵，敦儒学"，以避猜忌。

汉光武帝建武二十七年，皇帝下诏省大司马，又置太尉，以太仆赵熹为之，而与司徒、司空为三公。也就是皇帝仍然设置名为宰相的"三公"，但此时，三公虽然享有崇高尊荣的地位和名誉，秩禄高达万石，可三公不能管理具体的事务，仅仅是"坐而论道"而已。权力实际上被皇帝交给了号称"台阁"的尚书台。

虽然东汉对尚书台"官小权大"的这种安排，目的就是更便利于皇帝的控制，也是为了加强皇权，甚至在东汉初年也的确是起到了很大的作用，可尚书台职微权重，既拥有实际权力，又便于皇帝控制。而尚书台既然便利于皇帝自己控制，自然也就便利于外戚的控制，同样也就便利于宦官的控制。于是不论外戚，还是宦官，只要加有"平尚书事""录尚书事"的头衔，就能指挥、控制尚书台，而一旦控制了尚书台，就等于把国家政权掌握在了自己手中。所以说，中央职能部门职微权重的这种安排，才是外戚与宦官专权提供便利的根本，而为了夺取控制权，外戚与宦官往往围绕皇帝而斗争不休，甚至不惜大开杀戒，乃至于废立皇帝。

虽然光武帝在行政制度上通过削弱三公来控制外戚，而且对宗室诸王控制更严，建武二十四年（公元48年）时，皇帝更是重申西汉时代的阿附藩王法，严禁诸王交通宾客，结党营私，此后还曾借故搜捕王侯宾客，"坐死者数千人"，而汉明帝即位后，更是屡兴大狱，株连极广，可至章帝继位，情况却是发生了改变，章帝时，窦皇后受宠，于是窦氏荣耀一时，正如史料中所称的那样"孝章皇帝宏裕有余，明断不足，闺房逸惑，外戚擅宠。惜乎！若明、章二主，损有余而补不足，则古之贤君矣"。章和二年（公元88年）二月三十日，汉章帝驾崩后，年仅十岁的皇太子刘肇继位，即为汉和帝，尊嫡母窦皇后为皇太后，因刘肇年幼，由窦太后临朝称制。窦太后将其兄窦宪由虎贲中郎将提升为侍中，掌管朝廷机密，负责发布诰命；让弟弟窦笃任虎贲中郎将，统领皇帝的侍卫；弟弟窦景、窦环均任中常将，负责传达诏令和统理文书。这样，窦氏兄弟便都在皇帝周围的显要地位，从而掌握了国家政治的中枢，一时之间，窦氏权倾朝野，由此开始了东汉历史上的第一个外戚专权时代。

永元四年（公元92年），和帝得知窦宪阴谋，与郑众合谋杀窦宪。窦宪自杀后，东汉历史上的第一个外戚专权时代至此结束，而宦官郑众因首功，永元十四年（公元102年）其升任大长秋，封鄹乡侯，把持朝政，尽管郑众"一心王室，不事豪党"，颇得和帝信任，但也使他开启了宦官专权，"由是常与议事。中官用权，自众始焉。"同时郑众也是历史上第一个收养儿子的宦官。

很显然，章帝、和帝父子为后来的"戚宦之争"埋下了祸种，但章帝、和帝都乃勤政之君，史载，在一举扫平了外戚窦氏集团的势力之后，汉和帝开始亲理政事，其每日早起临朝，深夜批阅奏章，从不荒怠政事，故有"劳谦有终"之称，而从他亲政后的政绩来看，和帝不失为一代贤君英主。和帝当政时期，曾多次下诏赈济灾民、减免赋税、安置流民、勿违农时，并多次下诏纳贤，在法制上也主张宽刑，此外，这

汉和帝

个皇帝还体恤民众疾苦所谓"恤鳏寡，矜孤弱，薄赋敛"，并多次诏令理冤狱。汉和帝在位时，有蔡伦造纸、班固修成《汉书》、班超平定西域、甘英出使大秦，加之之前窦宪击破北匈奴等，倒也文治武功赫赫。

然而元兴元年（公元105年）十二月廿二日，这位年仅二十七岁的皇帝却崩于京都洛阳的章德前殿，而其死后，东汉帝国开始迅速衰落，这个王朝也由此开始频频出现太后称制、外戚干政、宦官擅权的情况。

汉和帝驾崩之后，按制，本应是其长子刘胜继位，但因其年少时就有痼疾，多年不愈，汉和帝皇后邓绥认为他不适合做皇帝。于是立和帝少子刘隆为皇帝，是为汉殇帝，改年号为"延平"，刘胜封平原王。而这个时候的刘隆方才出生百日。史载，汉殇帝刘隆生于元兴元年（公元105年），是汉和帝的小儿子，因和帝在位时，所生皇子大都夭折。汉和帝以为宦官、外戚在谋害他的儿子，便将剩余的皇子留在民间抚养。然而就在登基为帝之后，这个自幼养于民间，登基时离出生刚满百天的皇帝却仅仅在位八个月便夭折，因其夭折而亡，故上谥号为"孝殇皇帝"，死后葬于康陵。汉殇帝是自秦汉以来，至大清灭亡，历朝历代中帝王中即位年龄最小、寿命最短的皇帝，故而也史家称为"八月皇帝"或"百日皇帝"。

延平元年八月，汉殇帝夭折之后，清河王刘庆之子安帝刘祜被太后邓绥征立为嗣皇帝，于是刘安遂入京即位，时年十三岁，是为汉安帝。安帝登基之后，邓太后总揽政权，其兄邓骘为车骑将军，一时间，汉家大权为邓氏戚族掌控。虽然邓太后勤俭节约，任用贤良，如反对淫祀，同时以"柔道"制天下，并在宫中宫女众多，以至于"内有怨女，外有旷夫"的情况下，一次诏免后庭宫人及羸弱老病即达五六百人，以节省汉宫的财政开支，此外，邓太后还对自己家族的势力有所限制。但与此同时，她却也对宦官势力纵容，而之所以纵容宦官，是因为邓氏吸取了窦氏灭亡的教训，认为联合宦官，才能够使得族人平安。

然而君权与外戚之间自然是有矛盾的，永宁二年（公元121年）二月，邓太后卒，安帝始得以亲政，而其年已二十八岁。安帝既掌权，其乳母王圣、亲信宦官李闰，遂与邓氏争权，乃诬告邓后兄大将军邓骘、宦官蔡伦等图谋废立，安帝遂下诏查办，邓氏悉灭，蔡伦自杀。此后，邓氏既败，宦官李闰、江京及安帝乳母王圣等，遂即参与朝政，皇后阎氏之兄弟亦封侯拜将，参与朝政。宦官、外戚共掌朝政，自安帝始。史载，延光四年三月丁卯（公元125年4月30日），汉安帝在南巡的途中崩于南阳，年不过三十二岁。

从二十八岁亲政，到三十二岁驾崩，安帝所做的唯一一件大事，就是夷灭邓氏一族，而安帝虽灭邓氏，但是尚未制止妇寺干政的局面。再加上安帝年年不理朝政，沉湎于酒色，当时宦官、外戚遂相互勾结，玩弄权柄，胡作非为，司徒杨震数次上书力谏，请安帝理政，而安帝不为所动。一时间，朝政腐败，社会黑暗，奸佞当道，而有内忧自然也有外患。安帝亲政不过数年，西羌数次进攻金城、武威，鲜卑进攻居庸关，北匈奴和车师进攻河西。大敌当前，而安帝仍不理朝政，将朝中军政交于宦官樊丰。

延光三年（公元124年）时，帝国的宫廷内发生了两件大事，其一，因安帝封乳母王圣为野王君，并为她修建豪宅宫殿。司徒杨震上书劝谏，希望安帝罢黜宦官，反而被安帝罢官，杨震不堪屈辱，愤然自杀。其二，因安帝曾在掖庭挑选了一位美人，封为贵人，非常宠爱，未满一年，便立即封她为皇后，即为阎氏，而后安帝本来立后宫庶妃李氏所生子刘保为太子，可皇后阎氏因其未生子，故而惧怕李氏依仗太子夺其地位，遂将李氏毒死，后与王圣与樊丰、江京诬告太子保谋反，于是安帝废黜太子保，贬为济阴王。

次年，安帝在南巡途中，突发疾病于宛城，未几，崩于宛城，而因太子被废，故而阎后遂立章帝之孙、济北王刘寿之子北乡侯刘懿为帝，史称汉少帝，而汉少帝在位仅仅半年便病卒。少帝死后，阎氏秘不发丧，密谋再立新皇，于是屯兵宫中自守。而宦官孙程等则联合宫中几大掌权宦官，秘密迎立废太子济阴王刘保为帝，是为顺帝，而阎后则被囚于离宫，不久死去。此后阎氏一族尽皆被诛杀。史称此事为"夺宫之变"。

因孙程等十九位宦官因拥立有功，故而尽皆被封为侯，而顺帝虽然性情温和，可却也很是软弱，于是大权一时为宦官所有，阳嘉元年（公元132年），贵人梁妠立为皇后，从此梁氏外戚势力开始崛起，并与宦官勾结，由此开始了长达二十余年的梁氏专权。由于宦官、外戚互相勾结，弄权专横，故而大汉帝国政治更加腐败，矛盾日益尖锐，百姓怨声载道，民不聊生。

梁妠之兄梁冀更是大权在握，建康元年八月初六日（公元144年9月20日），汉顺帝刘保在玉堂前殿驾崩，时年三十岁。顺帝既死，其子刘炳继位，是为汉冲帝，梁冀乃与太尉李固等录尚书事。

然而数月之后，冲帝驾崩，年仅三岁。正月廿五日，梁冀拥立渤海孝王刘鸿之子刘缵即位，是为质帝。刘缵是汉章帝刘炟的玄孙。刘缵曾祖刘伉虽然为汉章帝长子，因其生母地位卑贱，故而并没有皇位继承权，建初四年（公元79年）被封为千乘王（封国在今山东省高青县附近）。史载汉冲帝继位不久便患病，故而大将军梁冀征召刘缵至洛阳都亭，只待汉冲帝驾崩后，立其为皇帝。永熹元年（公元145年）正月初六日，汉冲帝驾崩，梁冀乃与梁太后定策宫中。正月十八日，太后遣梁冀持符节，以王青盖车迎刘缵入南宫。正月十九日，封刘缵为建平侯，当日即皇帝位，是为汉质帝。

质帝承汉顺帝嗣时，不过仅有八岁，因其年幼，梁太后依然以皇太后的身份临朝称制，而朝政尽皆为梁冀所掌。史载，梁氏专权，朝政腐败，吏治不修。《后汉书》称梁冀当时权势极盛，威势横行朝廷和宫外，大臣们害怕梁冀的威势，不敢抗命。所谓"穷极满盛，威行内外，百僚侧目，莫敢违命"。帝虽年幼，但却聪颖伶俐，因不堪梁冀的专横跋扈，故曾在朝见大臣时，称梁冀："此跋扈将军也！"梁冀衔恨在心，觉得质帝虽小，但为人聪慧早熟，又是一朝之主，担心质帝年长后难以掌控，便命人暗中将毒药搀在质帝食用的煮饼之中，质帝吃过毒饼，顿觉气闷肚痛，未几中毒身亡，死于洛阳宫中，年仅九岁。

因本初元年（公元146年）时，梁太后征召汉章帝曾孙、河间孝王刘开之孙、蠡吾侯刘翼之子蠡吾侯刘志到洛阳城夏门亭，试图将自己的妹妹嫁给刘志，故而在同年闰六月，大将军梁冀毒死汉质帝后，梁太后遂与梁冀决策宫中，以刘志承汉顺帝嗣，为皇帝，是为汉桓帝，因桓帝年不过十五，故而梁太后继续临朝听政，桓帝即位之初，梁氏势力几无边界，其陷害太尉李固、杜乔等，一时间海内个个嗟叹，人人自危。

而由于梁冀专擅朝政，结党营私，任人唯亲，大肆将官爵给予亲族，故而梁氏一门权倾朝野，然而桓帝从幼就对梁氏不满，故而延熹二年（公元159年），桓帝借宦官单超、徐璜、具瑗、左悺、唐衡五人之力诛灭梁氏，然而就如同安帝那样，外戚被灭之后，宦官却是由此得以当权。史载，夷灭梁氏后，宦官单超、左悺、徐璜、具瑗、唐衡五人因谋诛梁冀有功，被同日封侯，世称"五侯"，他们倚奉桓帝，滥行淫威，使得"中外服从，上下屏气"，朝政由此为宦官专断。

史载，桓帝一生崇尚佛、道，沉湎女色。信任宦官，察举非人，时人讥为"举秀才，不知书；举孝廉，父别居"，东汉帝国自此江河日下，濒于灭亡，时有一些正直的官吏和一些太学生及郡国士人，以所谓"清议"的形式议论政治，品评人物，由此而引来宦官不满，延熹九年（公元166年），因河南尹李膺，在大赦后处死了蓄意在赦前杀人的张成之子，士人、宦官间的矛盾在此爆发，因张成为宦官党羽，于是宦官一党遂让张成弟子牢修上书，诬陷李膺等人"养太学游士，交结诸郡生徒，更相驱驰，共为部党，诽讪朝廷，疑乱风俗"。桓帝大怒，于是诏令全国，逮捕"党人"，收执李膺、陈实等两百多人，一时间，使者四出，相望于道。这场浩劫持续了数月之久，直至次年，在太傅陈蕃、将军窦武的表请下，桓帝方才下诏将"党人"尽皆赦归田里，但却是禁锢终身，不得为官，这便是史书中的"第一次党锢之祸"。

"第一次党锢之祸"之后，永康元年（公元167年）十二月二十八日，汉桓帝即在德阳前殿驾崩，时年三十六岁，由于桓帝没有留下子嗣，故而皇后窦妙临朝问政，窦皇后与其父窦武等商议，最终选择了解渎亭侯刘宏继承大统。刘宏乃是汉章帝刘炟的玄孙，曾祖父是河间孝王刘开，灵帝世袭早逝的父亲刘苌解渎亭侯的爵位。于是窦皇后侍御史刘儵守光禄大夫、奉车都尉曹节等人前往河间国迎刘宏登基。史载，建宁元年（公元168年）正月，刘宏随迎驾队伍抵达雒阳城外夏门万寿亭，由窦武率文武百官迎接。次日，刘宏继位，是为汉灵帝，以太傅陈蕃、大将军窦武及司徒胡广三人共参录尚书事，并追尊父亲刘苌为"孝仁皇"，陵墓为"慎陵"，母亲董氏封为"慎园贵人"。

由于大将军窦武因定策刘宏继位有功，故而其族人加官晋爵，从此窦氏外戚权倾一时，窦武依赖太傅陈蕃主持朝政，而陈蕃大量启用在第一次党锢时受处罚的士人，二人在不久后即达成一致意见，密谋铲除宦官。八月，窦武指使尚书令尹勋等弹劾并逮捕黄门令魏彪，为进一步弹劾宦官罗列罪名，由此就引发以窦太后、窦武为首的外戚势力和以曹节、王甫为首的宦官势力的激烈权力斗争。永康元年九月初七，宦官先行下手，发动政变，窦武、陈蕃等人均被灭族，未被处死的族人则流放到交州。窦太后也被迁徙到南宫云台居住。

次年，即建宁二年（公元169年），山阳郡督邮张俭弹劾中常侍侯览回乡为母亲扫墓时铺张扰民，并拆毁了侯览的房屋甚至祖坟。因而惹怒侯览，指使同乡人朱并上书弹劾张俭等二十四位山阳名士结党，图谋不轨。灵帝见到奏章后，问计于曹节，曹节借题发挥，解释说党人危害社稷，要求扩大到全国范围清剿党人，灵帝准奏。最终这场政治灾难造成大量士人逃亡，被迫害致死的达六七百人，史称"第二次党锢之祸"。熹平五年（公元176年），永昌太守曹鸾上书为党人鸣冤，要求朝廷予以平反。灵帝大怒，将曹鸾在狱中拷打致死，并更大规模的禁锢党人及其亲友。由此之后，党人与宦官之间，相互不融，而外戚与宦官之间权力斗争也越发尖锐。而皇帝又以宦官张让、赵忠、夏恽、郭胜、孙璋、毕岚、栗嵩、段珪、高望、张恭、韩悝、宋典十二人为中常侍，史称"十常侍"，灵帝对其等颇为信赖，甚至将朝政委于其等，于是一时之间宦官权力滔天，而大汉帝国也由此到了濒临崩溃的地步。

自安帝起，数十年间，外戚、宦官、党人之间的政争以及频发的天灾使得大汉帝国早已经不堪，而皇帝的昏庸又动摇了汉朝的民生。光和七年（公元184年）帝国内部爆发由太平道教主张角引发的黄巾之乱，史载黄巾军以"苍天已死，黄天当立；岁在甲子，天下大吉"号召民众参与，于是天下八州太平道教徒揭竿而起。州郡失守，朝廷震动，灵帝在北地郡太守皇甫嵩及中常侍吕强的建议下，宣布解除党锢，并组织官军平定叛乱。至年底，由皇甫嵩、朱儁等人率领的汉军剿灭各地黄巾军，灵帝为表天下安宁，于是改元中平。但同时，凉州的北宫伯玉、李文侯、韩遂、边章等人又起兵叛乱，次年，皇帝以皇甫嵩、张温前往凉州平定叛乱，结果汉军不但没有平定，反而让凉州叛军越发壮大，中平四年（公元187年），凉州陷落，凉州刺史耿鄙、汉阳太守傅燮先后战死。同年，渔阳郡人张纯、张举联合乌桓在幽州发动叛乱，斩杀护乌桓校尉箕稠、右北平太守刘政、辽东太守阳终。这汉家天下此起彼伏的叛乱使得大汉帝国由此崩溃，而为了能够尽快平叛，又将军政权力下放给各州的州牧。各地豪强从此开始慢慢拥兵自重，加以其原已具有强大经济实力，最终演变成东汉末年众豪强军阀割据一方、群雄逐鹿的局面。而也就在中平四年（公元187年）这一年，南匈奴发生内讧，国人杀死单于羌渠，子左贤王於夫罗即位，因参与者恐被报复不认可新单于，另立一位单于，於夫罗只得前往洛阳，向汉廷申诉求助，可汉家忙于镇压动乱，自顾不暇，於夫罗的求助自然是无所得了。

五部司马
——汉末乱世和刘豹家族的崛起

自桓帝、灵帝以来，东汉王朝内部的纷乱已经使得这个曾经雄踞于东方的庞大帝国彻底走到了末路。宦戚专权，政治黑暗，官吏贪残，横征暴敛，敲诈勒索，使得民众苦不堪言，民变四起。虽然这些举义尽皆被镇压，但百姓在几无活路的情况下，依然毫不畏死，接连揭竿而起，正如当时的民谣所唱到的那样："发如韭，剪复生；头如鸡，割复鸣。吏不必可畏，小民从来不可轻。"

汉灵帝中平五年（公元188年）十一月，汉廷遣鲍鸿进讨声势最大的葛陂黄巾军，双方大战于葛陂，鲍鸿军大败，此后黄巾各部此伏彼起，声势颇大，为了有效平灭民变，中平五年（公元188年）三月，灵帝接受太常刘焉的建议，改刺史改为州牧，以宗室或重臣为牧，使之集地方军、政之权于一身，以便加强地方政权的实力，更易控制地方，进而有效进剿黄巾余党，史称"州牧出镇"。可也正是因为汉灵帝的此举，使得此后手握重兵的刺史和太守拥兵自重，割据地方，轻视汉廷，于是自此，各路群雄开始相互攻伐，并逐鹿中原，也由此揭开了东汉晚期军阀鏖战的序幕，中原大地进入了群雄割据的时代，继而走向了三国分立的局面。

也就在黄巾之乱的同时，渔阳郡人张纯、张举联合乌桓在幽州发动叛乱，斩杀护乌桓校尉箕稠、右北平太守刘政、辽东太守阳终，为了讨伐叛乱，汉廷向匈奴调兵，匈奴单于羌渠遣左贤王於夫罗出兵讨伐，结果南匈奴内部空虚，于是政变发生，羌渠被杀，此后左贤王於夫罗即位，而参与者恐被报复不认可新单于，而立须卜骨都侯为单于，於夫罗率众赴汉申诉苦情，可正值汉末大乱，其只好留在河东。其后於夫罗一直留居汉地。虽然仅仅一年之后，须卜骨都侯单于便死，但汉廷却将单于之位一直悬空，一直没有册封新的单于，而是以南匈奴的老王监国，於夫罗欲回故地，也得不到汉廷准许。

此时的汉廷正经历一场内乱，於夫罗趁乱独立，并与跟白波贼合流进犯太原、河内等地，并州牧董卓受命前往征讨，可董卓心知天下必将大乱，于是拥兵自重，驻兵河东，静待时机。中平六年（公元189年）四月，汉灵帝刘宏在嘉德宫驾崩，少帝刘辩继位。由于刘辩年幼不晓事，暂时由何太后垂帘听政，大将军何进主持朝政，皇权更加衰微。宦官和外戚之间的斗争也日趋激烈。少帝登基后不久，何进欲除宦官，但是为其妹何太后所阻挠，所以请董卓领兵入宫作兵谏，于是。董卓召集人马，连日引军进京，并上书少帝，要求"逐君侧之恶"，"收让军，以清奸秽"。

汉灵帝

光熹元年八月廿五戊辰日（公元189年9月22日），何进再次进入何太后居住的长乐宫，要求何太后同意他尽诛杀诸常侍以下，宦官们在走投无路的情况下，铤而走险，张让、段珪等率党徒数十人，将何进斩杀于嘉德殿前。而后，何进部将吴匡、张璋等听说何进被杀，领兵入宫，虎贲中郎将袁术更是率虎贲围南宫，焚烧嘉德殿青锁门，欲逼迫宦官段珪出宫，张让等人遂挟持少帝刘辩和陈留王刘协从复道仓皇外逃，此后西园八校尉中的佐军校尉袁绍更与叔父袁隗佯称奉诏，杀死宦官亲党许相、樊陵，然后列兵朱雀阙下，捕杀没有来得及逃走的宦官赵忠等人，又下令关闭宫门，严禁出入，搜索宫中宦官，不论老幼皆斩尽杀绝，于是死者两千众。

而此时，董卓于城外见京城一片火海，知情况有变，遂引兵急进，随即找到被宦官虏出的少帝和陈留王，因护驾有功，董卓乃得以入京。

董卓入京后，自封为司空，权倾朝野，而后其又在崇德前殿召集百官，逼何太后下诏书废黜少帝，贬为弘农王；另立年仅九岁的陈留王刘协登基为帝，即为汉献帝。众臣虽然不满，但多慑于董卓的淫威，对他独断专行、随心所欲的行为，敢怒不敢言。但那些地方诸侯势力却显然并不畏惧，次年正月（初平元年，公元190年），尽管董卓担心诸路豪强以迎废帝弘农王复辟为名起兵，而将弘农王毒杀，但山东各地的诸侯、官吏还是纷纷起兵讨伐。不得已，董卓乃挟持献帝迁都到长安，并且焚烧了雒阳，经营多年的洛阳城自此毁于一旦。而自此之后，各地的州牧、刺史、太守等势力也开始纷纷积极扩充自己的势力，汉廷的威望荡然无存，而大汉帝国也由此土崩瓦解。

虽然在东汉初平三年（公元192年）司徒王允唆使吕布杀董卓，并下令大赦，而随着董卓之乱的结束，朝廷的权威一度恢复，然而不久之后，董卓幕府的部将李傕、郭汜却卷土重来，他们率兵攻入长安，王允被杀，朝廷再度陷入混乱，加之李傕、郭汜率军与韩遂，马腾所部频频交战，于是关中大乱。其实此时大乱的并不仅仅只有关中，这一年内，大汉天下几乎无处不是烽火连连，曹操在武阳之战击破黑山军，又破黄巾军于兖州，加之袁绍与公孙瓒的界桥之战、巨马水之战、龙凑之战，还有袁术击袁遗扬州之战，可谓是兵戈不断。三年之后，李傕、郭汜发生内斗，于是献帝乃与群臣逃出长安，时为兴平二年（公元195年）七月。献帝东奔之后，途中多次为李傕、郭汜、张济、杨奉等诸路豪强所挟制，于是皇权之威荡然无存，一年之后的建安元年（公元196年）七月，汉献帝才到达旧都洛阳，然而此时洛阳因为董卓的一把大火早就已经是一片废墟，宫室尽毁，百官披荆棘藏身断壁之间，更加粮草断绝，于是汉献帝陷入窘迫，这种情况下，曹操自洛阳迎刘协到许县，称许昌，于是开始"挟天子以令诸侯"。

史载，建安元年（公元196年）八月，曹操迎汉献帝。辛亥，汉献

　　　　　　　　　　　　　　　　　　胡马阴山

帝封曹操为司隶校尉，录尚书事。庚申，迁都许昌。十一月丙戌，汉献帝封曹操为司空，行车骑将军事，百官总己以听。于是汉朝廷大权近卫为曹操所有。

而南匈奴在汉末的大乱之中，也趁机崛起了自己的利益，这些内附的匈奴人在董卓之乱中，沿黄河而下，而东汉大学者蔡邕之女蔡文姬也就是这一时期被掳掠去匈奴的。史载，蔡文姬本名蔡琰，陈留郡圉人，博学多才而又精通音律，先嫁于河东卫仲道，然而卫仲道早亡，二人又没有子嗣，于是蔡琰回到自己家里。兴平二年（公元195年），董卓、李傕等作乱关中，匈奴趁机劫掠，蔡琰被匈奴掳走，后嫁南匈奴左贤王刘豹为姜室，蔡琰在北方生活了有十二年之久，并生下两个儿子。而此时，南匈奴已经占据黄河流域诸多郡县。曹操向来喜爱文学、书法，而在其发迹前已和蔡琰的父亲蔡邕相熟，曹操见蔡邕没有子嗣，于是使以重金将蔡琰赎回，并安排其再嫁同乡陈留董祀，从而有了"文姬归汉"这个著名的故事。

其实史学界对于蔡琰在北方是否嫁于左贤王历来有不一样的看法，因为据《后汉书》记载，蔡琰是"没于"左贤王，而不是"嫁于"左贤王，而且匈奴王的妻子通常都被称为"阏氏"，但是蔡琰在北方二十年，没有这个称号，所以认为蔡琰与左贤王并不是夫妻关系，但另一种说法认为，曹操赎回蔡琰花费了非常大的价钱，远远超过了普通奴隶的价格，可以看出蔡琰在匈奴那边的地位也不低。一些文艺作品像京剧等就将蔡文姬写成左贤王的王妃。两种说法孰是孰非，至今仍存在争议。但有一点是肯定的，那就是当时曹操之所以能够赎回蔡文姬，是和其对匈奴的打压政策有着密切关系的。

当时南匈奴初在於夫罗的统率之下，汉灵帝驾崩后，於夫罗乘黄巾之乱，跟白波贼合流进犯太原、河内等地，本来受命征讨的董卓，却因大将军何进遇刺身亡，兵回汉都。史载，於夫罗曾救护了由长安逃亡出来的汉献帝，而初平元年（公元190年），山东诸侯起兵进讨董卓时，於夫罗曾跟张杨依附于袁绍，屯兵漳水。初平二年，於夫罗欲叛袁绍，而张杨不从，于是於夫罗胁持张杨出走。袁绍派遣大将麴义追至到邺南，大败於夫罗军，此后於夫罗逃往黎阳，后又攻破度辽将军耿祉，势力得以重整。

东汉初平三年（公元192年）於夫罗又被征讨黑山贼的曹操破于内黄，翌年正月，占据南阳的袁术收得宛城的黑山军余部和南匈奴于扶罗以为己助，继而进军陈留（今属河南），准备进伐位于兖州西北的曹操，时荆州刘表进逼南阳切断袁术粮道。曹操乘机向袁术进攻，袁术军不战而溃，曹操挥师追击，在襄邑（今河南睢县）、宁陵（今河南宁陵西）连败袁术。袁术连连败退，至九江郡（今安徽寿县）淮水流域一带。曹操由此解除袁术对兖州的威胁。而於夫罗也自此归顺了曹操。

兴平二年（公元195）七月，汉献帝东归洛阳，郭汜、杨奉等随驾护送。八月，进至新丰（今陕西临潼西北）时，郭汜欲胁迫献帝还郿（今陕西眉县东北）。因谋泄，献帝乃弃军逃走，还依李傕。杨奉、董承等护驾东行，十日，郭汜部将伍习夜烧献帝住所，意欲劫持献帝，被杨奉等击败。进至华阴（今属陕西）。后将军杨定因与宁辑将军段煨素有嫌怨，于是与杨奉、董承等夹攻段煨，两军相持十余日。献帝使侍中、尚书等劝谕，双方才罢兵言和。此后，当献帝东归起程后，李傕、郭汜等随即后悔，于是与张济联兵追赶献帝。十二月，李傕等在弘农（今河南灵宝北）追上献帝，大败杨奉、董承等军于弘农附近的东涧，百官士卒死者不计其数。杨奉、董承既败于李傕，伪与其讲和，而暗中至河东（古称，今山西西南部为河东）白波帅李乐、韩暹、胡才及南匈奴右贤王去卑辞求救，乃率兵赶来，与李乐、杨奉等大破李傕等军，斩首数千级，献帝才得以继续东进，李傕等整军再来追赶，又大败杨奉等军。杨奉等拥献帝退至陕县（今属河南），结营固守。时献帝身边卫士已不足百人。

根据《北史·破六韩常传》，去卑是呼厨泉单于的叔叔，羌渠单于的弟弟，但根据《通志·氏族略》，去卑是东汉度辽将军刘进伯的后代，刘进伯北伐匈奴被擒，生了尸利，而去卑就是尸利的孙子。但不管怎么样，在这一年，於夫罗死，其弟呼厨泉继任成为单于，而其子刘豹则被立为左贤王。

建安七年（公元202年），当袁绍死去，刘备在博望坡大败曹操所遣的夏侯惇、于禁大军时，呼厨泉单于却在平阳发动叛乱，曹操使司隶校尉钟繇围南单于于平阳，但久攻不下，而此时，袁尚所任命的河东太守郭援正率军抵达河东，且人数众多，诸将议论想要放弃离去，但钟繇说："袁氏方强，援之来，关中阴与之通，所以未悉叛者，顾吾威名故耳。

若弃而去，示之以弱，所在之民，谁非寇雠？纵吾欲归，其得至乎！此为未战先自败也。且援刚愎好胜，必易吾军，若渡汾为营，及其未济击之，可大克也。"于是乃联合马腾合击郭援，大破之，郭援兵败而死后，呼厨泉单于也不得不选择了投降。

呼厨泉单于的这次叛乱，对于匈奴此后的影响很大。建安二十一年（公元216年）五月，魏公曹操进封魏王，所任丞相领州牧如故。同月，因代郡乌桓三部大人皆自称单于，专制郡事，故太守不能控制，故而曹操改以裴潜为代郡太守，欲授以精兵征讨乌桓。裴潜说，代郡户口众多，乌桓骑兵动辄万数，其单于因自己专断郡中之事，心中本就不安，如果率兵至郡，他们一定会起兵阻拦，应该以计降服，不能轻加兵威。于是，裴潜单身至郡，安抚乌桓，三部单于大出意外，将所掠妇女、财物等退还，向裴潜表示服从。代郡稍定，裴潜将郡中大吏与单相勾结者郝温、端等十余人斩首，一郡震惊。代郡随即平定。此战之后，曹操的声名传到了北方，匈奴人都很仰慕他，于是七月间，呼厨泉单于来邺城拜贺曹操。

由于南匈奴久居塞内，人口繁衍，势力渐大。曹操恐其蔓延难制，故而乃将南单于留于邺城，以上宾之礼待之，却另使右贤王去卑居平阳，监其国，同时又分南匈奴为左、右、前、后、中五部，使其分居于并州（今山西太原西南）诸郡，每部置帅一人，选尊贵者为之，又以汉人为司马，以监督各部。其左部有众万余落，居祁县（今山西祁县东南）；南部三千余落，居蒲子县（今山西隰县）；北部四千余落，居新兴县（今山西忻县）；其中部六千余落，居大陵县（今山西文水东北）。至此，南匈奴，虽然其名义上被继续保存着，但权力却已全部落入曹魏政权的手中，单于只是徒有虚名的称号，南匈奴的国家政权实际上已经灭亡。

汉献帝建安二十五年（公元220年）正月，曹操病死，其子曹丕即位为魏王，同年十月十三日，汉献帝禅位，曹丕称帝，十月十三日，早已徒存名号的汉献帝刘协被迫将象征皇权的玺绶诏册奉交曹丕，宣布禅位，曹丕照例三让之后于同月二十九日升坛受禅，改国号为魏，是为魏文帝，至此，历十二帝、一百九十五年的东汉王朝名实俱亡。

同年十一月一日，曹丕封刘协为山阳公，允许他行使汉朝正朔和使用天子礼乐。同时追尊曹操为武皇帝，庙号太祖。且授匈奴南单于呼厨

曹操

泉魏国玺绶，并赐青盖车、乘舆、宝剑等。而随着曹丕篡汉称帝，三国时代也正式开始。次年，刘备在成都登基称帝，是为昭烈帝，并定国号"汉"。以延续汉朝，史称"蜀汉"，九年之后，孙权于武昌（今湖北鄂城）正式登基为帝，建国号为"吴"，史称孙吴，亦称东吴，至此三国鼎立格局正式形成。此后，蜀汉、曹魏、孙吴三方互相征伐不休，这一纷乱局面延续数十年，直至司马懿夺权，其子司马昭发起"魏灭蜀之战"，平定蜀汉，而后司马昭病死后，司马炎废魏元帝而自立，建国号为"晋"，并平定东吴之后，这种纷乱局面才暂时告一段落。

而在这天下纷乱之中，外族势力也开始频频参与中原战争，譬如当时天山以北及蒙古草原的民族主要有乌孙、坚昆、敕勒、丁零、呼揭、匈奴、鲜卑及乌桓等族，乌桓族长蹋顿就因与袁绍结盟，并获得了单于的封号。而鲜卑在东汉末期由檀石槐统一，屡次入侵东汉，他死后鲜卑分裂为东部、中部及西部鲜卑，其中西部鲜卑轲比能重整鲜卑后两度入侵曹魏，并响应诸葛亮攻魏，直至后来为曹魏幽州刺史王雄遣刺客暗杀后，其势才瓦解，此外河西诸羌和武都、阴平的羌族分别归附曹魏及蜀汉，于是蜀汉、曹魏两国相互攻伐时都征召羌族参加作战。

至于匈奴，则在曹魏置五司马后，

暂时为曹魏所有,但此后,便是重新崛起。史载,曹操扣留呼厨泉单于,而以去卑监匈奴其国,而后去卑死,其子刘猛继为右贤王,统率部众,但泰始七年(公元271年)正月,时为匈奴右贤王的刘猛却是不服晋朝统领,而叛逃出塞。十一月,刘猛攻打并州,被并州刺史刘钦击败。泰始八年(公元272年)正月,晋朝监军何桢讨伐刘猛,数次击破之,此后何桢利诱刘猛属下的左部帅李恪,使之斩杀刘猛,而平定叛乱。刘猛死后,其子刘副仑带领部众加入鲜卑拓跋部,成为独孤部的始祖,刘猛的另外一子诰升爰,在刘猛被杀后,继任右贤王,统领其他部众,而成为铁弗部。

至于呼厨泉单于,当初曹操将呼厨泉的兵众分为五部,即左、右、南、北、中,分别安置在陕西、山西、河北一带。各部贵者为帅,后改称都尉;以汉人为司马以监督,左贤王豹为左部帅。咸宁五年(公元279年),刘豹去世,西晋朝廷又任命刘豹之子刘渊为代理左部帅。史载,咸熙年间,刘渊曾至曹魏首都担任人质,其多次向晋朝请求回归故地,但皆不被允许。直到咸宁五年(公元279年)刘豹死后,刘渊继位左贤王,方才得以回到并州。然而谁也没有想到,就是这个刘渊会在此后给中原大地带来一场浩劫。

荆棘铜驼

——西晋的灭亡及匈奴的消亡

　　曹魏咸熙二年（西晋泰始元年，公元266年），魏元帝曹奂禅位，司马炎，改国号为晋，是为晋武帝。自此，曹魏灭亡，西晋开始，由于晋朝本身承接了东汉晚期至曹魏期间的割据局面，地方上世族影响力远超帝王。如司马氏本身就是世族权臣，控制曹魏朝廷，最后篡魏自立。所以司马炎在篡魏后，为免其他世族、权臣效法，便分封了各宗室成员为王，在地方上作为维护皇室的力量。同时又颁布"占田令"，限制世族拥有田地的面积和数量。

　　泰始元年十二月，司马炎建国，鉴于时人议论以为曹魏宗室诸王力量弱小，才使司马氏得以顺利取代曹魏，于是武帝将其祖司马懿以下宗室子弟均封为王，以郡为国，邑二万户为大国，置上、中、下三军，有兵五千；邑万户为次国，置上军、下军，兵三千；而五千户则为小国，兵千五百人。史载司马炎叔父司马干、司马伦、司马亮分别封为平原王、琅邪王、扶风王，弟司马攸封为齐王，均为大国，而叔祖安平郡王司马孚被破格越制，食邑户数多达四万户。至于武帝的弟弟、堂兄弟、伯父、叔父、堂伯父、堂叔父也尽皆被封王，史载，封王者达二十七人。

　　而跟随司马氏创业的勋臣贵戚也均加封晋爵，或为公，或为侯，封邑达万户者为大国，五千户者为次国，不满五千户者为下国，如大司马石苞、车骑将军陈骞、尚书令裴秀、侍中荀勖、太傅郑冲、太保王祥、太尉何曾、骠骑将军王沈、司空荀顗、镇北大将军卫瓘均封为公。

　　正是如此，虽然武帝之初，天下平定，所谓"是时，天下无事，赋税平均，人咸要其业而乐其事"。而河洛之地更是"牛马被野，余粮委亩，行旅草舍，外闾不闭，民相遇如亲。其匮乏者，取资于道路"。故有"天

264

下无穷人"之谚语。但好景不长，随着西晋皇室逐步腐朽，世家大族则贪暴恣肆，奢侈成风。如何曾日食万钱，还说"无下箸处"。又有大族王恺、石崇互比奢侈，乃至于大臣傅咸上疏说"奢侈之费，甚于天灾"，请求皇帝制止，但武帝司马炎不仅无动于衷，还资助其舅争富。政风腐败、党派乱起、宗室权力扩张等弊端，使得西晋王朝很快便陷入了危机之中。

而此时，西晋还面临着一个最大的问题，那就是大量游牧部落内迁。东汉以来，光武帝刘秀打破西汉边民严禁内迁的铁律后，边民逐渐内迁，而大量游牧民族因此以各种方式被迁入充实边郡。三国时，曹魏又将大批外族迁入关中和凉州等处，以分而治之，这些外族民内迁后，在汉族的长期影响下，逐步地由游牧生活向定居的农耕生活过渡。晋初，外族向内地迁徙的活动，更加频繁，而且种族很多，主要有匈奴、羯、氐、羌以及鲜卑五族，史称为"五胡"。而其中又以匈奴人的人数最多，史称"关中人口百余万，戎狄居半，匈汉杂居"。由于外族人口数目相当多，以至于与关中一带的汉人相差不远，甚至形成割据势力，故而也就为西晋亡国埋下了祸种。

其实，一直以来就有人对胡人内迁有所警觉，譬如西晋灭东吴（公元280年）之后，大臣郭钦就向晋武帝上书，称"戎狄强犷，历古为患。魏初人寡，西北诸郡皆为戎居。今虽服从，若百年之后有风尘之警……宜及平吴之威，谋臣猛将之略，出北地、西河、安定，复上郡，实冯翊，于平阳已北诸县募取死罪，徙三河、三魏见士四万家以充之。裔不乱华……峻四夷出入之防，明先王荒服之制，万世之长策也"。然而此时，胡人的内迁和发展已成燎原之势，西晋帝国即便想要阻挡也是无能为力了。

此外，由于各族内迁以后，与汉人杂处，过着定居的农业生活，而汉人官吏又强迫各族同纳租调，同服力役，所谓"服事供职，同于编户"，加之占田制明确规定了租调负担，故而多数胡人沦为汉人的奴婢、佃客。内迁各族对西晋王朝自然是"怨恨之气，毒于骨髓"，也因此，胡人的反抗不断地发生。而对西晋首先发难的，并不是匈奴人，而是氐族所谓的李特流民起义和羯、羌的反叛。

其实，自东汉以来，中原帝国将边疆的北方各族内迁，是为了便于监控各族或是增加兵源和劳动力。而朝廷有意识地削弱边疆胡族的势力，降低其地位，则是为了方便控制。可当"西北诸郡皆为戎居"，关中百万余口"戎狄居半"时，加上胡族逐渐成为汉人管辖下的编户，而且需要纳税，并时时受汉官欺压或受汉人歧视，故而心生不满之下，时有举兵之事也就不足为怪了。早在晋武帝时，就有河西鲜卑秃发树机能与匈奴刘猛率众内侵，直至九年后始平。而后晋惠帝时，匈奴郝散叛，不久平定。两年后其弟刘度元以齐万年为首，联合西北马兰羌、卢水胡举兵，晋将周处阵亡，此事五年之后方得以平息。这些叛乱之所以得到平息，是因为中原帝国的实力较强，有能力实施平叛，可一旦朝廷势微，则情况不同了。

太熙元年（公元290年），晋武帝病卒，太子衷嗣位，是为晋惠帝。由于惠帝天生弱智，近于白痴，根本无法担当治国重任。之前很多大臣鉴于太子"不慧"希望武帝传位于其弟、素有贤能之名的齐王攸。武帝也一度考虑废黜太子，但在皇后和一些宠臣的劝阻下改变了主意，并勒令齐王攸离京前往封国，攸发愤病卒，于是惠帝才得以继位。惠帝登基之后，外戚杨骏辅政，由此西晋皇室、宗族、权臣之间的矛盾也开始越演越烈，终于爆发了"八王之乱"。史载，惠帝皇后贾南风凤有干政野心，遂与宗室楚王司马玮和谋，于元康元年（公元291年）发动政变杀杨骏及其家属亲党，而以宗室汝南王亮辅政。不久，贾后唆使楚王玮杀亮，然后又以专杀之罪杀玮，这样大权就落到了贾后的手中。此后数年，尽管地方上连续出现流民及内迁诸民族的暴动，但朝廷尚相对稳定。可元康九年（公元299年），贾后废黜惠帝后宫所生的太子司马遹，并于次年将他杀害，此举使西晋宗室内部的冲突迅速被激化。统领禁军的赵王司马伦发动政变，杀死贾后，随后又废黜惠帝，自即帝位。赵王伦的篡位引起了宗室诸王的普遍反对，政变开始演变为内战。在外任都督的齐王冏（时镇许昌）、成都王颖（时镇邺，今河北临漳西南）、河间王颙（时镇关中）起兵讨伐赵王伦，拥惠帝复位，随后三王又互相厮杀，而长沙王乂、东海王越也卷入了战火，由于诸王各引效忠于自己的地方官乃至内迁的民族参战，于是北方尽皆陷入动荡，一时间天下混乱。而因自惠帝即位至此卷入政变和内战的主要有汝南、楚、赵、齐、成都、河间、长沙和东海八位宗王，故史籍称这场动乱为"八王之乱"。至光熙元年

（公元306年），前七王皆已败死，东海王最终控制了朝政，毒死惠帝，立其怀帝。八王之乱遂结束。

这场持续十六年的动乱在很大程度上动摇了西晋王朝的统治根本，战火东起河南邺郡，西至长安，范围不限于中央，以致生灵涂炭，盗贼四起。《晋书》谓："自惠皇失政，难起萧墙，骨肉相残，黎元涂炭……戎兵接而宗庙隳，支属肇其祸端，戎羯乘其间隙，悲夫。"中原之地虽经曹魏及晋初数十年的整饬，但尚未完全重建，逢此变故，民众战死饿死百万以上，两京破坏，令晋室国力大减，胡人遂有机可乘，乃趁机举兵，其中匈奴在刘渊下，更是成了西晋帝国的心腹之患。

史载，刘渊乃是南匈奴单于于夫罗之孙，左贤王刘豹之子，其童稚时已十分聪明，七岁时母亲呼延氏死，刘渊伤心得捶胸顿足地号叫，旁人都被其哀伤所感染，以至于宗族部落的人都因此而对他十分欣赏，甚至时为曹魏司空王昶听闻其行为后，也很是赞赏。刘渊自幼生活在汉地，深受汉文化熏陶，其亦十分好学，自幼师从上党名儒崔游，学习《毛诗》《京氏易》和《马氏尚书》，不过刘渊尤其喜欢《春秋左氏传》及《孙吴兵法》，而《史记》《汉书》等历史典籍亦熟读。但刘渊自以书传中都因随何、陆贾无武迹；周勃、灌婴没文才而都遭后人看不起，认为文武兼备才能获世人欣赏，因而习武。史载，刘渊臂力过人，所谓"猿臂善射，膂力过人"。

咸熙年间，刘渊到洛阳作任子，受到时为曹魏权臣司马昭厚待，常邀之入府做客，故而和司马氏一家关系密切。司马炎篡魏建立西晋后，王浑向晋武帝司马炎推荐刘渊，武帝接见刘渊后也对他十分欣赏，更打算任命他参与平灭东吴的事，但因孔恂和杨珧以"非我族类，其心必异"为由，担心一旦向刘渊委以重任并平灭东吴，他会在当地叛晋自立。武帝听后才将搁置这打算。及后秃发树机能先后击败秦州刺史胡烈及凉州刺史杨欣，李憙建议任用刘渊讨伐，但孔恂仍指刘渊可能会作乱凉州，武帝因而又否决了建议。当时在洛阳流浪的王弥正要回故乡东莱，与刘渊饯别时，刘渊泣诉被人屡进谗言中伤，恐怕将会在洛阳遇害而不能再见到他。刘渊于是纵酒长啸，同坐的都因他流泪。齐王司马攸见刘渊后，更建议武帝杀刘渊，以免日后回匈奴五部所在的并州后会祸乱当地，但王浑反对。武帝同意王浑所言，最终没有杀刘渊。

此后，因时为匈奴左部帅的刘豹于当时逝世，刘渊于是回到并州接替父亲左部帅之位。太康末年，武帝司马炎在改匈奴五部巾为五部都尉时，拜刘渊为北部都尉。由于刘渊在当地申明刑法，禁止奸邪恶行，而且诚心与人交往，于是匈奴五部中的俊才尽皆投归刘渊，连幽州和冀州的名儒和寒门秀士都前来与他结交。

永熙元年（公元290年），晋惠帝司马衷继位，由外戚杨骏辅政。杨骏为了拉拢远人，树立私恩，便任命刘渊为建威将军、五部大都督，封汉光乡侯，总理南匈奴五部，由此，刘渊实际掌握了南匈奴五部的大权，只不过有单于之实，无单于之名而已。但至元康末年时，刘渊便因部下族人叛变出塞而被免官。此后，成都王司马颖出镇邺城，将刘渊召到邺城为人质，并封其行"宁朔将军、监五部军事"，监理南匈奴五部。

八王之乱爆发后，右贤王刘宣与族人曾经密议拥刘渊为大单于，但因刘渊滞留在邺城，无法回国，于是不逞，此后局势发生了变化。永安元年（公元304年），司马颖击败司马乂，成为皇太弟，任命刘渊为屯骑校尉。不久东海王司马越和陈眕等与惠帝征讨司马颖，司马颖又任命刘渊为辅国将军、督北城守事。及至惠帝兵败荡阴被俘至邺城，司马颖再任命刘渊为冠军将军，封"卢奴伯"。但在荡阴大战后不久，东嬴公并州刺史司马腾和安北将军王凌等就起兵讨伐司马颖，司马腾不敌，刘渊献计称可回匈奴召集骑兵抗衡鲜卑人，于是司马颖封其为北单于、参丞相军事，使之回国领五部匈奴来援，故而刘渊得以回到匈奴。然而让司马颖想不到的是，当刘渊返回匈奴控制下的左国城（今山西吕梁市离石区）后，即与匈奴权贵密谋起兵。此后，刘宣为刘渊上大单于称号，二十日之间就聚众五万，定都离石。及后刘渊被司马腾盟友拓跋猗㐌和拓跋猗卢击败，同时司马颖也因受不住王凌大军的进逼而弃守邺城，带惠帝逃回洛阳。刘渊在刘宣的反对下，最终决定不援救司马颖，迁至左国城，又吸引数万人归附。

当时，并州境内的汉人大多因战祸而迁徙南下，胡汉势力对比发生重大变化，而并州的官吏们还在内争。于是，永兴元年（公元304年）十一月，刘渊以自己祖先与汉朝宗室刘氏约为兄弟而自称"汉王"，建国号汉，改元元熙，并追尊蜀汉后主刘禅为孝怀皇帝，又设汉高祖刘邦、汉光武帝刘秀、汉昭烈帝刘备、汉文帝刘恒、汉武帝刘彻、汉宣帝刘询、汉明帝刘庄和汉章帝刘炟八位西汉、东汉和蜀汉皇帝的牌位；前三者为三祖，后五者为五宗，以汉室继承者自居。同时自置百官，由此建立"汉赵"。

刘渊称王后，身为并州刺史的司马腾便派将军聂玄讨伐，但被刘渊于大陵所破。司马腾知道聂玄兵败后十分恐惧，率并州二万多户人南下山东。刘渊则遣刘曜率军先后攻陷太原、泫氏、屯留、长子、中都等地方，扩阔领土。次年（公元305年），刘渊所派将领刘钦再度大破司马腾所派的讨伐军。同年并州爆发大饥荒，离石亦受影响，刘渊于是迁都黎亭。

至永嘉元年（公元307年）时，刘渊已攻陷并州大部分郡县，并派兵进攻新任并州刺史刘琨。但刘琨击败汉军，成功保住治内晋阳。战后刘琨努力经营并州，更离间收降刘渊部下杂虏，汉军向并州北部扩张的计划因而受阻。刘渊于是听从侍中刘殷和王育派兵进攻其他州郡，南侵进据长安和洛阳的建议；同时，汲桑、石勒、王弥、鲜卑陆逐延和氐酋大单于单征数个在其他地方的军事力量都相继归降刘渊，刘渊亦一一任官封爵，令汉国力量更为壮大；亦因这些加入者起事和影响的地方在冀州、徐州、青州等地，西晋受汉国侵袭的地区大大增加。

永嘉二年（公元308年），刘渊攻破司州河东郡的蒲阪和平阳郡的平阳城，更迁都蒲子，令两郡属下各县抵抗刘渊的营垒都全部投降。同时亦派刘聪、石勒等南攻太行、赵、魏等地。同年十月甲戌日（公元308年11月2日），刘渊称帝，改元永凤。永嘉三年（公元309年），太史令宣于脩之认为都城蒲子所处崎岖难以久安，建议迁都平阳。刘渊听从并随即迁都至平阳，改元河瑞。刘渊及后又派刘聪、王弥等进攻壶关，先破刘琨所派援军，后于长平击败晋东海王司马越所派的援军，攻陷壶关。而后于这年秋冬，遣其子大将军刘聪率石勒、刘曜等进攻洛阳，但为晋军所败，于是刘渊唯有撤军。

次年，刘渊病重，命太宰刘欢乐、太傅刘洋等宗室重臣入宫接受遗诏辅政。七月己卯日（8月19日），刘渊驾崩，由太子刘和继位，因河瑞二年（晋永嘉四年，公元310年），刘渊患病，任命刘聪为大司马、大单于，与太宰刘欢乐和太傅刘洋共录尚书事，并在都城平阳西置单于台，故而刘和即位后，受宗正呼延攸、卫尉刘锐及素来厌恶刘聪的侍中刘乘进言唆摆，决意要消除诸王势力，尤其当时拥兵十万的刘聪。但刘聪有备而战，率军从西明门攻进皇宫，并于光极殿西室杀刘和，又收捕逃到南宫的呼延攸等人，并将他们斩首示众。此后，群臣请刘聪继位，刘聪以其弟北海王刘乂是单皇后之子而让位给他，但刘乂仍坚持由刘聪继位，于是刘聪登基为帝。

刘聪即位三个月后，即派刘曜、王弥和其子河内王刘粲领兵征讨洛阳，时怀帝以苟晞讨东海王越，越病死，于是王衍率兵还东海国，为石勒所破，晋军力大削，而南方诸州的牧丞或拥兵观望，或行动缓慢，故而刘曜得以与石勒于大阳会师，并在渑池击败晋将裴邈，而后匈奴大军直入洛川，掳掠梁、陈、汝南、颍川之间。

永嘉五年，刘聪再派王弥、刘曜、石勒攻洛阳，城陷，杀王公士民三万余，并掳怀帝和羊皇后北去，史称"永嘉之乱"。从晋武帝篡曹魏，到晋愍帝出降，西晋国祚仅历五十一年。晋怀帝被掳至平阳后，被刘聪拜为特进、左光禄大夫、平阿公，后改封会稽郡公。刘聪曾与怀帝回忆昔日与王济造访他的往事，亦谈到西晋八王之乱，宗室相残之事。刘聪谈得十分高兴，更赐小刘贵人给怀帝。但嘉平三年（公元313年）正月，刘聪在与群臣的宴会中，却命怀帝以青衣行酒，晋朝旧臣庾珉和王儁见此忍不住心中悲愤而号哭，这令刘聪十分厌恶。加之当时又有人流传庾珉等会作刘琨的内应以助他攻取平阳，于是刘聪杀怀帝和庾珉等十多名晋朝旧臣。

同时，事为安定太守的贾疋迎立秦王业为太子，但此时却传来怀帝遇害消息。司马业遂登位为愍帝，改元建兴，都长安。然而建元二年（晋建兴四年，公元316年），刘曜却引兵陷长安，愍帝出降，被掳至平阳。而后，士族王导、王敦等，扶植晋朝远房宗室司马睿，在建康登基，是为晋元帝，历时五十二年的西晋灭亡，东晋开始……

而与此同时，随着匈奴人攻占长安，灭西晋，他们几乎控制了整个中原，而长达一百多年的大动乱也由此拉开了序幕，由于这一时期，胡人各族陆续在北方大地建立政权，故而这一时期也被称为"五胡十六国时期"。史载，刘聪灭晋之后，大行杀戮，又宠信宦官及外戚权臣靳准等人，加之其在位晚期疏于朝政，只顾纵情声色，故而其死后，靳准杀死刘聪子刘粲并屠灭了在平阳的刘氏皇族，此后靳准自立为大将军、汉天王，向晋朝称臣。消息传来，镇守长安的汉中山王刘曜发兵攻靳准，但当刘曜军行至赤壁（今山西河津市西北的赤石川）时，却即位称帝，改元光初，改国号为赵，并灭靳氏，而当时山西、山东则为羯人石勒所据，其亦登基称帝，定国号为后赵，此后，双方彼此相争。刘曜平定上郡羌、仇池氐等关陇羌氐，威服前凉，雄踞关中，而石勒则派石虎击败晋将段匹磾夺幽州，击败曹嶷夺青州。双方的争斗一直持续到东晋咸和三年（公元328年），随着石勒擒杀刘曜，次年在上邽杀其太子刘熙及其将相公卿等三千余人，亡赵，方才结束。

应该说石勒的确是为一时雄才，其得汉人张宾相助，求贤纳谏、安抚世族，并减租缓刑，倒也使得后赵得以安定，由于当时胡汉关系紧张，故而石勒采胡汉分治之策，也就是于皇帝外另设大单于。称胡人为国人，汉人为赵人。但这样的做法显然未能缓和双方关系，胡汉之间时有冲突发生。此后，石勒病死，其堂侄石虎杀太子石弘，而自立为天王，因石虎奢侈极淫，任意滥杀，又听信谗言，奴役非国人的汉人及"六夷"，故而后赵国势渐衰。因帝位等因素，石虎与其子石邃（太子）、石宣、石韬骨肉相残，以至于宗室之间不断兵戎相见。

太宁元年（公元349年）旧太子党人梁犊于关中叛变，石虎遣羌将姚弋仲及氐将苻洪平定，羌氐二族坐大，但四月间，石虎病重，遂遗命以彭城王石遵、燕王石斌、张豺受遗诏辅政，可刘后因石斌不利于太子石世，遂与张豺矫诏称斌无忠孝之心，将其免官归第，旋杀之。张豺升为太保、都督中外诸军事，如汉霍光故事辅政。继而石虎病亡，太子世即兴位，尊刘氏为皇太后，临朝称制，以张豺为丞相，豺不敢受，请以石遵、石鉴为左相丞相，刘后从之。遵自李城举兵，进入邺城，执斩张豺，废石世，即皇帝位，又杀石世及其母刘太后。尊生母郑氏为皇太后，立妃张氏为皇后，以故燕王石斌之子衍为皇太子；李农、石鉴、石冲、石苞、石琨、石闵均有封赠。但石遵又曹到庶兄沛王石冲反对。冲闻遵杀世自立，遂率军自蓟（今北京南）攻遵，但很快就败于遵将石闵、李农，冲被赐死。至此，后赵政权遂归石遵。

而由于诸子争位，残杀甚烈，故而后赵政权，后为养子冉闵（石闵）夺得，冉闵夺权之后，改国号为魏，是为冉魏。其重用汉人，并以《杀胡令》鼓励诛杀羯人，从而造成对胡人的大屠杀，并由此引发了之后石祇于襄国称王，号召鲜卑、氐、羌等族讨伐冉闵，而冉闵则欲联合东晋驱除胡族，但晋廷因为他称帝而不理，反而支持向东晋称臣的鲜卑慕容儁，于是慕容儁得以攻破邺都，杀冉闵，冉魏灭亡。史载，永和八年（公元352年）五月初三日，慕容儁把冉闵押至龙城，于遏陉山将其斩杀，其死后，山左右七里草木全部枯萎，蝗虫大起，自五月起天旱不雨，直至十二月，慕容儁大惊，遂派使者前往祭祀冉闵，谥号为武悼天王，当天降大雪。

而与此同时，氐人苻健一族建前秦，都长安，而当时鲜卑也再次崛起，有慕容氏居于幽州、又有段氏居辽西、宇文氏居辽东，此外还有拓跋氏居漠北。其中慕容鲜卑于晋室南渡后占据辽东，此后慕容皝称燕王，败后赵石虎大军，并攻灭辽西段氏鲜卑，继而重创高句丽，其势壮盛。慕容儁继位后，乘后赵内乱之际发兵南侵，攻灭冉魏，而冉闵兵败被杀后，慕容儁则登基称帝，建国前燕。之前，前燕向东晋称臣，而灭冉魏后，慕容儁则不再对晋称臣，其甚至对东晋使者言道："汝还白汝天子，我承人之乏，为中国所推，已为帝矣"。此时前燕据有关东，关中则为前秦据之。之后慕容儁又派慕容垂、慕容虔与平熙等北伐大破丁零（敕勒）。

此后，前秦衰落，拓跋鲜卑崛起，由于建立北魏，由于拓跋氏所居之地乃是原是匈奴故地。当初匈奴族大部西迁和南移，但亦有部分留在原地，这些匈奴人与鲜卑不断混血通婚，是为铁弗人。不过这并不等于拓跋鲜卑能够与铁弗匈奴人共处，拓跋鲜卑崛起之时，首先要面对的就是铁弗匈奴人，当时匈奴有两部，刘卫辰部居西，刘库仁部居东，而人都出自南匈奴。因汉与匈奴和亲，以宗女嫁匈奴单于，故匈奴人多冒姓刘，这两部匈奴又都与拓跋鲜卑联姻，因刘库仁母便是拓跋郁律（平文帝）之女，故而其与拓跋珪相交甚密，而刘卫辰部则与之争锋。

史载，刘卫辰本是匈奴右贤王去卑的后代，与前赵光文帝刘渊同族，其祖父刘虎，在前赵昭武帝刘聪在位时，因是宗室的缘故被封为楼烦公，任安北将军、监鲜卑诸军事、丁零中郎将，雄踞肆卢川，此后刘虎被鲜卑拓跋部首领拓跋猗卢打败后方才出居塞外，而后其父刘务桓召集部落，其部再次强盛。后赵皇帝石虎曾遣使封刘务桓为平北将军、左贤王、丁零单于。刘卫辰时，其部已经强大一时，不仅入居塞内，而且还被前秦天王苻坚封为西单于，督摄河西各族，屯驻在代来城。到前秦分裂时，刘卫辰更是拥有朔方之地，有兵三万八千。

然而刘卫辰与北魏拓跋珪的争斗显然是失败的，史载，北魏大军克代来，俘获斩杀刘卫辰，其子刘勃勃率残部南逃依附后秦姚兴。而北魏也由此得以"自河以南，诸部皆平，虏获畜产名马三十余万匹，牛羊四百余万头"。然而后秦弘始九年（公元407年），刘勃勃又叛离后秦，其自以为是匈奴夏后氏后裔，建国号"大夏"，自立为天王，大单于，国号夏，改年号龙升。此后在凤翔元年（公元413年），刘勃勃下令修筑夏国都城统万城，同时又以其祖辈跟随母系姓刘不合礼，于是改姓赫连，表示"徽赫实与天连"；又将非皇族的其他铁弗部众改姓"铁伐"，以示"刚锐如铁，皆堪伐人。"

此后，勃勃频频侵袭后秦，其先于凤翔三年（公元415年）攻下杏城（今陕西黄陵县西南）；次年又乘后秦与仇池杨盛争战的时机先后攻下上邽（今甘肃天水市）及阴密（今陕西灵台县西），随后又攻雍城（今陕西凤翔县南）及郿城（今陕西郿县），由于其间有胡俨等人叛乱，并杀勃勃所命留守安定的羊苟儿，转而降秦。故而勃勃不得不退于杏城。然而就在此时，勃勃知东晋刘裕统兵北伐后秦，于是认定此乃夺取关中的最佳时机，并故此秣马厉兵，休养士卒。不久勃勃再引兵占据安定，后秦在岭北的各戍及郡县都向夏国投降，岭北全境尽入夏国。同时，勃勃又先后与北燕及北凉结盟。而后，果如他所料，凤翔五年（公元417年），东晋大将刘裕灭后秦，同年年末班师，留儿子刘义真及王镇恶、沈田子、傅弘之等诸将守关中。勃勃闻讯后，派其子赫连璝督前锋攻长安、赫连昌出兵堵塞潼关，又派王买德阻断青泥，然后自率大军在后。次年，赫连璝行军至渭阳时，刘义真慌乱，召集大军入城闭门拒守，于是关中各郡县尽皆降夏。此后，勃勃进据咸阳，使长安城陷入困境。刘裕见此，遂派朱龄石接替刘义真，并命刘义真东归。而由于刘义真东归时，其部众大肆掠夺，故而令关中百姓尽起而逐朱龄石，迎勃勃入主长安。史载，勃勃入长安后大宴将士，不久，其又在灞上称帝，改元昌武。及后群臣都劝勃勃迁都长安，但勃勃忧虑及南迁长安后，北魏会以大军威胁统万，故而认为定都统万才能阻遏北魏侵袭北境，于是在次年（公元419年）于长安置南台，留太子赫连璝留守，而自己则回师统万。

真兴七年（公元425年），赫连勃勃死，谥号武烈皇帝，庙号世祖，其子赫连昌继位。然而就次年（承光二年，公元426年），北魏大举攻夏，克长安。次年（公元427年）又领夏国都城统万，赫连昌逃往上邽（今甘肃天水）。承光四年（公元428年），北魏攻上邽，俘赫连昌，而后出奔平凉的赫连昌弟赫连定，即皇帝位，改年号胜光。三年之后，赫连定继位时夏国已局促一隅，情势窘迫，不复当年，因此欲与正在北伐的南朝宋结盟，北魏得到消息后决定一举灭夏国。胜光四年（公元431年），一路败退的赫连定无路可退，遂向西攻灭为北凉所逼情势更加窘迫的西秦。数月后欲再攻北凉，于半渡黄河时，被吐谷浑首领慕容慕瓌派军袭击，赫连定被俘。次年（公元432年），赫连定被吐谷浑送往北魏，北魏将其处死，夏亡。当初赫连勃勃所修筑的统万城也由此成为了游牧民族匈奴在东亚大地上留下的唯一的遗迹。

　　此外，又有融入匈奴人中的月氏人，称为匈奴别部卢水胡，其中沮渠家族推后凉汉官段业为主，在凉州建立政权，史称北凉。后沮渠蒙逊杀段业，自立为北凉主。此后，蒙逊子沮渠牧犍继位，但不久为鲜卑人拓跋氏北魏所灭。牧犍弟沮渠无讳西行至高昌，建立高昌北凉。北魏和平元年（公元460年），高昌北凉为柔然所攻灭。

　　除此之外，还有一小支匈奴进入辽东半岛，融入靠近高句丽的宇文鲜卑部落，此后宇文氏篡西魏而建立北周，之后杨坚篡夺北周政权，建立隋朝，并统一中原。匈奴也在这期间融入各民族之中。于是五胡乱华及南北朝时期成为匈奴在中国历史舞台上的最后一场演出，这个曾经不可一世的草原民族也就此消亡在历史的长河之中。